专利侵权
获益责任论

GAIN BASED DAMAGES
IN PATENT INFRINGEMENT

王　好◎著

ZHEJIANG UNIVERSITY PRESS
浙江大学出版社
·杭州·

目　录

第一章　引　言

传统侵权损害赔偿法以"损害"为中心，秉持完全赔偿原则，以填平受害人遭受的实际损害为宗旨。[①] 非同于传统，各国知识产权法体系中的侵权赔偿责任制度除了允许按照权利人的实际损失赔偿，往往还允许按照侵权人因侵权所获得的利益赔偿（"侵权利润赔偿"）以及参照被侵害知识产权的许可使用费赔偿（"合理许可费赔偿"）。

现行《中华人民共和国专利法（2020 年修正）》（以下简称《专利法》）第七十一条前段即规定："侵犯专利权的赔偿数额按照权利人因被侵权所受到的实际损失或者侵权人因侵权所获得的利益确定；权利人的损失或者侵权人获得的利益难以确定的，参照该专利许可使用费的倍数合理确定。"类似规定也见于《中华人民共和国商标法》（以下简称《商标法》）第六十三条和《中华人民共和国著作权法》（以下简称《著作权法》）第五十四条。

面对实际损失补偿规则、侵权利润赔偿规则、合理许可费赔偿规则"三足鼎立"的特殊现象，我国知识产权法学者多认为，实定法所认可的多元赔偿规则不过是提出了评价损害数额的特别基准，仍以完全

---

① 程啸，王丹：《损害赔偿的方法》，载《法学研究》2013 年第 3 期。

填平损害为宗旨,并未背离传统损害赔偿理念。[①] 德国司法实践也采取了类似的看法,将合理许可费赔偿("类推许可")和侵权利润赔偿一并定位为"损害的特别计算方法"[②],从而将多元的赔偿规则整合在传统损害赔偿法的框架下。

在知识产权侵权救济领域,确实存在引入"损害的特别计算方法"以降低权利人举证门槛的需求。相较于一般的损害,知识产权侵权所致的损害更加难以量化:尽管知识产权侵权可能给权利人带来诸种不利益,如市场销量的流失、许可费收益的减少、智力成果市场价值的贬损等,但这些不利益不仅无法被肉眼观察,还可能需要在日积月累中逐渐显现,常常难以确切认定。

问题在于,参照侵权所生利润和许可使用费确定的赔偿额何以成为"损害的特别计算方法"? 尽管"损害"的意涵及其量化方法迄今仍存在一定争议,按照目前居于通说地位的"差额说",损害应相当于"损害事故不发生时,受害人总体财产状况之应有数额"与"损害事故发生后,受害人总体财产状况之实际数额"之差额[③],"赔偿实际损失"即指将受害人的利益状况恢复至有如侵权行为不发生时的应有状态。据此,如要主张受害人的实际损失相当于逸失的许可费利益,前提应是有证据表明,假如侵权行为不发生,权利人利益的"应有状态"即是与侵权人或第三人达成许可协议并获得相应的许可费收益;同理,要主

---

① 例如,吴汉东:《知识产权损害赔偿的市场价值基础与司法裁判规则》,载《中外法学》2016 年第 6 期;刘春田主编:《知识产权法》,中国人民大学出版社 2014 年版,第 136 页;张鹏:《专利侵权损害赔偿制度研究——基本原理与法律适用》,知识产权出版社 2017 年版,第 175-178 页;王景、高燕梅:《知识产权损害赔偿评估》,知识产权出版社 2016 年版,第 7 页;梁志文:《知识产权侵权损害赔偿计算方法的制度重构》,载《法治研究》2023 年 2 期;蒋舸:《论知识产权许可费损失的计算》,载《东南法学》2020 年第 1 期;蒋华胜:《知识产权损害赔偿的市场价值与司法裁判规则的法律构造》,载《知识产权》2017 年第 7 期;胡晶晶:《知识产权"利润剥夺"损害赔偿请求权基础研究》,载《法律科学(西北政法大学学报)》2014 年第 6 期;黄武双、黄骥:《以美国规则为借鉴计算商标权人的实际损失》,载《人民司法(应用)》2015 年第 15 期。

② 王怡苹:《著作权损害赔偿之再建构:以德国法为镜鉴》,载《台大法学论丛》2015 年第 3 期。

③ 王泽鉴:《损害赔偿》,北京大学出版社 2017 年版,第 61 页;曾世雄:《损害赔偿法原理》,中国政法大学出版社 2001 年版,第 14 页。

张侵权人之所得即相当于受害人之所失,前提应是有证据表明,假如侵权行为不发生,侵权人因侵权所取得的利润本应流向受害人。

按照"差额说"的理念,权利人是否受有相当于许可费的损失,至少与其是否曾有计划将知识产权许可给他人利用有关,而侵权人取得的利润是否本应由权利人悉数取得,则取决于专利产品的市场需求情况、侵权产品与专利产品的相互可替代性等因素。当个案中合理许可费赔偿、侵权利润赔偿二者与受害人所受的损害不仅未必合理对应,有时甚至相去甚远,"损害的特别计算方法说"面临严峻挑战:无论"特别计算方法"多么特别,其计算结果至少不应和受害人的实际损失有太大出入,否则何以称其为"计算方法"?

在上述背景下,我国的知识产权侵权赔偿责任制度已然站在交叉路口,面临诸种可能的选择。

第一条道路是坚持回归传统,继续强调知识产权侵权赔偿责任旨在补偿权利人的实际损害。我国知识产权法学者大多采取这一进路,但未系统回应加害人之所得与受害人之所失未必具有合理对应性的问题。如有学者指出,当侵权人所获的利润与被侵害权利的许可使用费、权利人所受损害并不对应时,若强行将侵权利润赔偿和许可使用费赔偿纳入"损害"名下,则可能致使"损害"这一侵权法上的核心概念发生虚化,成为一个内容宽泛的"口袋概念"。[①] 此外,如果现行的合理许可费赔偿、侵权利润赔偿规则确实着眼于实际损失的填补,合乎逻辑的推论是它们至多仅能作为替补方案适用于实际损失难以确证的情形,然而现行《专利法》第七十一条规定"赔偿数额按照权利人因被侵权所受到的实际损失或者侵权人因侵权所获得的利益确定",已然否定实际损失补偿相较于侵权利润赔偿在适用顺位上的优先性,抛下

---

① 李承亮:《多元赔偿责任论》,载《法学评论》2020 年第 5 期。

了侵权赔偿责任以实际损失为基准的传统。① 现行《著作权法》第五十四条亦允许权利人在实际损失补偿和侵权利润赔偿之间自由选择。

第二条道路是更新"损害"的概念。在损害赔偿制度领域,确实不乏质疑"差额说"的观点,认为其仅着眼于受害人在损害事故发生前后的利益状态,缺乏立足于规范目的的法律评价,并不总能得出公平的认定结果。② 不过,意在修正"差额说"的"规范损害论""客观损害论"本身是否具有妥当性也不无疑问,迄今未能冲击"差额说"的通说地位。即便"规范损害论""客观损害论"等新的损害观念能够站得住脚,其是否适于阐明侵权利润赔偿和合理许可费赔偿也还有待检验。

第三条道路是索性转换视角,放弃在"损害"上做文章,转而着眼于侵害人的所得,建构以侵权人所获利益为基础的责任。若跳脱出侵权责任制度总是以"损害"为中心的定式,会发现尽管合理许可费赔偿、侵权利润赔偿未必总能合理对应受害人的损失,但始终体现了侵权人的所得——侵权利润赔偿指向侵权人因违法行为所取得的收益毋庸多言,合理许可费的数额也总能反映侵权人所得知识产权使用利益的价格。正面承认不法获益责任制度的方案,不仅可以解决侵权利润赔偿、合理许可费赔偿数额与权利人所受实际损害缺乏对应性的问题,而且还可以避免令"损害"概念复杂化的副作用。

事实上,根据侵权人所获利益确定的赔偿责任(gain-based damages,以下简称不法获益责任)已非新生事物。在英美法系国家,尽管学说和实务也将补偿实际损失视为侵权赔偿责任制度的正统,但

---

① 在司法实践中,我国法院也很少执着于探究合理许可费赔偿、侵权利润赔偿与受害人实际损失是否能够合理对应。这种做法似乎合乎立法本意:如果受害人能够证明其所受的实际损失就相当于"合理许可费"或"侵权人所得利润",其完全可以通过传统的实际损失补偿规则取得相应救济。比较法上,德国法院的做法也是类似。参见欧洲民法典研究组、欧盟现行私法研究组编著:《欧洲私法的原则、定义与示范规则:欧洲示范民法典草案(全译本:第 5 卷、第 6 卷、第 7 卷)》,王文胜等译,法律出版社 2014 年版,第 724-725 页(第 VI-6:101 的注释部分);瓦格纳:《损害赔偿法的未来——商业化、惩罚性赔偿法、集体性损害》,王程芳译,中国法制出版社 2012 年版,第 144 页。

② 李昊:《损害概念的变迁及类型建构——以民法典侵权责任编的编纂为视角》,载《法学》2019 年第 2 期。

其早已对不法获益责任展开了丰富的探索。① 即便在对突破"完全赔偿原则"方面相对更为保守的大陆法系国家,近年来也不乏观点倡导"赔偿"意涵的拓展,认为其不仅可以指向原告利益状态的恢复,还可以指向被告利益状态的还原。②

在谈及不法获益责任制度的现状时,有意大利学者以"门已经打开,但很多准备工作还没有完成"作结。③ 的确,尽管上述第三条道路有诸多优势,但其具体的路径规划还有待探讨。正如并非所有的致损行为都会引起损害补偿责任,并非所有通过致损行为取得的利益都应当被剥夺,"任何人不得从不法行为中获益"这一法谚虽然朗朗上口,但如此抽象的原则不足以支撑起一个能够应用于实践的规范体系。亟待解决的疑问如,究竟怎样的不法获益行为才可以触发赔偿责任,理论基础何在?知识产权法体系是出于怎样的目的才不再满足于传统损害赔偿法的损失补偿范式?如果确有必要引入不法获益责任,应当如何妥当地规定其适用范围与构成要件?不法获益责任与民法中既有的不当得利返还、不法管理利益剥夺等同样着眼于被告所得利益的制度应当处于何种关系、如何相互衔接?待到理论依据、制度目的、规范设计、体系衔接等基础性的问题都解决后,最后才是解决制度适用方法的问题。

在探讨知识产权侵权赔偿责任制度时,可能由于我国学者多数认为现有的赔偿规则不过是"完全赔偿原则"的展开,在理论基础上并无新意,相关研究多偏重赔偿数额的认定技术。在研究知识产权侵权利润赔偿规则时,学说更多关注如何适用"利润分摊法",即如何从侵权

---

① Edelman J. Gain-based Damages: Contract, Tort, Equity and Intellectual Property. Oxford: Hart Publishing, 2002; Hondius E, Janssen A. Disgorgement of Profits: Gain-based Remedies throughout the World. Switzerland: Springer, 2015.

② 瓦格纳:《损害赔偿法的未来——商业化、惩罚性赔偿法、集体性损害》,王程芳译,中国法制出版社2012年版,第84页。

③ Pardolesi P. An Italian way to disgorgement of profits? //Hondius E, Janssen A. Disgorgement of Profits: Gain-based Remedies throughout the World. Switzerland: Springer, 2015: 139-170.

人所取得的利润总额中区分出由被侵害知识产权所贡献的那部分利润。[①] 而从合理许可费赔偿规则相关研究看,现有的中文文献多关注如何通过参考市场上具有可比性的许可交易("市场比较法")或模拟交易("假设缔约法")等方法认定责任数额。[②] 但无论是"利润分摊法""市场比较法"还是"假设缔约法",终究是服务于制度目的的工具,本身不具有充实的规范意涵,不足以确立侵权赔偿责任的标准。就侵权利润赔偿规则的适用而言,利润是否应予"分摊"、应该以何种标准"分摊",最终应取决于侵权利润赔偿的制度目的和理论依据。[③] 在合理许可费的认定中,尽管"市场比较法""假设缔约法"本身都是价值评估实践中常用的方法,但比较法的经验表明,这些方法的司法应用仍存在较大的争议性。例如,在适用"市场比较法"时,是否有必要令合理许可费适当高于市场许可费,从而确保侵权人较之合法受许人处于不利地位,进而有力预防专利侵权? 又如,在适用"假设缔约法"时,假想交易的双方究竟是抽象的市场参与者还是个案中的原被告,换言之,合理许可费应当相当于系争专利使用利益的客观价值还是主观价值? 诸如此类的争议无法从价值评估的操作规程中找到答案,必须回溯规范的制度目的和理论基础。[④]

理论的捉襟见肘往往在司法实践的困境中才会凸显,合理许可费赔偿、侵权利润赔偿在理论层面的疑点之所以没有得到充分关注,主

[①] 朱理:《专利侵权损害赔偿计算分摊原则的经济分析》,载《现代法学》2017 年第 5 期;和育东:《美国专利侵权救济》,法律出版社 2009 年版,第 190-191 页。
[②] 参见张鹏:《专利侵权损害赔偿制度研究——基本原理与法律适用》,知识产权出版社 2017 年版,第 222 页;张玉敏、杨晓玲:《美国专利侵权诉讼中损害赔偿金计算及对我国的借鉴意义》,载《法律适用》2014 年第 8 期;阮开欣:《解读美国专利侵权损害赔偿计算中的合理许可费方法》,载《中国发明与专利》2012 年第 7 期;徐小奔:《论专利侵权合理许可费赔偿条款的适用》,载《法商研究》2016 年第 5 期。但也有关注制度理论基础的研究,例如缪宇:《作为损害赔偿计算方式的合理许可使用费标准》,载《武汉大学学报(哲学社会科学版)》2019 年第 6 期;胡晶晶:《知识产权"利润剥夺"损害赔偿请求权基础研究》,载《法律科学(西北政法大学学报)》2014 年第 6 期;和育东:《非法获利赔偿制度的正当性及适用范围》,载《法学》2018 年第 8 期。
[③] 详见本书第七章。
[④] 详见本书第六章。

要原因很可能是我国法院在处理知识产权侵权纠纷时十分依赖法定赔偿,这导致各个具体赔偿规则适用频次均相当低。① 由此陷入了一种恶性循环:法院越是依赖法定赔偿,就越是缺乏机会通过实践来检验合理许可费赔偿、侵权利润赔偿;适用合理许可费赔偿、侵权利润赔偿的机会越是稀缺,法院面对当事人参照许可费或侵权所生利润赔偿的主张就越是无所适从,往往选择向兜底性的法定赔偿"逃逸"。② 若严格遵循《专利法》第七十一条第二款的文义,则仅在权利人的损失、侵权人获得的利益和专利许可使用费均难以确定时,才能有兜底性"法定赔偿"的适用,由法官根据专利权的类型、侵权行为的性质和情节等因素酌定赔偿额。随着法定赔偿容易利于恣意的问题得到重视、责任认定精度要求的提高,可以预见合理许可费、侵权利润赔偿理论基础不明、认定标准不清的问题在我国司法实务中将会逐步显现。③

若将目光投射至知识产权法领域以外,我国现行民商事法律体系中确实存在一些按照被告所得确定义务或责任的制度。除了《中华人民共和国民法典》(以下简称《民法典》)下的不当得利、不法无因管理制度,民商事特别法还引入了"归入权"规范,如《中华人民共和国信托法》第二十六条(要求受托人交出通过违反信托义务所取得的收益)、《中华人民共和国公司法》第一百八十六条(要求违反忠实和勤勉义务的公司董事、监事和高级管理人员交出违法所得)等。但在侵权损害赔偿制度领域,《民法典》遵循"完全赔偿、填平损害"的传统,并未一般性地认可多元赔偿规则。例外的是,在人身侵权救济领域,《中华人民共和国侵权责任法》(已失效,以下简称《侵权责任法》)第二十条早已

---

① 吴汉东:《知识产权损害赔偿的市场价值基础与司法裁判规则》,载《中外法学》2016 年第 6 期;詹映:《我国知识产权侵权损害赔偿司法现状再调查与再思考——基于我国 11984 件知识产权侵权司法判例的深度分析》,载《法律科学(西北政法大学学报)》2020 年第 1 期。

② 有学者发现,在当事人主张合理许可费赔偿和侵权利润赔偿时,法官对于原告举证采信率很低,其原因之一很可能是法院尚吃不准合理许可费赔偿、侵权利润赔偿的标准。参见詹映:《我国知识产权侵权损害赔偿司法现状再调查与再思考——基于我国 11984 件知识产权侵权司法判例的深度分析》,载《法律科学(西北政法大学学报)》2020 年第 1 期。

③ 蒋舸:《知识产权法定赔偿向传统损害赔偿方式的回归》,载《法商研究》2019 年第 2 期。

允许按照侵权人的所得确定赔偿责任,规定"侵害他人人身权益造成财产损失的,按照被侵权人因此受到的损失赔偿;被侵权人的损失难以确定,侵权人因此获得利益的,按照其获得的利益赔偿;侵权人因此获得的利益难以确定,被侵权人和侵权人就赔偿数额协商不一致,向人民法院提起诉讼的,由人民法院根据实际情况确定赔偿数额"。

现行《民法典》第一千一百八十二条大体承袭了《侵权责任法》第二十条的规定,只是在赔偿规则的适用顺位上有所变化,不再将实际损失补偿规则置于优先地位,规定"侵害他人人身权益造成财产损失的,按照被侵权人因此受到的损失或者侵权人因此获得的利益赔偿"。适用顺位的调整可能表明《民法典》第一千一百八十二条已进一步接纳了独立于实际损失补偿的不法获益责任规则。① 与《民法典》第一千一百八十二条的构造十分接近,2021 年通过的《中华人民共和国个人信息保护法》第六十九条第二款也规定,侵害个人信息权益造成损害的,可以按照"个人因此受到的损失或者个人信息处理者因此获得的利益"确定赔偿责任。

以《侵权责任法》第二十条、现行《民法典》第一千一百八十二条为背景,不少学者对民法上的侵权利润赔偿展开了研究。相关讨论多立足于预防获益型侵权的需要而赞同引入侵权利润赔偿。传统侵权损害赔偿法理论认为,侵权责任的首要功能在于填补损害,主张预防、遏制侵害行为的发生只是损害赔偿的附带功能、反射效果。② 但近年来不少学者认为,当权利人所受损失小于侵权人所得利益时,传统的完全赔偿原则将允许侵权人保留部分不法获益,十分不利于遏制获益型

---

① 冯德淦:《获利返还制度的法理研究》,载《法制与社会发展》2023 年第 1 期;张玉东:《"获益剥夺"规范意义的再审视——以〈民法典〉第一千一百八十二条前半段规定为分析对象》,载《现代法学》2022 年第 5 期。
② 王利明:《侵权责任法研究》,中国人民大学出版社 2016 年版,第 122 页。

侵权行为①,故有必要改造侵权损害赔偿制度,令其由传统的"填补损害的单向恢复"转为新型的"秩序维护的双向恢复"②,通过利润剥夺令侵权行为无利可图,从而预防侵权的发生③。但也有少数不同见解。反对意见中,有的学者批评"预防功能论"难以有力说明为何原告有权主张大于其损失的赔偿金,建议通过引入推定信托规则重构侵权利润赔偿。④ 还有学说认为,人身侵权领域的侵权利润赔偿属于损害的"客观计算方式"。⑤

在民法学领域,不法获益责任理论的研究还有待进一步展开,这不仅反映在学说对不法获益责任理论基础的不同见解以及对"获利返还""利润剥夺""获利赔偿""获益归入"等术语的混乱使用上,也反映在学说对不法获益责任法律性质、体系定位、适用范围的认识分歧上。对侵权利润赔偿是否有惩罚性这一问题,目前肯定说和否定说并存。⑥关于侵权利润赔偿的体系位置,有观点主张其应为侵权责任⑦;有观点认为其应是一种独立的请求权⑧;有观点认为其实定法依据为不法管

① 朱岩:《利润剥夺的请求权基础——兼评〈中华人民共和国侵权责任法〉第20条》,载《法商研究》2011年第3期;张玉东:《"获益剥夺"规范意义的再审视——以〈民法典〉第1182条前半段规定为分析对象》,载《现代法学》2022年第5期;张家勇:《基于得利的侵权损害赔偿之规范再造》,载《法学》2019年第2期;石佳友,郑衍基:《侵权法上的获利返还制度——以〈民法典〉第1182条为中心》,载《甘肃政法大学学报》2020年第6期。

② 徐银波:《论侵权行为形态的嬗变与赔偿理念的现代化——兼论〈侵权责任法〉第20条的适用》,载《私法研究》2015年第1期。

③ 徐银波:《论侵权行为形态的嬗变与赔偿理念的现代化——兼论〈侵权责任法〉第20条的适用》,载《私法研究》2015年第1期;洪国盛:《论〈个人信息保护法〉第69条的适用——以所获利益的损害赔偿与事实因果关系证明为核心》,载《法律适用》2023年第9期。

④ 冯德淦:《获利返还制度的法理研究》,载《法制与社会发展》2023年第1期。

⑤ 叶名怡:《不当得利法的希尔伯特问题》,载《中外法学》2022年第4期。

⑥ 肯定说,参见张家勇:《基于得利的侵权损害赔偿之规范再造》,载《法学》2019年第2期;朱岩:《利润剥夺的请求权基础——兼评〈中华人民共和国侵权责任法〉第20条》,载《法商研究》2011年第3期。否定说,参见陈现杰:《〈民法典〉第1182条(侵害他人人身权益造成财产损失的赔偿)评注》,载《中国应用法学》2023年第3期。

⑦ 张玉东:《"获益剥夺"规范意义的再审视——以〈民法典〉第1182条前半段规定为分析对象》,载《现代法学》2022年第5期。

⑧ 朱岩:《利润剥夺的请求权基础——兼评〈中华人民共和国侵权责任法〉第20条》,载《法商研究》2011年第3期;王利明:《侵权获利返还若干问题探讨——兼评民法典分编草案二审稿第959条》,载《广东社会科学》2019年第4期。

理制度①；有观点认为我国可以在多种立法模式中选择，既可以考虑更新不当得利返还请求权的理念，也可以借鉴英美侵权法和荷兰民法中的"返还性赔偿制度"；还有观点质疑体系定位问题的实益，认为各说间仅存在理论构造路径上的差异，对实践结果无甚影响②。在适用范围方面，支持按照违法所得确定赔偿责任的学说普遍支持适用范围的拓展，但对拓展力度有不同认识。有观点主张将侵权利润赔偿拓展适用于各类故意侵害行为③；有观点将侵权利润赔偿的正当性与权利的易受侵害程度相关联④；还有观点认为侵权利润赔偿适宜应用于双方法律关系可以拟制为信托关系的场合⑤。

比较法上，不少国家已经开始在立法和司法中探索不法获益责任，相关的立法和实践经验被洪迪厄斯（Hondius）与詹森（Janssen）汇编成题为《利润剥夺：世界各地以获益为基础的救济》的国别报告。⑥在英美法系国家，可能由于不当得利制度发展较晚、权威学者区分"不法获益责任"与"不当得利返还"等原因⑦，法官相对其大陆法系国家的同行而言更加愿意突破完全赔偿原则，以"放弃侵权之诉""账目之诉""返还金钱之利的诉讼"等多样的诉讼形式在侵权、违约、信义义务违反等各类案件中探索按照财产使用利益价格（许可使用费、租金、通行

---

①　冯德淦：《获利返还制度的法理研究》，载《法制与社会发展》2023 年第 1 期。

②　陈现杰：《〈民法典〉第 1182 条（侵害他人人身权益造成财产损失的赔偿）评注》，载《中国应用法学》2023 年第 3 期。

③　徐银波：《论侵权行为形态的嬗变与赔偿理念的现代化——兼论〈侵权责任法〉第 20 条的适用》，载《私法研究》2015 年第 1 期；朱岩：《利润剥夺的请求权基础——兼评〈中华人民共和国侵权责任法〉第 20 条》，载《法商研究》2011 年第 3 期；孙良国：《论人身权侵权获益赔偿的性质、功能与适用》，载《法律科学（西北政法大学学报）》2011 年第 4 期。

④　例如，不同于人们可以通过加强安保措施保护有体物所有权，人们更难通过自行采取措施防范名誉权被侵害。参见岳业鹏：《论人格权财产利益的法律保护——以〈侵权责任法〉第 20 条为中心》，载《法学家》2018 年第 3 期。

⑤　和育东：《非法获利赔偿制度的正当性及适用范围》，载《法学》2018 年第 8 期。

⑥　Hondius E, Janssen A. Disgorgement of Profits：Gain-based Remedies throughout the World. Switzerland：Springer，2015：471-507.

⑦　Birks P. The Foundations of Unjust Enrichment：Six Centennial Lectures. Wellington：Victoria University Press，2012：25-41.

费等)或按照不法行为人所获利润确定的赔偿责任。

以英美法为主要背景,学界对不法获益责任理论展开了更为系统的研究。从哲学基础看,现有的相关研究主要有两种思路:一是概念主义、形式主义的路径;二是实证主义、工具主义的路径。采取前一种路径的代表性学者如温里布(Weinrib),其主张不法获益责任与其他任何民事责任一样都必须契合矫正正义的结构,与任何外在于双方当事人法律关系的政策考量因素无涉。① 采取后一种路径的代表学者如达甘(Dagan),其在著作《不当得利:对私法与公共价值的研究》中主张不法获益责任无需受矫正正义内在逻辑的限制,而不可避免地受到公共政策和社会价值观的影响。② 吉利奥(Giglio)虽然也通过矫正正义诠释不法获益责任,但认为政策考量常常是法律允许行为人保留不法获益的理由。③

更多学者以英美判例法为原材料,试图从中提炼不法获益责任的一般规律。埃德尔曼(Edelman)的著作《以不法获益为基础的赔偿——以合同法、侵权法、衡平法与知识产权法为背景》是不法获益赔偿责任体系化研究的代表作之一。埃德尔曼对英美相关司法实践进行了系统整理,提出现有实践中的各类不法获益责任可以进一步分为返还性赔偿责任与剥夺性赔偿责任两大类,并分别提出了二者的理论基础、适用范围和构成要件。④ 吉利奥所著的《不法行为返还性责任的基础》以英国不法获益制度和实践为主要考察对象,将英国的做法与德国、意大利等大陆法系国家的经验进行对比,提出不法获益责任规则具有不同于不当得利返还制度的意义,故即便是已经有成熟不当得

---

① Weinrib E J. Corrective Justice. Oxford: Oxford University Press, 2012:13.

② Dagan H. Unjust Enrichment: A Study of Private Law and Public Values. Cambridge: Cambridge University Press, 1997:35.

③ Giglio F. The Foundations of Restitution for Wrongs. Oxford: Hart Publishing, 2007:151.

④ Edelman J. Gain-based Damages: Contract, Tort, Equity and Intellectual Property. Oxford: Hart Publishing, 2002.

利制度的法域仍有引入不法获益责任制度的余地。① 罗瑟汉姆
(Rotherham)的论文《作为利润剥夺责任正当性基础的预防功能》认
为埃德尔曼、吉利奥等人的理论存在过度简化的问题,按照罗瑟汉姆
的见解,是否应当按照侵权人取得的利润确定赔偿责任取决于一系列
复杂的考量因素,如侵权人的主观状态、被侵害利益的重要性、被侵害
权利的边界是否清晰、加重侵权人责任收益和成本等。②

特别值得注意的是,在大部分知识产权法立法例都承认侵权利润
赔偿和合理许可费赔偿的背景下,埃德尔曼、吉利奥、罗瑟汉姆等许多
学者都提到了知识产权侵权,然而他们最终提出的理论体系却和知识
产权法的现实状况大相径庭。例如,大部分学说认为,不同类型的不
法获益责任理论基础不同,在适用条件上应当有所区分③,这与多数知
识产权法立法例未区分合理许可费、侵权利润赔偿责任成立要件的现
状明显不同。又如,多数观点认为,全面剥夺侵权人因侵权所取得的
利润是一种较为严苛的责任,一般应以行为人存在主观故意为要件,
但多数的知识产权法立法例却允许将侵权利润赔偿适用于过失甚至
无过失的侵权人。④

关于不法获益责任的学说构想和知识产权实定法现状孰是孰非?
适用于知识产权侵权的不法获益责任究竟应当有着怎样的面貌? 知
识产权法以激励创新为本旨的社会本位立法目的以及知识产权作为
无形财产权的特殊权利构造,确实可能令知识产权侵权责任制度独树

---

① Giglio F. The Foundations of Restitution for Wrongs. Oxford:Hart Publishing, 2007.

② Rotherham C. Deterrence as a justification for awarding accounts of profits. Oxford Journal of Legal Studies,2012(3):537-562.

③ Edelman J. Gain-based Damages:Contract, Tort, Equity and Intellectual Property. Oxford:Hart Publishing, 2002:39;The Restatement (Third)of Restitution and Unjust Enrichment, § 3 comment a.

④ 详见本书第七章。

一帜。①即便在知识产权法体系内部,不同类型知识产权的赋权依据、权利构造和权能仍存在不小的差异,也可能影响侵权责任规则的应然模式。本书聚焦专利侵权不法获益责任制度,以英美法相关制度、实践和理论为镜鉴,尝试系统分析其理论基础、体系定位、适用范围、构成要件和适用方法。

正式展开讨论之前,在此先就本书的研究进路和讨论范围作一说明。经济分析方法是专利侵权赔偿责任研究的重要方法,此前布莱尔(Blair)与科特(Cotter)合著的《知识产权:权利与救济的经济和法律面向》②以及科特独著的《比较专利救济:法律与经济分析》已经从经济分析的视角系统考察专利侵权救济规则,具有很高的参考价值。③ 作为对已有讨论的补充,本书的研究方法有所不同,除应用专利法政策分析、经济分析外,更多地试图将专利制度置于私法体系的大背景之下予以考察,希望借助私法的一般原理为专利侵权责任制度的构建提供另一种视角。因此,尽管本书最终落脚在专利侵权救济制度,但私法各领域的不法获益责任制度立法和实践经验仍是十分重要的参考坐标。采取这一研究方法的理由,涉及作者如何看待知识产权法和民法的关系,对此后文将在第二章予以详细说明。在讨论范围方面,本书的论述和结论同时适用于我国当前的三类专利,即发明专利、实用新型专利、外观设计专利④,但不适用于政策考量格外特殊的"标准必

① 有观点认为,知识产权法下的侵权利润赔偿主要旨在补偿损失,而人身侵权领域的侵权利润赔偿主要旨在预防侵权,但同样是侵权利润赔偿,为何功能不同,该文未作详细讨论。参见杨鸿雁:《论我国民法典无因管理的规范模式》,载《法商研究》2023年第4期。

② Blair R D, Cotter T F. Intellectual Property: Economic and Legal Dimensions of Rights and Remedies. Cambridge: Cambridge University Press, 2005.

③ Cotter T F. Comparative Patent Remedies: A Legal and Economic Analysis. New York: Oxford University Press, 2013.

④ 《专利法》第二条规定:"本法所称的发明创造是指发明、实用新型和外观设计。发明,是指对产品、方法或者其改进所提出的新的技术方案。实用新型,是指对产品的形状、构造或者其结合所提出的适于实用的新的技术方案。外观设计,是指对产品的整体或者局部的形状、图案或者其结合以及色彩与形状、图案的结合所作出的富有美感并适于工业应用的新设计。"

要专利"(standard essential patents)①。

本书分为八章,第二章明确讨论的前提,即现阶段的专利侵权责任研究不应脱离私法体系的大背景:尽管通说认为,知识产权是以激励创新为本旨的"社会本位型私权",怎样的知识产权法才能最大限度地实现立法目的迄今仍是个未解之谜,借鉴传统私法的经验是现代知识产权法已经采取且在之后的很长一段时间内都不会放弃的路径。特别是当专利权已经呈现出接近于所有权的"对'物'"效力的背景下,私法保护物权的经验对于专利侵权责任制度建构而言具有格外重要的参考价值。但同时,专利侵权责任制度研究也不应对传统损害赔偿理论亦步亦趋,而应充分考虑专利垄断的社会成本较高、专利权边界尤为模糊以至存在"公示失败"风险、专利侵权责任实质上趋于严格化等现象,特别强调适度保护专利权、适度预防专利侵权的政策。

第三章倡导理念的转向,详细说明合理许可费赔偿、侵权利润赔偿均不属于传统的实际损失补偿规则,更适宜定性为专利侵权不法获益责任。该章提出,目前不少立法例采用法律推定或拟制等方式将合理许可费、侵权利润赔偿嵌入损害补偿框架。这些尝试犹如削足适履,始终无法掩盖合理许可费、侵权利润赔偿数额与权利人所受实际损害数额缺乏对应性的现象。直面合理许可费、侵权利润赔偿的不法获益责任属性,并对新型的不法获益责任展开系统的讨论,应是更为妥当的选择。

第四章展开功能的参照,以现行《民法典》为基本依据,分析民事法律制度中以被告获益为基础确定的义务或责任。该章提出,《民法典》下的不当得利制度、不法管理制度也能够实现令专利侵权人支付许可使用费和交出因侵权行为所得利润的效果,因此专利侵权不法获

① 标准必要专利是指实施标准时必须使用的技术方案。一旦一项专利技术成为技术标准,其将带有公共产品的特征,这使标准必要专利侵权纠纷在许多方面别于一般的专利侵权纠纷。关于标准必要专利侵权救济,参见袁波:《标准必要专利禁令救济立法之反思与完善》,载《上海财经大学学报》2018年第3期。

益责任制度的研究还面临不容回避的体系衔接问题：专利法中的不法获益责任制度和民法中功能近似的规定究竟处于何种关系？前者究竟是私法体系中的冗余部分，还是有其独立存在的意义？

第五章概览比较法上的镜鉴对象，呈现英美法中不法获益责任制度的概貌，并参酌英美法经验定义"实际不法获益""返还""剥夺"等核心概念。从英美司法实践历程看，按照被告不法获益确定责任的案型多种多样，责任构成要件、责任范围大小也有明显的个案差异。在各类"不法获益"中，"实际不法获益"应当被界定为"实际损失"的对称概念：正如"赔偿实际损失"是指将权利人的利益恢复原状，理想中按照"实际不法获益"确定的赔偿额应当恰好能将加害人的利益恢复原状，使加害人的利益回到侵害行为不发生时的应有状态。进一步地，各类按照不法获益确定的责任可以分解为"返还责任"和"剥夺责任"两大类："返还"是指"归还"，即由侵害人归还法秩序上原应归属于权利人的利益；"剥夺"则指"放弃"，即令侵害人交出其部分或全部的不法获益，不论该利益是否原本并非归属于权利人。"返还"的概念与矫正正义理念完全契合，"剥夺"则不然，这预示着返还与剥夺责任在正当性基础、责任构成要件、应然适用范围方面的诸多差异。

第六章、第七章以英美法中不法获益剥夺制度为镜鉴，系统探讨专利侵权不法获益责任。第六章专章探讨专利侵权合理许可费赔偿。该章提出，包括专利侵权合理许可费在内，按照许可费确定赔偿额的规则实为将不当得利返还变形为"返还性赔偿"的产物，其效果是令侵权人归还原本应当归属于被侵权人的利益，从而维护权益归属秩序、实现矫正正义。解释论上，不当得利返还与合理许可费赔偿的体系定位、构成要件、义务主体均有别，但仍不妨在认定合理许可费数额时类推适用不当得利制度：虽然合理许可费赔偿的存在使不当得利制度鲜有被直接适用于专利侵权案件的必要，但这并不意味着不当得利制度将在专利法领域失去意义；恰恰相反，比较法上的经验表明，当前合理许可费赔偿实践面临的诸多困难可以通过类推适用不当得利法的理念和规则找到出路。

第七章专章探讨专利侵权利润赔偿。由于侵权行为所生的利润包含了并非原本归属于权利人的利益,侵权利润赔偿属于剥夺性的不法获益责任。剥夺性责任的正当性基础与惩罚性赔偿类似,主要立足于为公共利益而预防不法行为的必要。从英美相关司法实践情况看,所谓的"利润剥夺"并无统一的尺度,如法院认为有必要增强责任的威慑力,往往就会通过不予扣除违法成本、不考虑行为人自身投入的价值贡献等方式扩大责任范围。至于何时有必要为了强化侵权责任的预防功能而认可剥夺性责任,不仅取决于行为人的主观心态和侵权行为的情节,还取决于加大侵权预防力度的成本收益情况等因素。专利侵权不易被发现和追究的特点以及所致损害难以量化的问题,似乎指向加大预防力度的必要性,然而专利权"公示失败"的特殊现象以及加大专利权垄断的社会成本却又指向了全然相反的结论。总的来说,为了落实"适度预防"的政策,除非有足够有力的实证数据表明当前的专利保护力度整体不足,否则不宜一般性地加大预防专利侵权的力度,而仅有必要将情节严重的故意专利侵权行为列为着力预防和威慑的对象。

第七章同时提出,从域内外专利侵权诉讼情况看,与一般的剥夺性责任不同,专利侵权利润赔偿在实践中的预防功能属性偏弱。在专利侵权纠纷中,法院并不总是着眼于预防侵权行为的发生,反而常常强调要贯彻"利润分摊原则",着力避免剥夺由侵权人自身人力和物力投入所产生的那部分利益。由此看来,应用于专利侵权纠纷中的侵权利润赔偿常常仅被定位为在损害无法确切认定时给予权利人一定补偿的途径。尽管严格落实"利润分摊原则"可以在相当程度上限制剥夺责任的严苛性,但试图让剥夺责任承担补偿功能的做法仍然有对过失侵权人过苛的风险。因此,无论认为侵权利润赔偿旨在起到预防功能抑或补偿功能,我国现行《专利法》第七十一条将侵权利润赔偿适用于非故意侵权的做法均不甚妥当。

在分析制度理论基础、适用范围、构成要件和适用方法的基础上，第六章和第七章也展望了不法获益责任在我国专利法制度体系的未来。具体地，本书认为，现阶段的专利侵权赔偿责任制度应当具有下述两方面特征：一是责任标准的多元化。应当直面专利侵权所致实际损失难以确切认定的困境，正面承认不法获益责任，不再坚持损失数额与赔偿责任的对应性。二是责任标准的分层化。一方面，应当考虑专利权"公示失败"的特殊现象以及保护专利权的社会成本，倾向于限制非故意专利侵权人的责任，接受专利权人在过失专利侵害案件中可能得不到完全赔偿的现实；另一方面，对故意侵权、情节严重者适用严苛的惩罚性赔偿责任，从而遏制故意利用他人智力成果的行为，并在整体上使专利权人、技术利用人的利益达到动态平衡。就合理许可费赔偿而言，尽管其与不当得利制度的并立削弱了私法体系的简洁之美，但在未摆脱知识产权侵权实际损失认定困境的当下，引入返还性赔偿至少能在维护权益归属秩序之余为难以证明实际损失的专利权人提供一定的补偿，确实是便利专利权人取得救济、避免专利侵权损害赔偿请求权"空洞化"的可行办法。

就侵权利润赔偿而言，其在专利法制度体系中已经处于一个尴尬的境地：现行法将相对严苛的剥夺性责任适用于过失（甚至实质上无过失）专利侵权以替代损害补偿救济，虽然能在一定程度上应对专利侵权所致实际损失普遍难以确切证明的问题，但同时引发了过度预防专利侵权的风险；而对于确有必要着力预防和威慑的故意专利侵权行为，剥夺性责任虽然能够在一定程度上发挥预防作用，但在专利侵权较难被发现和追究的背景下又存在威慑力度不足的局限。在《专利法》已经引入了惩罚性赔偿的前提下，侵权利润赔偿已经失去独立存在的必要性。在立法论上更适宜的做法是废弃侵权利润赔偿，仅将侵权人实际取得的不法获益数额作为认定合理许可费的核心考量因素。

第八章呈现全书的结论。

尽管本书以专利侵权不法获益责任作为研究对象，且认为该制度在当前的知识产权侵权救济中扮演着重要角色,但也无意夸大不法获益责任的意义。2022 年修正《专利法》时引入惩罚性赔偿,已经使侵权利润赔偿失去了独立存在的正当性基础,一旦摆脱了知识产权侵权损害认定的困境(从目前的进展看,我们距离这一目标还有相当遥远的距离),合理许可费赔偿的使命也就随之走到了尽头。但无论如何,即便专利侵权不法获益责任制度在遥远的某一天成为历史,澄清专利侵权利润赔偿、合理许可费赔偿的理论基础和认定标准仍是当下不容回避的任务:法治的最重要价值是为公众提供一个稳定可靠的行为引导,考虑到发明创新本就是极具风险性的事业,建构一个安定、实用、可靠、可被理解的专利制度体系对于建设创新型社会至关重要。[1]

---

① Newman P. The federal circuit: Judicial stability or judicial activism. American University Law Review, 1992(3): 683-689.

第二章 讨论的前提:传统私法对专利侵权责任制度的引导意义与限度

《与贸易有关的知识产权协定》(简称 TRIPS 协议)在序言中明确指出知识产权是私权。但专利权作为知识产权的私权定位未妨碍功利主义①、工具主义在专利法领域大行其道。当新技术私有的正当性难以通过纯粹的自然权利理论得到论证,激励论成为正当化专利权的常见论点,即认为如果新技术不受专利保护,发明人将丧失投入研发成本、公开研发成果的动力。② 由此,激励技术的开发、公开、运用、改进,并最终促进公共福祉,被认为是专利法的重要甚至唯一目的。③

在知识产权"私权公权化"的大背景下④,不少学者怀疑源于罗马法与普通法的传统法学在专利法的理论建构中还残存多少参考价值,

---

① 将知识产权作为私权是否正当仍然是争议问题。参见邓志红,余翔:《再论知识产权的性质——一种权利结构的视角》,载《知识产权》2018 年第 2 期。

② 李明德主编:《知识产权法》,北京师范大学出版社 2011 年版,第 20-21 页;杨明:《知识产权制度与知识财产创造者的行为选择》,载《中外法学》2012 年第 4 期。

③ 例如,我国《专利法》第一条将"鼓励发明创造,推动发明创造的应用,提高创新能力,促进科学技术进步和经济社会发展"列为专利法的立法目的。比较法上,美国《宪法》第 1 条第 8 款明确采取功利主义立场,规定"为了促进科学与实用艺术的进步"可以"有期限地保障作者与发明人对其作品与发现的专属性权利"。《日本专利法》第 1 条亦规定,"本法的目的是通过推动保护和利用发明,以鼓励发明从而促进产业发展"。参见中国人民大学知识产权教学与研究中心,中国人民大学知识产权学院:《十二国专利法》,《十二国专利法》翻译组译,清华大学出版社 2013 年版,第 230 页。认为知识产权法应该采取工具主义立场的观点,参见德霍斯:《知识财产法哲学》,周林译,商务印书馆 2008 年版,第 208-230 页;胡朝阳:《知识产权的正当性分析——法理和人权的视角》,人民出版社 2007 年版,第 73-83 页。认为知识产权法旨在平衡公共利益和私人利益的观点,参见齐爱民:《知识产权法总则》,武汉大学出版社 2011 年版,第 32-34 页。

④ 冯晓青,刘淑华:《试论知识产权的私权属性及其公权化趋向》,载《中国法学》2004 年第 1 期。

甚至有力主将传统侵权法的影响从专利侵权救济制度中"清除"者。① 若采取这样的见解,实证法中的专利侵权责任制度从传统私法的视角来看具有何种法律性质便成了一个无足轻重的问题。然而,在当下是否确有可能切断专利法与传统私法的联系,直接根据立法目的导出专利侵权责任制度的应然面貌?

　　本章无意批判功利主义、工具主义的知识产权法,而仅旨在说明,迄今尚未有任何一项理论能够强有力地说明怎样的创新制度才最适于"激励创新、促进公益",在现阶段断然否认传统私法对专利侵权责任制度的引导意义并不适当。

第一节　从立法目的直接导出最适救济
方案的不可行性

　　1984 年公布的《中华人民共和国专利法》第一条规定:"为了保护发明创造专利权,鼓励发明创造,有利于发明创造的推广应用,促进科学技术的发展,适应社会主义现代化建设的需要,特制定本法。"历经数次修正之后,2020 年修正的现行《专利法》第一条规定:"为了保护专利权人的合法权益,鼓励发明创造,推动发明创造的应用,提高创新能力,促进科学技术进步和经济社会发展,制定本法。"长期以来,激励创新、促进社会公益一贯被作为我国《专利法》的基本宗旨。

　　专利制度会产生显著的社会成本,如垄断市场的成本、行政成本、阻碍后续创新的成本以及包括交易成本在内的技术获取成本等。② 之

---

① Sichelman T. Purging patent law of private law remedies. Texas Law Review, 2014(3): 517-571.

② Cotter T F. Comparative Patent Remedies: A Legal and Economic Analysis. New York: Oxford University Press, 2013: 25-32; Blair R D, Cotter T F. Intellectual Property: Economic and Legal Dimensions of Rights and Remedies. Cambridge: Cambridge University Press, 2005: 13-23.

于社会本位的专利法,创设专利权的社会利益是否大于其社会成本至关重要。20 世纪 50 年代,经济学家马赫卢普(Machlup)作为最早提出知识经济概念的学者之一,只得出"制定专利法不见得有积极意义,但木已成舟后又不宜轻言废除"的结论。① 过去几十年来,相关实证研究虽然有了一些进展,但专利法的整体社会效果仍未被证实,以专利权激励发明的模式是否比其他模式更优就更加难以捉摸。② "没有人研究证明,通过专利制度我们比没有专利制度进行了更加有用的发明创造活动。事实上,几乎无法想象如何进行这样的研究。"③在当下再说专利权的功过,不见得能得出比马赫卢普当年清晰多少的答案。

是否创设、在何期限和范围内创设专利权只是问题的开端。无救济即无权利,专利权对权利人的价值还部分地取决于其将在何种程度上被保障。兰德斯(Landes)、波斯纳(Posner)、爱泼斯坦(Epstein)等学者主张赋予知识产权与一般有形财产以同程度的保护④。但也有不少观点指向弱化专利权的妥当性,如莫吉斯(Merges)和纳尔逊(Nelson)经过实证经济分析后主张激烈的竞争而非强化私权保护才是激励技术创造与扩散的关键⑤。艾尔斯(Ayres)和克伦佩勒(Klemperer)也提出,适当不完全、不确定、不及时地执行专利救济,反而更有利于优化创新动力。⑥

何种救济制度能够最大化专利制度的社会福利与社会成本之差

---

① Machlup F. An Economic Review of the Patent System. Washington：United States Government Printing Office，1958：79-81.

② Ouellette L L. Patent experimentalism. Virginia Law Review，2015(1)：65-128.

③ 谢科特,托马斯:《专利法原理》,余仲儒编译,知识产权出版社 2016 年版,第 10 页。

④ Landes W M，Posner R A. The Economic Structure of Intellectual Property Law. Cambridge：Harvard University Press，2003：294-334；Epstein R A. Liberty versus property? Cracks in the foundations of copyright law. San Diego Law Review，2005(1)：1-28. 但兰德斯和波斯纳认为少数情况下的知识产权应"去财产化"。

⑤ Merges R P，Nelson R R. On the complex economics of patent scope. Columbia Law Review，1990(4)：839-916.

⑥ Ayres I，Klemperer P. Limiting patentee's market power without reducing innovation incentives：The perverse benefits of uncertainty and non-injunctive remedies. Michigan Law Review，1999(4)：986-1033.

额？从专利法的公法目的出发,有学者建议在专利侵权救济中放弃私法传统。① 但是,直接根据公法目的确定专利侵权责任,除了过高的司法成本和可能造成司法越权,还有一个很难逾越的障碍:截至目前,怎样的救济才最符合专利法立法目的,即便在纯理论层面也还远未清晰。

寻求最适救济的进程注定艰辛。如同其他法律,专利法意欲调整的行为复杂多样:就专利权人而言,这些行为可包括技术的发明与公开、专利的公示、技术的改进与运用等;就技术利用人而言,则包括技术的受许、受让、使用、传播、改进和商业化,以及对效力和范围可疑的专利权进行挑战等。② 如何协调这些可能相互冲突的目标并确定一个具有妥适规范效果的救济制度着实不易。

即便只关注激励创新这一目的,何种经济回报能够促成最优的创新效果也不无争议。有观点认为,依据经济学原理,当产品存在正外部性时该产品将会供给不足③,因此仅当发明活动的经济回报不小于发明所产生的全部社会利益时,才能够避免出现对发明创新激励不足的现象④。但也有观点指出,只要发明人的经济回报足以补偿模仿者无需付出的固定成本,发明创造活动就能够得到充分的激励⑤,且鉴于专利权人原本就难以从市场中取得发明的全部社会价值,按发明的全部社会价值确定金钱救济数额会过度激励这部分发明人,扭曲资源配

① Sichelman T. Purging patent law of private law remedies. Texas Law Review, 2014 (3): 517-571.

② Golden J M. Principles for patent remedies. Texas Law Review, 2009(3): 505-592.

③ 正外部性是指某行为对他人产生增益而并不因此被补偿,实证数据表明创新活动有很强的正外部性。参见 Frischmann B M, Lemley M A. Spillovers. Columbia Law Review,2007(1):257-301.

④ Shavell S, van Ypersele T. Rewards versus intellectual property rights. The Journal of Law and Economics, 2001(2): 525-547. 但该文同时提出,如果存在多个潜在发明人,赋予单个发明人发明全部社会利益可能因引发"专利竞赛"而导致过度激励问题。

⑤ Frischmann B M, Lemley M A. Spillovers. Columbia Law Review, 2007(1): 257-301.

置,不利于他人的再创新。① 在此基础上,有观点认为,应按专利产品的市场回报而非社会价值确定救济数额。② 还有观点认为,赋予发明人以发明的全部社会价值不妥,但其理由是发明社会成本(如污染)不能被发明人及其交易者内化。③

即使最适于激励创新的经济回报可得确定,其与妥适法律救济标准也非同一问题。后者涉及的难题如,当发明人还受其他激励机制影响,如何确定最适的司法救济? 又如,除专利权人外,往往还有其他创新者在同时期独立得到相同成果,将前述的经济回报全部分配给权利人是否妥当? 再如,除被告外还可能有其他正在被或即将被追究责任的侵权人,如何确定个案中的被告应承担的侵权责任?④ 还有,鉴于潜在侵权人常常也是独立创新者,如何避免侵权责任预期挫伤其创新动力?

更何况,任何特定专利侵权救济基准的现实效果都有很大的偶然性,这主要来自两方面。一是经济上的偶然性。权利人应如何基于专利权取得市场回报、能够取得何种市场回报、与技术利用人的相对利益地位如何等,都和权利人的相关背景尤其是经济背景有关。⑤ 二是技术上的偶然性。可授予专利权的技术种类跨度极大,但不同技术发明、开发、许可、改进的机制通常差异巨大⑥,能在各个行业、对各种技

---

① Frischmann B M, Lemley M A. Spillovers. Columbia Law Review, 2007(1): 257-301; Lemley M A, Shapiro C. Patent holdup and royalty stacking. Texas Law Review, 2006(7): 1991-2049.

② Lemley M A, Shapiro C. Patent holdup and royalty stacking. Texas Law Review, 2006 (7): 1991-2049.

③ Golden J M. Principles for patent remedies. Texas Law Review, 2009(3): 505-592.

④ Lemley M A. Taking the regulatory nature of IP seriously. Texas Law Review, 2014(92): 107-119.

⑤ Golden J M. Principles for patent remedies. Texas Law Review, 2009(3): 505-592; Gallini N, Scotchmer S. Intellectual property: When is it the best incentive system? Innovation Policy and the Economy, 2002(2): 51-77.

⑥ Burk D L, Lemley M A. Policy levers in patent law. Virginia Law Review, 2003(7): 1575-1696; Carroll M W. One of all: The problem of uniformity cost in intellectual property law. American University Law Review, 2008(4): 848-900.

术发挥良好效果的制度可能有别①。创新失败概率很高且沉没成本很高的行业(如医疗行业)一般需要较强的法律保护以维持其创新动力,但其他行业未必那么依赖专利保护。比如尽管美国法院在 20 世纪 70 年代一度把软件作为数学公式而拒绝给予专利权保护,当时软件产业在美国的蓬勃发展并未因此受阻。② 此外,适宜的专利保护强度还和技术能否以文字精准描述有关。有的专利技术难以通过文字表达,导致权利要求书和说明书的公示效果不足、技术利用人调查侵权风险时需付出更高成本,此时应避免对侵权人课以过重的责任,以免侵权人因担忧动辄得咎而放弃实施本属合法的技术利用行为。贝森(Bessen)与穆勒(Meurer)的实证研究也支持了专利制度效果存在技术偶然性的假设:他们在《专利失败:法官、官僚、律师如何令创新者陷于风险》一书中披露的研究数据表明,20 世纪 90 年代,仅有医药及化学医药行业显著地因专利法体系而获益。③

那么可否通过现有研究数据来指引专利制度的制定和实施?实证研究虽然可以测试各种冲突观点,但其开展在当下仍然备受局限。一方面,专利制度的社会利益与成本很难定量测算,一些社会价值如"公平"更难以用成本收益分析衡量④;另一方面,专利发明、开发、交易相关的许多信息都被企业保密,可参考的实证数据有限⑤。因而,一般认为,尽管专利法的立法目的最终在于通过激励创新促进公共利益,但以公法目的直接指导专利侵权救济标准在未来很长一段时间内均不具可操作性。目前,若允许法官基于保护系争专利的成本收益分析

---

① Golden J M. Principles for patent remedies. Texas Law Review, 2009(3):505-592.

② Gottschalk v. Benson, 409 U. S. 63 (1972).

③ Bessen J, Meurer M J. Patent Failure: How Judges, Bureaucrats, and Lawyers Put Innovators at Risk. Princeton: Princeton University Press, 2008:106-109.

④ 关于知识产权制度对公正的影响,参见 Sunder M. From Goods to the Good Life: Intellectual Property and Global Justice. New Haven: Yale University Press, 2012:31-32。

⑤ Golden J M. Principles for patent remedies. Texas Law Review, 2009(3):505-592.

决定责任数额，长期错误成本将非常高。[①]

第二节　从专利权的权利构造考察传统私法的参考价值

知识产权在私法权利体系中自成一类：虽然智力成果常被称为"无体物"，但是知识产权不属于民法中的物权、所有权[②]；在英美法系，由于一般观念中的财产权（property right）概念接近民法所说的物权，不包括具有相对性的债权，常有学说质疑知识产权是否具有财产权地位。我国学说普遍认为，知识产权和物权一样是对世权[③]，其特点在于无体（无形）性、时间性、地域性[④]。除此之外，专利权取得方式与所有权不同，须经发明人或设计人申请，由国务院专利行政部门受理和审查专利申请并依法授权。然而，以上区别都并未明确知识产权与物权在权利构造上究竟有几分相似、几分差别。吴汉东先生主编的《知识产权法》提到知识产权是"知识财产的所有权"，是"从物的所有权中分离出来的新的、独立的财产权形态"。[⑤] 这是否意味着尽管专利权并非所有权，但我国法律中的专利权构造是以所有权为模板的？

下文将论证，专利权从权利构造来说不属于"知识财产的所有权"，但相较于著作权和商标权，专利权的权能确实和所有权十分接

---

　　① Cotter T F. Comparative Patent Remedies: A Legal and Economic Analysis. New York: Oxford University Press, 2013: 49.

　　② 朱庆育：《民法总论》，北京大学出版社 2016 年版，第 511 页；欧洲民法典研究组，欧盟现行私法研究组编著：《欧洲私法的原则、定义与示范规则：欧洲示范民法典草案（全译本：第 5 卷、第 6 卷、第 7 卷）》，王文胜等译，法律出版社 2014 年版，第 377 页（在法国、比利时、卢森堡、匈牙利等国，知识产权不被认可为"民法上的财产权"）。

　　③ 张玉敏主编：《知识产权法学》，法律出版社 2011 年版，第 14-15 页。

　　④ 郑成思：《知识产权论》，法律出版社 2003 年版，第 75-89 页；吴汉东主编：《知识产权法》，法律出版社 2009 年版，第 13-16 页。

　　⑤ 吴汉东主编：《知识产权法》，法律出版社 2009 年版，第 11-13 页，第 28 页。

近,私法保护有体物的经验对专利侵权责任制度构建应当具有格外重要的参考价值。超越权利分类,分析专利权和所有权(有形财产权)在构造、效力上的异同有助于揭示这一点。

一、发明之无体性不影响其成为"财产权/对知识财产的所有权"之客体

无论在大陆法系国家还是英美法系国家,财产法在传统上均旨在界定"人"与"物"的关系,或人与人之间关于某"物"的关系。罗马法围绕有形资源的占有和使用发展出财产规则,而占有往往意味着一个"物"的存在。① 鉴于发明无法像有体物那样被物理上占有、支配,有学者认为,始于罗马法与普通法的传统法学对专利法的引导作用不足。

但是物之有体性并非财产权生成的关键。从罗马法出现以来的历史看,有体物概念也不过是"语义上的造物"②,即便是最为实体化的物,作为物权客体仍可能要基于层层表述的限定,如土地要通过地籍登记、环境调查、占有使用证据、交易记录等信息确定,这些表述都是技术性、行政性、组织性的。而专利的"无体性"也不意味着它是虚无缥缈的。权利要求书的文本像是机械的零件,而权利要求解释方法则像是制造机械的技艺,二者配合搭建出整个机械。③ 因此,尽管财产权在历史上均以有体物为客体,但这并不意味着知识产权只能是"真正财产权的边缘、例外、虚拟、脆弱的类比"④,仅凭发明之"无体性"就否

---

① Efroni Z. Access-right. Oxford: Oxford University Press, 2010: 69.
② Sherman B, Pottage A. On the prehistory of intellectual property//Howe H R, Griffiths J. Concepts of Property in Intellectual Property Law. Cambridge: Cambridge University Press, 2013: 11-28.
③ Sherman B, Pottage A. On the prehistory of intellectual property//Howe H R, Griffiths J. Concepts of Property in Intellectual Property Law. Cambridge: Cambridge University Press, 2013: 11-28.
④ Sherman B, Pottage A. On the prehistory of intellectual property//Howe H R, Griffiths J. Concepts of Property in Intellectual Property Law. Cambridge: Cambridge University Press, 2013: 11-28.

定专利权与有形财产权的亲缘性并不妥当。

　　下文分别从实然与应然的角度分析专利权构造，论证尽管专利权和所有权构造方式确有差异，但专利权同样具备所有权的核心特征即"对物性"。这意味着专利权的建构，在很大程度上以有形财产权为模板，传统私法对专利法的参照意义因而不应被轻易否定。

二、实证的专利权：专利权是"财产权/对知识财产的所有权"吗？

　　在知识产权法学的讨论中，有一种观点批评知识产权（intellectual property，直译为"智慧财产"）这一用语，担心"财产"之名会模糊知识产权作为创新激励手段的本质。① 在德国，知识产权一度未被列为"财产"（eigentum），直到《与贸易有关的知识产权协定》产生后，"财产"话语才开始进入德国知识产权法。② 有英国学者也主张，"知识产权"概念在英国落地是受外来法律术语的影响，"知识产权"之称并不意味着其权利客体具有有形财产权类似的地位。③

　　德国学者德雷尔（Dreier）认为，当前知识产权称谓中的"财产"并不作为严谨的法律概念出现，而是在智力成果私有化争议中受价值取向驱使的一种"隐喻性的使用"。④ 在法律上，当两个领域被贴上共同标签，彼此的经验往往就自然而然地互为参照，因此"财产隐喻"会潜

---

　　① Dreier T. How much 'property' is there in intellectual property//Howe H R, Griffiths J. Concepts of Property in Intellectual Poperty Law. Cambridge：Cambridge University Press，2013：116-136.

　　② Dreier T. How much 'property' is there in intellectual property//Howe H R, Griffiths J. Concepts of Property in Intellectual Property Law. Cambridge：Cambridge University Press，2013：116-136.

　　③ Bentley L. Trade secrets：'Intellectual property' but not 'property'？ //Howe H R, Griffiths J. Concepts of Property in Intellectual Poperty Law. Cambridge：Cambridge University Press，2013：60-93.

　　④ Dreier T. How much 'property' is there in intellectual property//Howe H R, Griffiths J. Concepts of Property in Intellectual Poperty Law. Cambridge：Cambridge University Press，2013：116-136.

移默化地强化知识产权。鉴于有体物与"无体物"的性质差异,及有形财产法与知识产权法的立法目的之别,"财产隐喻"在知识产权法领域该走多远成为长久议题。

财产权是历史形成的观念而非逻辑推演的结果,其概念并不唯一,"财产隐喻"究竟何指因而也存在解释余地。大陆法系民法中的所有权和英美法所说的一般财产权,其所含"财产隐喻"本身意味就有别。① 大陆法系民法观念中的所有权概念比较单一稳定,是人对"物"为全面支配的权利,其特点包括:其一,不仅包含排除他人干涉之消极权能,也包含占有、使用、收益、处分等积极权能;其二,所有权高度抽象、浑然一体,并非各种权能之简单叠加②;其三,所有权以物为客体,强调权利人对物的全面支配;其四,国家原则上不干涉所有权人对其使用方式的自主选择;等等。

对比来看,受令状体系、诉因制度的决疑式法律传统影响,英美法中财产权的观念是在特定案件语境下以特设(ad hoc)的方式发展出的,相对来说不那么稳定。③ 纵观英美财产法,会发现财产权的概念与"物"的关系逐渐松绑。早期英美财产法传统受自然法观念影响,其布莱克斯通式(Blackstonian)财产权与民法所有权近似,强调物之归属,是某人对某物的"专属的、整体的、不限用途的全面支配"。④ 后来在法律实证主义的影响下,"物"在财产权观念中的地位大大降低。例如,在霍菲尔德的基本法律概念体系中,对物权与对人权之分界已经模

---

① 尽管大陆法系民法中并无与英美法中财产权相同的概念,为便于一并讨论,这里暂时将所有权作为各种财产权观念中的一种。

② 王泽鉴:《民法物权》,北京大学出版社 2010 年版,第 110 页。

③ 在英美法系,普通法中的财产与衡平法中的财产内容不同,参见 Rotherham C. The normative foundations of restitution for wrongs: Justifying gain-based relief for nuisance//Robertson A, Tang H W. The Goals of Private Law. Oxford: Hart Publishing, 2009: 389-419.

④ 关于英美法传统的财产权观念,参见 Claeys E R. Property 101: Is property a thing or a bundle? Seattle University Law Review, 2009(3): 617-648.

糊,财产权被简约成由若干具体对人请求权(claim right)组成的"权利束"①,这意味着财产权和债权本质并无不同,开启了财产权观念"解体"的序章②。因此德雷尔认为,按照大陆法系民法中的所有权内涵理解财产权时,"财产隐喻"暗示知识产权人享有的权利就更为宽泛,比知识产权成文法所赋予的还要宽泛得多。③

分析实证法中的专利权,可以发现它的确不同于民法中的所有权,而和受法律实证主义影响后的财产权观念更为契合。以下从四个角度分析专利权和所有权的区别,说明专利权和民法所有权的构造确有差异,"知识财产所有权"的提法严格来说并不准确。④ 但同时也将一并论证的是,这些区别事实上并没有真正瓦解实证专利权的"对物性",专利权与所有权在效力上的相似性仍然不可忽略,从这个角度来看,认为知识产权是"知识财产的所有权"的说法也不能说是错误的。

(一)专利权是"消极排他权"还是"积极使用权"?

与所有权不同,专利权常以消极排他权(right to exclude)构造,不规定积极使用权。不同于《著作权法》第十条明确规定若干种专属使用权的模式⑤,《专利法》第十一条第一款以排他权表述,规定专利权人以外的任何人不得未经专利权人许可实施其专利,即"不得为生产经营目的制造、使用、许诺销售、销售、进口其专利产品,或者使用其专利方法以及使用、许诺销售、销售、进口依照该专利方法直接获得的产品"。

在美国法中,常见观点认为,专利权与一般财产权间的根本差异

① Hohfeld W N. Fundamental legal conceptions as applied in judicial reasoning. The Yale Law Journal, 1917(8): 710-770.

② Grey T C. The disintegration of property. Nomos, 1980(22): 69-85.

③ Dreier T. How much 'property' is there in intellectual property//Howe H R, Griffiths J. Concepts of Property in Intellectual Property Law. Cambridge: Cambridge University Press, 2013: 116-136.

④ 吴汉东主编:《知识产权法》,法律出版社 2009 年版,第 11-13 页,第 28 页。

⑤ 有学者对此提出批评,认为应该以消极排他权来构造知识产权,参见孙远钊:《〈著作权法(修订草案送审稿)〉修改与完善建议》,载《交大法学》2015 年第 1 期。

在于专利权不保障积极的使用权,除包含消极排他权外别无内容。[①]
正是基于这种观念,美国《专利法》中的专利权概念自 1952 年开始由
专属使用权改为排他权,以特为澄清专利权人并无实施发明的积极权
利。[②] 与此不同,德国《专利法》第 9 条同时规定专利权的消极排他权
能与积极实施权能。这是否意味着,德国法所认可的专利权效力更
强? 答案应是否定的。

主张专利权不保障积极使用权能的观点常以依存专利现象为据。
所谓依存专利现象是指当新发明覆盖既有基本专利的全部必要技术
特征并在此基础上予以改进,新发明的合法实施将依存于基本专利权
权利人的许可。例如,假设甲就其开发的 X 产品取得专利,随后乙发
明了使用 X 的新方法,由于乙的发明必然覆盖甲所持专利的必要技术
特征,即便乙已就其发明取得专利权也须先取得甲的许可才能合法实
施其专利。现行《专利法》第五十六条因而特别规定了依存专利强制
许可,避免特别有价值的发明因基本专利权利人不予许可而不能实
现。[③] 但是类似依存专利的现象不是专利法所特有,完全可能在有形
财产法领域出现。例如,假设由于某地块被相邻土地包围,该地块所
有权人很难进入其土地,此时若不规定法定通行权,土地所有权人对
其土地的积极使用也会被阻挡。

美国学者认为依存专利的现象表明专利权人不享有积极使用权
应是受了霍菲尔德概念框架的影响。按照霍菲尔德的概念体系,"权
利"的关联概念为义务,某人享有权利意味着必定有人负有相应义务

　　[①]　Merges R P, Duffy J F. Patent Law and Policy: Case and Materials. 8th ed. Durham:
Carolina Academic Press, 2021: 3-21;Merrill T W, Smith H E. Property. New York: Foundation
Press, 2007: 163. 我国学者的类似观点,参见刘春田主编:《知识产权法》,中国人民大学出版社 2014
年版,第 200 页。

　　[②]　Merges R P. One hundred years of solicitude: Intellectual property law, 1900-2000.
California Law Review, 2000(6): 2187-2187.

　　[③]　该条规定,"一项取得专利权的发明或实用新型比前已经取得专利权的发明或者实用新型
具有显著经济意义的重大技术进步,其实施又有赖于前一发明或者实用新型的实施的",专利权人可
申请强制许可。

（无论是积极作为抑或消极不作为）来保障该项权利的实现；若某人享有选择做或不做某事的自由，但他人不负有配合的义务，霍菲尔德仅谓之"特权"（privilege）。[①] 由于专利权排他权能对应他人不得未经允许实施专利的义务，其应属于霍菲尔德所说的"权利"；由于专利权人虽然可以选择自行实施专利发明，但他人并不负有义务予以配合，在霍菲尔德概念框架下专利权人应不享有"使用权"而仅享有"使用的特权"或者说"使用的自由"。但事实上在如今的英美法中，不少观点也认为有形财产权的核心权能也在于排他[②]，而所有权人对于其财产的积极使用权和排他权性质不同，本质上是一种消极的自由，是霍菲尔德理论框架下的特权[③]。按照霍菲尔德的概念体系，所有权人所享有的使用权能同样也应当构造为"排他权能＋使用特权"，专利权仅以消极排他权构造并不足以令专利权区别于一般财产权而独树一帜。

综上，不同立法例是否引入积极使用权能和立法者如何理解"专利使用权"的意义有关。美国专利法之所以否认专利权人的积极使用权能，可能是受霍菲尔德概念体系的影响。在立法上通过消极排他权或积极使用权模式表述专利权对专利权的实质权能影响并不大。

（二）专利权是"权利束"还是"抽象一体"？

民法所有权赋予权利人以高度抽象、不加细分的权利，不考虑财产具体的使用途径。[④] 与此不同，专利权在形式上常是一系列具体排他权的集合。《专利法》第十一条第一款即规定，专利权人有权排除他人以"生产经营目的制造、使用、许诺销售、销售、进口"的行为。美国

---

　　① Hohfeld W N. Fundamental legal conceptions as applied in judicial reasoning. The Yale Law Journal, 1917(8)：710-770.

　　② Merrill T W. Property and the right to exclude. Nebraska Law Review, 1998(4)：730-755；Cohen F S. Dialogue on private property//Epstein R A. Private and Common Property. New York：Routledge, 2013：1-31.

　　③ Penner J E. The Idea of Property in Law. Oxford：Oxford University Press, 1997：68-104.

　　④ Claeys E R. Property 101：Is property a thing or a bundle? Seattle University Law Review, 2009(3)：617-648.

《专利法》第一百五十四条也以排除具体行为的方式规定了排他权能。①

专利权的构造方式有别于所有权,但可以融入目前英美法的一般财产权观念。如前所述,受法律实证主义影响,英美财产法实务学说常否认财产权的抽象一体性,而把财产权简约成由若干具体请求权(claim-right)组成的"权利束"。② 只要保留财产权必需的排他权,即便去掉"权利束"的一项或若干也不影响权利的财产权属性。③ 不仅如此,下述第三点的分析还将说明,虽然专利权在形式上采取"权利束"财产观,但相较于其他类型的知识产权,专利权的排他效力最为接近传统对物权,也是高度抽象的。

(三)专利权是"从物上排除"的权利还是"排除具体行为"的权利?

从抽象浑一的对物权利到具体细分的"权利束","物"的地位发生松动,权利的排他性也有所减弱。所有权作为对物权,以"物"作为传达排他"信号"的媒介,抽象地将他人从物上排除。④ 区别于所有权,如果把知识产权的客体看成"无体物",知识产权"权利束"旨在排除他人对该"无体物"实施的具体行为,其排他信息已不单纯维系在"物"上。可以想见,若减少对"物"之归属的强调,并对可予排除的具体行为加以更多限制,如"禁止他人以引起损害的方式使用",此种"排他权"将

---

① 该条提到专利权的内容是"排除他人在美国境内制造、使用、出卖或许诺销售该发明或进口该发明入美国"以及若发明为一过程,则"排除他人在美国境内使用、出卖或者许诺销售,或进口如其说明书所详细指出之过程所制成之产品"。参见中国人民大学知识产权教学与研究中心,中国人民大学知识产权学院:《十二国专利法》,《十二国专利法》翻译组译,清华大学出版社 2013 年版,第 677 页。

② Kaiser Aetna v. United States, 444 U. S. 164, 176 (1979).

③ Hohfeld W N. Fundamental legal conceptions as applied in judicial reasoning. The Yale Law Journal, 1917(8): 710-770.

④ 对于排他信号的论述,参见 Balganesh S. Quasi-property: Like, but not quite property. University of Pennsylvania Law Review, 2011 (7): 1889-1925; Smith H E. Institutions and indirectness in intellectual property. University of Pennsylvania Law Review, 2009(6): 2083-2133。

更接近侵权法的内容。[①]

由"从物上排除"到"排除对物实施的具体行为"再到"排除特定不当行为",随权利与"物"的联系逐渐松绑并最终断裂,可形成从财产权到"准财产权"再到债权的连续谱系,权利人对资源的支配渐次减弱。[②]例如,当甲被赋予将他人从其土地上排除的权利,他人即不得未经允许进入其土地,不得干涉甲对其土地的支配;但若甲仅被赋予排除他人未经允许在其土地建屋、打猎的权利,则甲无权据此禁止他人进入其土地从事其他行为。

在法律实证主义、新制度经济学及交易成本经济学的影响下,财产法学说常摈弃"从物上排除"观念,直接关注当事人对资源的具体利用,认为财产权权利束可依政策需要被塑造成各种面貌。不过从实践情况来看,有形财产权"从物上排除"的效力并未被真正瓦解。典型的例子如,一旦被告越过原告土地边界就构成侵入(trespass),法院一般不会特别比较允许被告使用与否的社会利益。[③]

专利权亦然,尽管其在形式上是"排除具体行为"的权利束,假如将发明成果看作"无体物"、将专利权利要求书所确定的权利范围看作"物"的边界,专利权人"排除他人使用"权能的实质效力已经非常接近"将他人从'物'上排除"和"禁止他人侵入边界"。具体而言,虽然《专利法》第十一条"不得为生产经营目的制造、使用、许诺销售、销售、进口"的规定是基于权利人可排除的具体行为构造,但由于其中"使用"的意涵极其广泛,其结果是只要被告为生产经营目的实施的技术方案落入专利权利要求书划定的边界内(即覆盖了专利权利要求所描述的全部技术特征或等同技术特征),侵权原则上即

---

① Balganesh S. Quasi-property:Like, but not quite property. University of Pennsylvania Law Review, 2011(7):1889-1925.

② Balganesh S. Quasi-property:Like, but not quite property. University of Pennsylvania Law Review, 2011(7):1889-1925.

③ Smith H E. Institutions and indirectness in intellectual property. University of Pennsylvania Law Review, 2009(6):2083-2133.

告成立。由此,专利侵权的认定思路与"不得未经允许踏入他人土地"已经非常近似。

对比专利权,著作权的"对物性"明显要弱得多。依《著作权法》第十条,著作权人只能排除他人未经允许发表、复制、发行、修改其作品等具体行为,而并无排除他人"使用"作品的宽泛权利。不仅如此,只要被告独立创作作品,即便被告发表、发行与原告作品实质性相似甚至完全一致的作品,侵权均不能成立。如认为受著作权保护作品的表达对应特定的"无体物",著作权人并不一般性地垄断之。① 由此观之,权利束的内容差异使不同种类知识产权的"对'物'性"程度显著不同,当可排除行为的划定越宽泛抽象,权利就越"抽象浑一",在效果上越倾向于"从物上排除"。可见知识产权法体系内部规定的"极端不统一"有时或许是正当的,而不全是"立法者之间缺乏沟通,没有整体把握"②之故。

综上,尽管发明作为"无体物"不像有体物那样边界清晰,尽管专利权采取了不同于所有权的"权利束"构造,由于专利权的"使用权能"本身具有高度抽象的特点,其也有力传达着"不得侵入该'物'"的信号,呈现出与所有权高度近似的特征。仅从权利构造上看,相较于其他知识产权侵权案件,专利权侵权应是最适合参考有形财产权救济制度的领域。

（四）专利权更强调"私权保障"还是"工具主义"?

按梅里尔(Merrill)和史密斯(Smith)曾提出的财产权观念"金字塔"理论,民法所有权及布莱克斯通式财产权都关注位于金字塔基的"秩序问题"即权益归属和权利人凭借其自由意志对物的全面支配,而

---

① 在美国知识产权法体系中,版权与专利权的排他权能也有类似差异,有学者因而认为专利权更具对物权特点,而受版权保护的作品被看作"物",更多的是基于缔约或诉讼的需要,参见 Smith H E. Intellectual property as property: Delineating entitlements in information. Yale Law Journal, 2007(8):1742-1822.

② 李扬:《知识产权法总论》,中国人民大学出版社 2008 年版,第 12 页。

不太关注位于塔顶的、如何具体利用资源才能令社会利益最大化的问题。[①] 尽管排他权和权利束作为分析工具本身是价值中立的,它们相对于浑然一体的抽象所有权天然地更容易成为规范性主张的载体:在部分法律实证主义者那里,资源的归属问题不被强调,财产权作为一系列特设(ad hoc)权利组成的权利束,可以在原被告对资源利用发生争议时依政策需要进行具体裁剪。[②] 这种财产权观念与专利法的功利主义、工具主义权利观相当契合。

因此,相较民法所有权,知识产权的权利束式构造令国家干预个人使用的正当性更易被证立。但这种区别也不应被夸大。一方面,在私法公法化发生后,为促进社会公益而限制私有财产权的余地也在扩大。[③] 另一方面,尽管专利法功利主义立场受普遍认可,鉴于法经济分析尚没能够有力地指出究竟何种强度的专利权才最适于鼓励创新,专利权人对其专利的实施迄今仍是高度自治的,以公共利益为由干预自由使用、自由交易仍是少数现象。在专利法领域,权利保障常被推定与公共利益相符[④],这与所有权社会化的基本思路,即"所有权乃是公共预期个人在利己心之原动力,仍能为公共利益作最有效之形式,方将之委诸个人"[⑤]是一致的。中外司法实践中,当被告未经允许实施受保护的专利发明,法院一般即判决停止侵害(在英美法中则为永久禁令),而不会逐案根据政策目的分析是否允许被告使用。

---

① Merrill T W, Smith H E. What happened to property in law and economics? The Yale Law Journal, 2001(2): 357-398.

② Claeys E R. Property 101: Is property a thing or a bundle? Seattle University Law Review, 2009(3): 617-648.

③ 郑玉波:《民法总则》,中国政法大学出版社 2003 年版,第 8 页。

④ 虽然美国最高法院重申知识产权侵权禁令救济必须考虑公共利益,但美国联邦巡回法院仍强调,"如果自由竞争的代价是专利人投资所保障的财产权,通常是不符合公共利益的",参见 Apple Inc. v. Samsung Elecs. Co., 809 F. 3d 633。

⑤ 谢在全:《民法物权论》,中国政法大学出版社 1999 年版,第 118-119 页。

（五）小结

综合上述各项要点的分析，可以得到正反两方面的结论。一方面，我国专利法中的专利权与法律实证主义影响下的财产权观念更为契合，是具体、消极排他权能所构成的"权利束"。这意味着我国实证法中的专利权相对民法所有权不那么强调"物"的归属以及人对"物"的自由支配，更适应依政策需要限制自治的规范性主张。另一方面，专利权与有形财产权的可比性依然不容小觑：相较其他类型的知识产权，凭借"排除他人使用"的权能，专利权的排他权被规定得十分宽泛，令专利权的效力很接近所有权传统的"从'物'上排除"模式。如果认为传统财产权核心是对物性，即以"物"联结人和人的法律关系①，那么专利权在财产权谱系中的定位应如图 2-1 所示。

综上，将功利主义、工具主义观念作为专利法的根基，不应掩盖现代专利法已经作出的路径选择。在规范设计上，现代专利权的构造的确是模仿有形财产权的结果。传统私法保护有形财产的经验至少应当具有参考价值。

所有权　专利权　著作权　美国判例中时事新闻相关权利②　商业秘密相关权益③

————————————————————————————————→

　　财产权　　　　　　　　　　准财产权　　　　　　　　　债权

图 2-1　专利权在财产权谱系中的定位

———————

① Penner J E. The Idea of Property in Law. Oxford：Oxford University Press，1997：68-104；Smith H E. Institutions and indirectness in intellectual property. University of Pennsylvania Law Review，2009（6）：2083-2133；Balganesh S. Quasi-property：Like，but not quite property. University of Pennsylvania Law Review，2011(7)：1889-1925.

② 依美国判例法，报社无权垄断时事新闻资源，但可在短期内排除其他报社的免费使用；可认为法律围绕新闻资源传达了有限的排他观念，新闻资源因而具有准财产地位，参见 Balganesh S. Quasi-property：Like，but not quite property. University of Pennsylvania Law Review，2011(7)：1889-1925。

③ 针对商业秘密保护，《中华人民共和国反不正当竞争法》第九条规定，经营者不得以盗窃、贿赂、欺诈、胁迫、电子侵入或者其他不正当手段获取商业秘密，且不得披露、使用或允许他人使用以不正当手段获取的商业秘密。在这一规定中，排他信号更多维系在不正当竞争行为而非商业秘密上。

三、应然的专利权:专利权应为"财产权/对知识财产的所有权"吗?

如前所述,无论如何给私法权利分类,实定法下的专利权确实呈现出了近似"对物"的效力。这一现状是否应当被改变?"从物上排除"式的专利权,其正当性有争议的关键在于发明的非竞争性。非竞争性的信息本可以被多个主体同时利用,一旦发明方案受专利保护,不仅专利产品价格上涨,许多本可产出社会价值的技术运用、改进行为可能被排除,成为专利权的社会成本。此外,从资源配置的效率看,由于有形资源具有竞争性,市场机制会自然而然地促使有形财产向最有效率处流动,社会福利最大化由此可得实现。故即便从功利主义出发,很少有人质疑有形财产被私人独占的观念。而发明的非竞争性则意味着参与技术交易者并非受技术信息稀缺性所驱使,而是法律规定技术利用人应当先行取得权利人的许可所致。① 诚然,如"激励论"者已指出的,由于创造、开发技术方案的人力与物力是竞争性的,法律应当给予发明人相当的回报以维持其发明热情,然而授予专利权并非激励创新的唯一方式,也不一定是最佳方式。比如,给予发明人适当的补贴、奖励或允许支付相当费用者未经许可即使用发明(即法经济学所说的"责任规则")等方案,不仅也能起到一定的激励效果,还可以保持发明的非竞争性。

考虑到专利垄断的社会成本,能否索性放弃专利权的对"物"性,基于技术方案的具体利用方式,将专利权构造为"有权禁止他人以某种具体利用方式实施专利发明"的权利? 史密斯认为,该种重构专利权的方案仅仅片面地看到了知识产权的成本,未能注意到"从物上排

---

① Frischmann B M, Lemley M A. Spillovers. Columbia Law Review, 2007(1): 257-301.

除"构造的优势。①

具体而言,史密斯将"从物上排除"这种建立在"禁止侵入"简单规则上的模式称为"排他策略",将关注具体行为的规则称为"治理策略"。② 这种"排他/治理策略"的区分方式和法经济学上"卡-梅框架"所提出的"财产/责任规则"划分近似。例如,物权法上规定"任何人不得未经允许利用他人财产"属于"排他策略"和"财产规则",著作权法上规定"国家机关可以为执行公务在合理范围内使用已经发表的作品,但应当支付报酬"则体现"治理策略"和"责任规则"。

无论权利客体是否有体,采取"排他策略"都有其成本:即便对竞争性的有形财产而言,采取"排他策略"也会导致许多本身有价值且不显著影响权利人利益的使用行为被不加区分地排除。但史密斯认为,排他性带来的社会成本虽然是财产权的最大弱点,但排他性带来的收益同时也是财产权的最大优势。③ 按照史密斯的见解,"排他策略"的主要好处在于其间接性(indirectness),即排他权和排除目的之间的联系不那么直接,从而使财产权得以"模块化",法律原则上就只关注"模块"外部的法律关系,令财产权人在"模块"内部按照其意志自主协调资源的具体利用方式(包括自行利用或许可他人以特定方式、在特定条件下使用等),并独立地取得利益、承担后果。若立法者不借助"排他策略"把资源"模块化",而直接着眼于各个主体对财产的具体利用行为,则根本难以做到以可控的成本有序协调各个主体对资源包罗万象的使用行为。一有不慎,单个主体的使用行为就可能造成"牵一发

---

① Smith H E. Institutions and indirectness in intellectual property. University of Pennsylvania Law Review, 2009(6): 2083-2133.

② Smith H E. Intellectual property as property: Delineating entitlements in information. Yale Law Journal, 2007(8):1742-1822. 关于"卡-梅框架",参见 Calabresi G, Melamed A D. Property rules, liability rules, and inalienability: One view of the cathedral. Harvard Law Review, 1972(6): 1089-1128。

③ Smith H E. Intellectual property as property: Delineating entitlements in information. Yale Law Journal, 2007(8):1742-1822.

而动全身"的涟漪效应。①

此外，"排他策略"优势地位的关键还包括"模块化"处理的低信息成本。详言之，在"排他策略"下，界定、实现权利的信息成本很低：权利人可以简单地发出"不得侵入"的排他信号（如在土地边界造栅栏），义务人很容易捕获、理解该信号；而"未经允许侵入他人之物"作为"义务违反"的信号又容易被权利人发现并主张。② 与此不同，以"治理策略"具体界定、实现权利的信息成本很高：在侵权法下，向行为人准确传达其对原告注意义务的信息成本，以及法院认定被告是否违反注意义务的信息成本都会增加。③ 动态地看，"排他策略"还更容易避免所谓"信号恶化"问题：由于"治理策略"下权利的排他范围狭窄，行为人更易通过改变行为模式规避，如假设法律为保护草地规定了放牧数量的上限，可能导致"大食量羊群"畜牧的涌现，此时"超过放牧限额"作为排他信号就"恶化"了，导致政策目标的实现受阻。

"排他策略"的上述优势解释了"从物上排除"效力何以逆法律实证主义之势，反映了实践中有形财产权的现实面貌。不过史密斯也承认完全采取"排他策略"不可取，将资源区隔为"模块"归入不同财产权人的专属领域，不仅会不加区分地排除不少无害的使用行为，还会忽略各"模块"资源相互配合的必要性。④ 故各类财产权均应以"排他策略"为原则，但又应适当地以"治理策略"软化之，在必要的情况下通过"治理策略"细致划定涉及资源具体使用的权利义务，缓解"排他策略"的社会成本。当系争利益价值大、重要性水平高，且当法院能在事后就相关利益的分配得出较妥当的解决方案时，一般可以考虑采"治理策略"。

---

① Smith H E. Institutions and indirectness in intellectual property. University of Pennsylvania Law Review, 2009(6)：2083-2133.

② Smith H E. Intellectual property as property：Delineating entitlements in information. Yale Law Journal, 2007(8)：1742-1822.

③ Smith H E. Intellectual property as property：Delineating entitlements in information. Yale Law Journal, 2007(8)：1742-1822.

④ Smith H E. Intellectual property as property：Delineating entitlements in information. Yale Law Journal, 2007(8)：1742-1822.

在专利法领域,"排他策略"的非直接性、模块化处理的优势同样适用。从信息成本理论看,相较边界清晰的有体物,在边界模糊的"无体物"上维系排他"信号"的成本的确很高。尽管如此,在专利权划定时采取"排他策略"的相对信息成本仍然显著低于以"治理策略"划定、监管具体使用行为的成本。关键在于,发明技术方案很可能有多样的具体使用方式、使用环境,其中不少甚至难以预见,充分界定列举各种具体使用权并不现实,若把专利权建构成若干类具体的专属使用权,发明人基于发明商业化取得市场回报的预期会备受限制。对比之下,著作权保护客体即作品的利用方式比较容易界定和枚举,如发表、发行、表演、传播、改编等,且已能涵盖作品产出市场回报的大部分途径。此外,尽管理论上可考虑限制专利权的排他性、规定公众在履行合理付费义务后即可自由使用发明,但该方案实际上不易操作、成本极高:如何在专利产品整体价值中区分出发明本身的贡献向来是备受争议的价值分摊难题。再者,"一专利、一产品"时代已过去,包含大量专利技术的产品俯拾皆是,在此背景下,专利权排他范围过窄容易引起"反公地悲剧":当专利权范围过窄、一项发明相关权利可能分散在许多权利人手中,技术利用人取得全部相关权利人的许可会更困难、更耗费成本。[1]

史密斯并未进一步探讨专利权排他效力程度即"排他/治理策略"在专利法中的具体配比问题,认为专利权应进一步强化还是弱化最终是实证问题,尚无明确答案[2],如有充分证据表明"治理策略"在特定情境合理,自可去"排他"而采"治理"、出"财产规则"而入"责任规则"。[3]

---

① Smith H E. Intellectual property as property: Delineating entitlements in information. Yale Law Journal, 2007(8):1742-1822.

② Smith H E. Institutions and indirectness in intellectual property. University of Pennsylvania Law Review, 2009(6): 2083-2133.

③ Smith H E. Intellectual Property as property: Delineating entitlements in information. Yale Law Journal, 2007(8):1742-1822.

好在财产权构造本身就是开放性的[①],可以随理论进步和现实需要灵活修正[②],在不同时期,针对不同技术调整"排他"和"治理"的适当比例[③]。现行《专利法》第六章关于特定条件下可申请强制许可的规定,即是专利法在具体规则中例外采取"治理策略"的体现。[④]

史密斯的理论为专利权的对"物"效力提供了一种有力的理论解读。无论是否赞成史密斯的观点,其理论至少表明,如要否定专利权"从'物'上排他"效力的正当性,仅强调技术信息的天然非竞争性是不够的。当专利权保护强度之争远未化解,专利权与有形财产权一样具有高排他性的现状很难被颠覆;基于实证数据、创新政策、社会观念的更新,逐步修正"排他/治理策略"在专利权保护中的比重,应当是更为现实的进路。

第三节　专利侵权责任制度建构的独特问题与政策选择

考虑到独占智力成果的社会成本,主张警惕知识产权"财产隐喻"的学说有其道理,但这并不意味着应当不加区分地排斥"财产隐喻"。

---

① Dagan H. Judges and property//Balganesh S. Intellectual Property and the Common Law. Cambridge: Cambridge University Press, 2013: 18-19; Dagan H. The public dimension of private property. King's Law Journal, 2013(2):260-288.

② 例如,主张削弱专利权排他效力者未必要断然否定知识产权的财产权地位,而可着力创设一种支持公共领域发展的财产权制度。始于开放源代码运动的"知识共享"(creative commons,也译为开放版权、开放许可)模式可为其例。与法律规定"排除他人未经允许复制作品"并无冲突,有部分权利人事先声明允许他人依照特定"知识共享"模式,在一定范围内未经允许自由使用作品,令作品的自由运用、改进、扩散得到促进。参见赵锐:《开放许可:制度优势与法律构造》,载《知识产权》2017年第6期。"知识共享"在计算机软件代码、在线视频字幕作品等领域已有广泛运用。如未来"知识共享"运动产生更广泛的影响,人们对作品利用模式的一般期待、法律对著作权的理解都可能改变。

③ Smith H E. Institutions and indirectness in intellectual property. University of Pennsylvania Law Review, 2009(6): 2083-2133.

④ Smith H E. Institutions and indirectness in intellectual property. University of Pennsylvania Law Review, 2009(6): 2083-2133; Smith H E. Intellectual property as property: Delineating entitlements in information. Yale Law Journal, 2007(8):1742-1822.

相反,如前所述,专利权的实然与应然对"物"效力表明传统私法保护有形财产的理论与经验对于专利法极具参考价值。此外,现行专利法模仿有形财产权构造、保护专利权的现状,也表明了在"如何最大限度激励创新"这一问题尚迷雾重重的当下,参酌传统私法的经验是实定法已然采取的路径,在现阶段主张将传统私法的影响从专利侵权制度中清除是过于激进的选择。当然,考虑到专利法不同于一般私法的社会本位立法目的以及无形财产权的自身特点,有时偏离传统可能是一种必需。具体而言,在建构和适用专利侵权责任制度时应考虑以下几个方面的因素。

一、建构专利侵权责任制度时应考虑的特殊问题

(一)应当考虑专利法以激励创新、促进社会公益为本旨的特殊立法目的

传统私法下,维护私权常常比提高效率更重要,故物权法更强调权利人对其所有物的支配而非物尽其用,合同法更强调诚信履约的价值而很少接纳"效率违约"理论。与一般私权不同,知识产权本身的正当性基础在于激励创新,维护私权归根结底是实现公益目标的手段,这促使我们不得不特别关注保护知识产权的社会成本。不同于传统侵权法下造成事故的侵害行为,未经允许利用他人智力成果的行为不仅具有负外部性,还可能是兼具正外部性的技术利用行为和后续创新活动。[①] 如果个案中限制公众获取技术产生的社会成本过高,限制保护就是必要的,强制许可、合理使用等实定法中的规范即为其例。在知识产权体系中,为了公共利益限制专利权人支配利益的正当性最为充分:不同于著作权兼具人身权益、财产权益双重属性,专利权保护与人格尊严保障几乎无涉;相较于以商业标识

---

① 朱冬:《创新政策视野下的知识产权侵权损害赔偿——功能定位与规则调试》,载《网络法律评论》2020 年辑刊。

为客体的商标权,专利权令权利人得以垄断发明创造,保护专利权的社会成本更高。

(二)应当考虑专利侵权"发现不足"的特殊现象

不同于有体物的所有权人可以通过上锁、围栅栏、派人看守等方式防止其动产或不动产被侵害,专利权人更难自行采取措施防范其无形财产权被侵犯,使专利权相较一般财产权具有易受侵害的特性。不仅如此,专利侵权很不容易被发现和追究:一是专利权无法在物理上被占有,权利人很难第一时间察觉到侵害的发生;二是技术的非竞争性令专利侵权不受时间、地点限制,易于被隐匿;三是一些方法专利并不直观体现于产品,相关专利权的侵害更难被直接观察到。专利侵权"发现不足"的现象会导致一部分侵权行为人未被追责,这不仅可能令权利人难获充分救济,也会助长潜在侵权人的侥幸心理,催生故意专利侵权现象。法经济学上认为侵权"发现不足"现象将导致"理性冷漠问题",进而指向加重赔偿责任甚至采纳惩罚性赔偿责任的合理性。[①]德国法院也将知识产权"易受侵害性"和知识产权侵权"发现不足"问题作为知识产权值得被特别保护的理由之一。

(三)应当考虑专利权"公示失败"的特殊现象

公示"物"的存在与边界是财产权制度运行的重要基础,各国专利制度均设有公示专利权的机制,并将依法充分公开发明创造的内容作为授予专利权的前提。促进信息公开还被认为是专利法的基本功能之一。[②] 以我国为例,《专利法》第二十六条规定,"申请发明或者实用新型专利的,应当提交申请书、说明书及其摘要和权利要求书等文件"。其中,"说明书应当对发明或者实用新型作出清楚、完整的说明,

---

① 参见 Polinsky A M, Shavell S. Punitive damages: An economic analysis. Harvard Law Review, 1998(4): 869-962;考茨欧、威尔科克斯:《惩罚性赔偿金:普通法与大陆法的视角》,窦海阳译,中国法制出版社 2012 年版,第 273-297 页。

② 发明人的保密行为会导致重复开发、浪费资源,还将延缓后续创新活动。参见崔国斌:《专利法:原理与案例》,北京大学出版社 2016 年版,第 25 页。

以所属技术领域的技术人员能够实现为准;必要的时候,应当有附图。摘要应当简要说明发明或者实用新型的技术要点。权利要求书应当以说明书为依据,清楚、简要地限定要求专利保护的范围"。《专利法》第二十七条规定:"申请外观设计专利的,应当提交请求书、该外观设计的图片或者照片以及对该外观设计的简要说明等文件。申请人提交的有关图片或者照片应当清楚地显示要求专利保护的产品的外观设计。"第三十九条①、第四十条②规定,国务院专利行政部门作出授予发明专利、实用新型专利、外观设计专利决定的,应当同时予以登记和公告。转让申请权和专利权的,采取登记生效主义,当事人应当依《专利法》第十条的规定订立书面合同,并向国务院专利行政部门登记,由国务院专利行政部门予以公告。

尽管有上述规定,专利权的公示程度与所有权相比仍然十分不足。具体而言,虽然专利权在效力上呈现出"对'物'性",其与一般的有形财产毕竟不同,"既然非我所有通常即为他人所有"和"个人独立劳动成果即应为我所有"的社会通念对专利权而言难以为继。例如,当经过路边停放的一辆汽车时,即便车辆并未上锁,我们也都能获知该车通常为某个人所有,自己不得随意开走。但是,当我们试图利用一项新技术时,却无法以相同的逻辑简单获悉该项技术是否为专利权的客体。又如,当我们合法建造了一座房屋,即能肯定自己享有对房屋的所有权,但是当我们独立开发了一项新技术,却不能由此肯定自己可以合法实施该项技术。

虽然技术利用人可以通过专利登记和公告事先确认他人是否已就相同技术取得专利,由于技术信息不像不动产那样有物理上的外

---

①　该条规定:"发明专利申请经实质审查没有发现驳回理由的,由国务院专利行政部门作出授予发明专利权的决定,发给发明专利证书,同时予以登记和公告。发明专利权自公告之日起生效。"

②　该条规定:"实用新型和外观设计专利申请经初步审查没有发现驳回理由的,由国务院专利行政部门作出授予实用新型专利权或者外观设计专利权的决定,发给相应的专利证书,同时予以登记和公告。实用新型专利权和外观设计专利权自公告之日起生效。"

观,技术利用人要通过专利查询获知专利权的存在仍然有难度。即便技术利用人已经知道专利权的存在,其能否准确把握专利权的边界也存在很大疑问。《专利法》第六十四条的规定,"发明或者实用新型专利权的保护范围以其权利要求的内容为准,说明书及附图可以用于解释权利要求的内容。外观设计专利权的保护范围以表示在图片或者照片中的该产品的外观设计为准,简要说明可以用于解释图片或者照片所表示的该产品的外观设计"。此外,根据《最高人民法院关于审理专利纠纷案件适用法律问题的若干规定》第十三条认可的"等同原则",专利权保护范围不仅包括权利要求记载的全部技术特征所确定的范围,还包括"与该技术特征相等同的特征所确定的范围"。两项技术特征是否"等同",取决于二者能否实现基本相同的功能,达到基本相同的效果,以及是不是本领域的普通技术人员在被诉侵权行为发生时无需经过创造性劳动就能够联想到的。权利要求书的解释和等同原则的适用存在不小的不确定性。[①] 以美国的司法裁判数据为例,联邦巡回法院关于权利要求的解释结果被推翻的概率高达约三成[②],技术利用人要预先认识专利权边界的难度可想而知。[③]

专利公示之困难以及当前专利公示程度之欠缺,促使学者提出了

---

① Burk D L, Lemley M A. Quantum patent mechanics. Lewis and Clark Law Review, 2005 (1): 29-56.

② Chu C A. Empirical analysis of the federal circuit's claim construction trends. Berkeley Technology Law Journal, 2001(3): 1075-1164.

③ 不仅如此,专利法内部也存在着一些阻碍强化专利公示的因素。其一,法律文件与技术文件属性的冲突。在权利要求解释中,为了提高专利权公示的确定性,可以将专利文件作为封闭法律文件,原则上仅考虑"内部证据"(即权利要求书、专利说明书及申请历史文件),仅当内部证据模糊时才引入专家意见、申请历史文件中未提及的在先技术等"外部证据",但此举会削弱专利作为技术揭露工具的价值。其二,激励创新与促进技术公开的冲突。当发明公开要求提高,竞争对手取得同等技术知识的成本降低,这无异于增大取得专利的代价。鉴于大多专利并非争讼对象,应在何种程度上为公示确定性牺牲专利文件的技术面向也不无争议余地。参见 Holbrook T R. Patents, presumptions, and public notice. Indiana Law Journal, 2011(3): 779-826; Devlin A J. The misunderstood function of disclosure in patent law. Harvard Journal of Law and Technology, 2010 (2): 401-446; Lemley M A. Ready for patenting. Boston University Law Review, 2016(3): 1171-1195。

专利"公示失败"(notice failure)一说,强调专利制度的建构者和适用者必须对此现象有清醒认知。[①] "公示失败"现象首先意味着技术利用人更难预判其行为合法性[②],而一旦法院认定侵害事实成立,技术利用人又可能要为此付出沉重代价:除了赔偿责任,随之而来的停止侵害判决还可能导致因改采合法替代技术的转换成本或下架产品而导致的沉没成本。例如,在美国一则著名案件中,尽管柯达公司曾经聘请权威专家对其产品是否存在侵权风险展开了长时间的调查,并得出了并无侵权之虞的结论,然而其产品最终还是被认定为侵害了宝丽来公司关于快速成像的专利权,为此柯达以黯然退出相关市场收场。[③]

专利权"公示失败"的特殊现象指向了避免侵权责任过苛的特别必要性。在技术利用人因专利权边界模糊而难以确切判断其行为是否合法的情况下,随着预期赔偿责任与停止侵害责任带来的成本增加,技术利用人可能采取过于谨慎的策略,导致合法技术获取受阻、后续创新活动的空间被压缩,以致预防侵权行为产生的社会利益小于社会成本。此外,当专利权边界模糊,潜在侵权人可能面临的赔偿责任、沉没成本与转换成本还令专利权人有机会采取"挟持"(hold up)策略,迫使技术利用人接受更高的和解费,甚至催生通过恶意行使专利权牟

---

① "公示失败"及其所带来的不知情侵权现象曾被学者归为专利法体系失灵的要因,参见 Bessen J, Meurer M J. Patent Failure: How Judges, Bureaucrats, and Lawyers Put Innovators at Risk. Princeton: Princeton University Press, 2008: 147-164。

② Bessen J, Meurer M J. Patent Failure: How Judges, Bureaucrats, and Lawyers Put Innovators at Risk. Princeton: Princeton University Press, 2008: 68-71.

③ Bessen J, Meurer M J. Patent Failure: How Judges, Bureaucrats, and Lawyers Put Innovators at Risk. Princeton: Princeton University Press, 2008: 48-51.

利的"专利恶霸"(patent trolls)群体。[①]

(四)应当考虑专利侵权责任的严格化倾向。

当前不同立法例对专利侵权责任的主观要件作出了不同的规定,不过归责原则的差异对裁判结果的影响事实上并不明显。在采取严格责任模式的美国,专利权人须履行专利标示义务或给予侵害人明确通知才可主张赔偿,侵害人不负查找专利登记簿的义务。在采取过错责任模式的德国,实务上认为利用发明者负有查找登记簿之义务,因此一旦侵害行为发生,法院往往主张可以基于专利登记之公示效力推定侵害人存在过失。[②]

专利检索已不容易,专利权利要求书的解释更是十分复杂的技术与法律问题,因此即便潜在侵权人能检索到专利,也不一定能基于权利要求书和说明书准确预估侵权风险。[③] 德国实务上赋予事实上存在"公示失败"风险的专利登记以公示效力,其实际效果与令加害人承担严格责任已相当接近。在我国,专利侵权归责原则问题迄今还有争议[④],但可以肯定的是,行为人目前仍难以基于专利权"公示失败"现象进行抗辩。

---

① 即"专利主张实体"(patent assertion entities,简称 PAE;也可能被称为"非实施主体",即 non-practicing entities,简称 NPE)的权利人。这样的主体从第三人(如破产的企业等)受让质量可疑的专利后并不实施,而仅通过向潜在侵权人主张权利获利。参见 Schwartz D L, Kesan J P. Analyzing the role of non-practicing entities in the patent system. Cornell Law Review,2014(2):425-456。一般而言,自己生产专利产品的权利人主张专利权会受更多限制;譬如,由于被指侵权人常会提起专利无效程序,如果权利人专利质量不高,权利人会考虑其被宣告无效的风险;又如,其若要向竞争者主张专利权,还要考虑对方掌握何种专利、自己是否会被反诉侵权;再如,如果潜在侵权人是其下游交易者,权利人一般也不会对其客户提起诉讼。相形之下,专利主张实体就无需担忧前述问题,因而更能凭借技术利用人难以明确行为合法性的劣势取得与发明技术含量不相称的和解费。

② 在专利刚被授予时,德国实务上通常认为业者应被宽限一定时间调查新专利,但在四个星期以后,不知他人专利权存在便不再是被接受的理由。除非侵权人曾经咨询专家,否则就不能主张无过失地相信侵权不成立,且侵权人甚至不能依赖下级法院的错误判决支持其错误认识的合理性。参见 Bornkamm J. Intellectual property litigation under the civil law legal system: Experience in Germany. Geneva: WIPO Advisory Comittee on Enforcement,2004。

③ Roin B N. The disclosure function of the patent system (or lack thereof). Harvard Law Review,2005(6):2007-2028.

④ 相关争议状况,参见张鹏:《专利侵权损害赔偿制度研究——基本法理与法律适用》,知识产权出版社 2017 年版,第 172-175 页。

　　"无辜专利侵权"现象已经受到学者的关注。如夏皮罗(Shapiro)提道:"当你想到专利侵权时,你想象了怎样的情形? 也许你会想到'有罪过的侵权',即有人抄袭了他人的专利产品、霸占了本应属于权利人的市场份额。当然有部分案件事实是这样的。但是更普遍的情况是'无辜的侵权',即一家公司独立开发了产品,在其后才被判侵犯专利权。相当一部分专利侵权人并未从专利权人那里抄袭技术方案……特别是在信息技术领域,要求一家开发新技术的企业预先识别有可能侵犯的专利权,可能成本高昂、难度很大,更不用说去解释那些权利要求书了。"①

　　根据过错认定的原理,若要坚持专利侵权赔偿责任的过错归责原则,实际上有必要考虑不同类型被诉侵权人的认识能力,同时个案评估专利权公示的程度,具体分析个案中的被告是否能够合理预见侵害风险、能否以合理成本防止侵害发生。然而专利权公示程度如何,与技术方案固有抽象程度、申请文件撰写情况等诸多因素有关,若要个案评估系争专利权边界的模糊程度、分析技术利用人能在多大程度上合理预见侵权风险,显然会产生不菲的司法成本。从现实角度看,不考虑"公示失败"现象甚至索性令专利侵权人承担严格责任的做法是有其合理性的。但相应地,在确定侵权责任时必须对此有所考虑,避免令非故意侵权人承担过于严苛的责任。②

---

　　①　Shapiro C. Patent remedies. The American Economic Review, 2016(5): 198-202. 数据表明,在美国专利侵权诉讼中,绝大部分的专利权人未主张被告直接抄袭其发明。参见 Cotropia C A, Lemley M A. Copying in patent law. North Carolina Law Review, 2009(5): 1421-1466; Lemley M A. Taking the regulatory nature of IP seriously. Texas Law Review, 2014(92): 107-119.

　　②　有观点反对专利法令权利人"赢者通吃"、不允许"独立开发抗辩"的设计。参见 Vermont S. Independent invention as a defense to patent infringement. Michigan Law Review, 2006(3): 475-504. 是否应当引入"独立开发抗辩"有讨论余地,但是避免令非故意专利侵权人承担过苛的责任是值得赞同的。

二、"适度预防专利侵权"政策的提出

综合上述各项因素，专利侵权"发现不足"的问题指向特别保护专利权人的必要性[①]，而专利权"公示失败"现象、专利侵权责任严格化等问题却又指向限制专利责任的必要性。这意味着专利侵权赔偿责任的建构面临一组矛盾：当侵权责任加重，故意侵害专利权的现象可得到一定遏制；但与此同时，潜在的侵权责任越重，技术利用人越是可能为避免侵权风险而采取过于谨慎的态度，导致合法技术获取空间被压缩，专利权的垄断范围将被实质性扩大。[②]

综合来看，考虑到专利权的立法目的，首先应当着力强调适度预防专利侵权的立场，避免一味加重专利侵权责任。与力图防止所有违法行为的绝对预防、完全预防（complete deterrence）不同，适度预防或者说合比例的预防（proportional deterrence）更关注预防的成本收益分析，认为预防水平应该和侵权造成的社会危害成正比。[③] 欧洲《知识产权执行指令》第 3.2 条即规定，为了保障知识产权的实现，成员国必须采取"有效、合比例且具有劝诫性"的措施、程序与救济，但同时规定这些措施、程序与救济的适用不应为合法贸易设置障碍。尽管我国专利侵权救济司法实践一直受到诉讼周期长、举证难、赔偿低的诟病，在加大专利权保护力度的同时，也不应忽视过度预防的副作用。

如何才能实现"适度预防"的政策？在专利侵权救济制度领域，停止侵害救济在司法实践中的裁量化趋势就是一个体现。一般来说，只要私权被侵害，权利人并无容忍义务，有权主张停止侵害救济，但在专

---

① Lemley M A. Taking the regulatory nature of IP seriously. Texas Law Review, 2014(92)：107-119.

② 蒋舸：《著作权法与专利法中"惩罚性赔偿"之非惩罚性》，载《法学研究》2015 年第 6 期；朱冬：《创新政策视野下的知识产权侵权损害赔偿——功能定位与规则调试》，载《网络法律评论》2020 年辑刊。

③ Samuelson P, Golden J M, Gergen M P. Recalibrating the disgorgement remedy in intellectual property cases. Boston University Law Review, 2020(6)：1999-2083.

利侵权案件中,当停止侵害救济使技术利用人(尤其是因专利"公示失败"而难以预见侵权风险者)遵循停止侵害判决的成本过高,以致权利人可以通过"挟持"技术利用人而取得与发明进步性不相称的和解许可费时,不加区分地判决停止侵害可能导致对专利权的过度保护。美国联邦巡回法院曾经认为,只要专利侵权成立,除了个别特殊情况(如禁令将危及公共健康)即应有禁令救济,但美国联邦最高法院在专利侵权案件的裁判中否定了侵权成立时即自动适用禁令的规则,强调应当通过传统衡平救济"四要素"测试来检验颁发禁令的妥当性,即个案考察:其一,权利人是否会因欠缺禁令救济而受到不可弥补的损失;其二,金钱救济是否足以提供充分救济;其三,准予签发禁令给被告造成的困难与拒绝签发禁令给原告造成的困难相比,何者更为显著;其四,公共利益是否将因永久禁令的签发而受损。① 由此看来,一度被莱科克(Laycock)在《不可弥补的损失规则之死》一书中宣告"死亡"的规范已然"复生"。② 欧洲关于专利权执行的指令也规定,当侵权人并非故意且无过失,而判决停止侵害会给侵权人造成不合比例的损害时,只需判决金钱救济即可。③

在我国,法院已经注意到知识产权侵权不适宜适用绝对化的停止侵害救济。《最高人民法院关于当前经济形势下知识产权审判服务大局若干问题的意见》(法发〔2009〕23 号)第十五条规定:"如果停止有关行为会造成当事人之间的重大利益失衡,或者有悖社会公共利益,或者实际上无法执行,可以根据案件具体情况进行利益衡量,不判决停止行为,而采取更充分的赔偿或者经济补偿等替代性措施了断纠纷。"《最高人民法院关于审理侵犯专利权纠纷案件应用法律若干问题

---

① 参见 eBay Inc. v. MercExchange, L. C. C. ,547 U. S. 388, 391 (2006)。

② Laycock D. The Death of the Irreparable Injury Rule. Oxford: Oxford University Press, 1991: 4-5.

③ Directive 2004/48/EC of the European Parliament and of the Council of 29 April 2004 on the enforcement of intellectual property rights, Artical 12.

的解释（二）》（法释〔2016〕1号）第二十六条亦规定："基于国家利益、公共利益的考量，人民法院可以不判令被告停止被诉行为，而判令其支付相应的合理费用。"

随着不判决或暂缓停止侵害救济情况的增多，金钱赔偿的重要性还会进一步增加，解决合理许可费赔偿、侵权利润赔偿这两项制度理论基础与认定标准不清的问题因而变得更为紧迫。就赔偿责任而言，如前文已经分析的，迄今还没有一种理论能够通过经济分析证成何种专利侵权责任才能够最为妥当地实现"适度预防"、促进社会福祉的最大化。考虑到专利权的诸种特点，为了落实"适度预防"的目标，在现阶段可以考虑的一种路径是建构层次化的责任标准，着力扩大故意侵权、非故意侵权责任之间的落差：对于特别值得被预防的故意侵权行为，可以启用为传统私法所排斥的惩罚性赔偿制度等威慑力度更大的规范；对于非故意侵权，则应当避免随意加重责任，着力防范过度预防效应的发生。[①]

在非故意侵权纠纷中更相对偏向保障获取技术的自由，在故意侵权案件中则偏向维护权利人的利益，应当有利于形成一种动态的利益平衡机制，缓和"激励发明创造活动"和"保障技术利用自由"的紧张关系。目前，《专利法》第七十一条已经引入了惩罚性赔偿，为专利侵权责任的层次化构建提供了规范工具。不过，除了惩罚性赔偿，依现行规定可适用于过失侵权的侵权利润赔偿和倍数许可费赔偿也常被认为负有预防侵权的使命，此时有必要进一步考虑各种赔偿责任规则的取舍和协调，以期实现"适度预防"的目标。

---

① 目前已有学者主张根据下述分类区分责任程度，即分为：合理谨慎的独立发明人；因专利公示不足而不知情的技术利用人；无减轻或者加重责任事由的一般侵权人；已知显著侵权风险的侵权人；故意侵权人。不过这种分类方式是否可取、各类侵权人应承担何种责任，还有讨论余地，参见 Golden J M, Sandrik K E. A restitution perspective on reasonable royalties. The Review of Litigation，2017(2)：335-377。

本章小结

虽然"功利主义"观念在专利法领域大行其道,究竟怎样的专利法才能最大限度地实现激励创新、促进文明发展的立法目的,迄今仍是一个未解的谜题。即便将知识产权法下的公共利益简单地理解为创新激励最优化、财富最大化等标准,目前也没有人能有力指出,法官应如何根据社会福祉的需要在个案裁剪知识产权。在此背景下,纯粹以激励创新政策引导责任认定,不免走向对工具主义法律方法的滥用——如果法律被看成是没有理念滋养的纯粹工具,什么都将无法阻止法律堕落为方便之门。①

面对仍如幻影般不可捉摸的立法目的,借鉴传统私法保护有形财产权的经验,是专利法已经采取且在短期内不会放弃的路径。因此,当前关于专利侵权合理许可费、侵权利润赔偿制度的研究不宜脱离私法体系的大背景。后文不仅着眼于专利侵权领域,还将私法中有关不法获益责任的一般规定和实践也作为重要考察对象,理由即在于此。

当然,认可传统私法实践经验的参考价值也不等于要对传统亦步亦趋。保护专利权社会成本较高、专利权"公示失败"、专利侵权"发现不足"、专利侵权责任在实质上趋于严格化等现象,均指向了作出特别规范设计的必要性。无论合理许可费、侵权利润赔偿制度有怎样的理论基础、法律性质,作为专利侵权责任制度,都应着力实现适度保护专利权、适度预防专利侵权的政策。一方面,模仿私法保护一般财产权的制度、理论和实践;另一方面,根据专利法的特殊政策需要进行必要调整。这是建构和适用专利侵权责任制度的可行进路。

---

① 塔玛纳哈:《法律工具主义:对法治的危害》,陈虎,杨洁译,北京大学出版社 2016 年版,第350-351 页。

第三章 理念的转向:从损害补偿责任到不法获益责任

作为侵权赔偿责任制度的新视点,按照侵害人不法获益确定责任的制度已经开始被关注。支持引入不法获益责任的见解摈弃了侵权金钱救济制度仅能以"损害"为中心的见解,宽泛地理解"赔偿"的意涵,认为赔偿责任也可以着眼于不法行为人所取得的利益。本章旨在呈现专利侵权赔偿责任制度与传统"完全赔偿原则"的背离,提出专利侵权合理许可费、侵权利润赔偿制度是实证法认可不法获益责任的例证,从"损害补偿责任"到"不法获益责任"的理念转向已然开始。

第一节 变革动因:完全赔偿原则在专利法中的失落

"完全赔偿原则"虽然受到一定挑战[①],但迄今仍被作为侵权损害赔偿法的基本原则。根据该项原则,侵权损害赔偿责任制度旨在完全填平实际损害,从而使权利人的利益状况恰能恢复至有如损害事实不发生时的应有状况。[②] 在完全赔偿的意义上,"赔偿"与"实际损害的补偿"是可相互替换使用的概念。

---

① 叶金强:《论侵权损害赔偿范围的确定》,载《中外法学》2012 年第 1 期;郑晓剑:《侵权损害完全赔偿原则之检讨》,载《法学》2017 年第 12 期。

② 王泽鉴:《损害赔偿》,北京大学出版社 2017 年版,第 22 页;曾世雄:《损害赔偿法原理》,中国政法大学出版社 2001 年版,第 16-17 页。

完全赔偿原则在知识产权法学领域同样深具影响力①,但由于无形财产被侵害时产生的实际损失很难被准确量化,传统实际损失补偿规则在知识产权侵权纠纷中陷入了严重的适用困境。作为应对,各国的知识产权法体系允许按照智力成果的许可使用费以及侵权行为所生利润确定赔偿额。如下所述,通过这些新标准确定的责任数额与实际损失未必具有合理对应性,知识产权法是否已经突破完全赔偿原则成为值得讨论的议题。

一、知识产权侵权实际损失的认定困境

"损害"可以分为所受损害与所失利益,前者指受害人的现存财产因损害行为而减少,后者指受害人因损害行为而未能取得本可取得的利益,导致财产应增加而未增加。② 专利侵权行为不会引起可以由肉眼观测的有形损害,也不会因直接剥夺专利权人对其发明的使用机会而引起"使用可能性的丧失"③,在专利侵权案件中,权利人的损失主要表现为所失利益,即本可收取但未实际收取的许可使用费,或者本可取得但未实际取得的市场销售利润。④

---

① 我国知识产权法学者多秉持完全赔偿原则,认为侵权行为人应承担的侵权赔偿责任数额应与损失大小相当。例如刘春田主编:《知识产权法》,中国人民大学出版社 2014 年版,第 136 页;王景、高燕梅:《知识产权损害赔偿评估》,知识产权出版社 2016 年版,第 7 页;蒋华胜:《知识产权损害赔偿的市场价值与司法裁判规则的法律构造》,载《知识产权》2017 年第 7 期;张鹏:《专利侵权损害赔偿制度研究——基本原理与法律适用》,知识产权出版社 2017 年版,第 175-178 页。

② 王泽鉴:《损害赔偿》,北京大学出版社 2017 年版,第 72 页。所失利益之定义可参考《德国民法典》第 252 条的规定,即"所失利益是指根据事物的通常进行过程,或者根据特殊情况,特别是根据所作出的准备和所采取措施,很有可能预期得到的利益"。参见杜景林,卢谌:《德国民法典评注:总则·债法·物权》,法律出版社 2011 年版,第 9 页。有观点认为,《专利法》《著作权法》《商标法》中的损害赔偿条款采用了赔偿"实际损失"的表述表明赔偿对象仅包括积极损害,不包括消极损害。参见徐小奔:《知识产权损害赔偿计算中的法律解释问题》,湖北人民出版社 2019 年版,第 8 页。但实际损失的概念应当可以涵盖作为消极损害的所失利益。

③ 关于使用利益丧失是否为可赔损害,存在争议。肯定其可赔性的观点,参见徐建刚:《论使用可能性丧失的损害赔偿》,载《法商研究》2018 年第 2 期。

④ 一些观点将受害人因其知识产权被侵权而失去的收益定义为知识产权的损害。参见王景,高燕梅:《知识产权损害赔偿评估》,知识产权出版社 2016 年版,第 5 页。

　　按照居于通说地位的"差额说",为了评估专利权人的所失利益,应当考虑的是侵权人利益的"应有状态",即假如其他条件都不发生变化、只是侵权行为未曾发生,专利权人本应处于怎样的世界,本可以取得多少利益。由于现实市场环境错综复杂,要准确量化这种"应有状态"往往十分困难。因此英国专利法院(Patents Court)就曾提到,"法院必须估计特定情事在专利侵权不发生时本可能发生的机会并将其反映在赔偿额中,但实际上却最多只能做到根据考察证据整体得出的大致印象估计一个数值"①。

　　《民法典》侵权编未明确所失利益认定的一般规则。《最高人民法院关于审理专利纠纷案件适用法律问题的若干规定》第十四条针对专利权人利润损失的认定作出规定:"权利人因被侵权所受到的实际损失可以根据专利权人的专利产品因侵权所造成销售量减少的总数乘以每件专利产品的合理利润所得之积计算。权利人销售量减少的总数难以确定的,侵权产品在市场上销售的总数乘以每件专利产品的合理利润所得之积可以视为权利人因被侵权所受到的实际损失。"据此,现行司法解释提供了计算专利权人所失利润的两种公式,其中优先适用的是"实际损失=每件产品的合理利润×销售数量减少的总数"(以下简称公式一),候补适用的是"实际损失=每件专利产品的合理利润×侵权产品在市场上销售的总数"(以下简称公式二)。

　　尽管已有上述两项公式可资适用,但专利权人所失利益的认定难题仍然难以就此克服。公式一应用的难点在于如何确定与侵权行为存在因果关系的销量减少数额。除侵权行为外,可能造成销量降低的因素众多,如市场需求的变化、消费者购买力的波动、他人合法竞争行为的影响等,此时很难确定哪一部分的销量减损是侵权行为所导致的。②因此,在1853年的"西摩诉麦考密克案"(Seymour v. McCormick)中,

---

　　①　Gerber Garment Technology v. Lectra Systems,[1995] R. P. C. 383.
　　②　朱冬:《创新政策视野下的知识产权侵权损害赔偿——功能定位与规则调试》,载《网络法律评论》2020年辑刊。

美国联邦最高法院就拒绝采纳初审法院有关"只要侵权人没有制造和销售机器,所有购买侵权机器的人自然而然就不得不去向权利人购买机器"的认定。①

　　作为候补计算方式,公式二也曾为英国高等法院的判决所采纳②,其思路是假定侵权人和专利权人争夺同一批客户,将侵权产品的销量推定为权利人销量的减少。该公式面临的问题在于,现实中侵权人销量的增加与权利人销量的减少常常缺乏对应性:首先,当专利技术只覆盖侵权产品的一部分时,侵权产品的相当一部分销量可能是由侵权产品的非侵权部分驱动,并非专利权人客户流失的结果,此时采取公式二计算所失利润数额可能导致过度补偿;其次,假如市场上对原告专利产品需求十分旺盛,而权利人自身的产销能力却不足以满足这些需求,购买侵权产品的消费者就不会全部来自原告客户的流失;最后,如果市场上还存在权利人的合法受许人或其他生产替代产品的竞争者,侵权人进入市场后的客户可能是从第三人而非原告处流失。③ 可见公式二也仅能提供一种比较粗略的估算方法,其是否可取的关键在于其在提高司法效率上的利益是否足以抵消其可能引起的错误成本。

　　公式一、公式二均未考虑的是利润损失未必源自销量的减少,还可能源自商品售价的降低,即所谓的"价格侵蚀"损失。④ 在我国司法实践中,已经有法院认可了"价格侵蚀"型的所失利润。在"巴洛克木业(中山)有限公司诉被告浙江生活家巴洛克地板有限公司、太仓市城厢镇门迪尼地板商行等侵害商标权及不正当竞争纠纷案"中,法院认为专利权人两次采取降价措施与侵权行为存在因果关系,权利人受有

---

　　① Seymour v. McCormick, 57 U. S. 480 (1853).

　　② Catnic Component v. Hill, [1983] F. S. R 512. 不过在该案中,原告市场占有率为90%,法院按照被告侵权销售量的90%而非100%推算原告的所失销售量。

　　③ Heath C, Petit L. Patent Enforcement Worldwide: A Survey of 15 Countries, Writings in Honour Dieter Stauder. Oxford: Hart Publishing,2005.

　　④ 徐小奔:《知识产权损害赔偿计算中的法律解释问题》,湖北人民出版社2019年版,第79页;商建刚:《知识产权侵权损害赔偿中实际损失的司法认定》,载《电子知识产权》2020年第4期。

"价格侵蚀"所致的实际损失。① 不过售价降低导致的利润损失在计算上也十分困难，因为即便权利人能够证明其产品降价是侵权所致，严格来说也应当考虑售价降低是否同时导致权利人销售量的增加，从而抵消部分价格降低对权利人整体收益的影响。②

按照侵权损害赔偿法的传统，只有可得合理确定的、与侵权行为存在因果关系的损害才能够得到补偿，但如果在专利侵权纠纷中对实际损失的认定延续通常的证明标准，权利人往往会因为举证困难而难以得到充分救济。日本 1998 年《特许法》修正前的实践状况便是前车之鉴。当时日本法院在权利人主张所失利润时对因果关系要件采取较严格的认定标准，如果出现市场上有可替代专利产品的其他产品、专利产品与侵权产品的结构与功能存在差异、侵权人自己的销售渠道和良好商誉对消费者的选择亦有促进作用等情况，法院往往就不支持权利人主张的所失利润数额，但同时法院未能正面确立因果关系要件可在何时被满足，导致权利人无所适从。③

为了缓解专利权人所失利润举证困难导致权利人受偿不足的问题，美国法院在著名的"泛达公司诉斯塔林兄弟纤维有限公司案"（以下简称"泛达案"）中对专利侵权所致利润损失的认定提出了较明确的

---

　　① 参见巴洛克木业（中山）有限公司诉被告浙江生活家巴洛克地板有限公司、太仓市城厢镇门迪尼地板商行等侵害商标权及不正当竞争纠纷案，苏州市中级人民法院（2016）苏 05 民初第 41 号民事判决书。

　　② Lemley M A. Distinguishing lost profits from reasonable royalties. William and Mary Law Review, 2009(2)：655-675.

　　③ 在特定市场中仅有原被告两方参与竞争时，或者原被告产品完全相同时，日本法院倾向于认可按"侵权销售量×权利人销售专利产品的单位净利润"计算所失利润。其他情形下，权利人要主张所失利润赔偿不容易成功。参见 Takenaka T. Harmonizing patent infringement damages：A lesson from Japanese experiences//und Pyrmont W P W, Adelman M J, Brauneis R, et al. Patents and Technological Progress in a Globalized World：Liber Amicorum Joseph Straus. Berlin：Springer，2009：463-480. 在 1998 年修正前，日本《特许法》第 102 条第(2)款已经允许通过侵权人所获的利润推定权利人所受损失，不过仅在权利人已经利用其专利生产产品并自行销售该产品时，法院才会适用前述推定。参见 Nomi Y. Disgorgement of profits in Japanese law//Hondius E, Janssen A. Disgorgement of Profits：Gain-based Remedies throughout the World. Switzerland：Springer，2015：429-444.

标准。① 依该案判决，如果满足下列条件，法院可以据此认定所失利润：其一，专利产品有一定数量的市场需求；其二，专利技术欠缺非侵权替代方案；其三，如侵权未发生，权利人产销能力可满足前述的市场需求；其四，权利人可以分离销售额中代表所失利润的那部分数额。② "泛达案"的标准是对传统因果关系规则的一种具体化，在假定侵权产品销量的增加会导致专利产品销量相应减少的基础上，考虑到了限制所失利润数额的常见事由，如"专利权人自身生产销售能力无法满足市场需求，故即便侵权不发生，权利人能取得的销售利润依然有限"以及"市场上已经存在功能近似的非侵权替代方案，故即便被告不侵权而采取非侵权替代技术，权利人的利润也会在相当程度上下降"等。"泛达案"给专利权人的举证提供了相对明确的指引，但其在实际操作中的适用仍不容易。从实践情况来看，权利人提出的所失利润赔偿诉求仍然会因为一些技术性的问题（如法院认为权利人未能准确区分出销售额中应予扣除的成本，或认为权利人对产品市场需求弹性的经济分析不成熟等）而得不到法院支持。③ 数据表明，2006—2015 年，美国仅有 21％的专利侵权案件是仅按照所失利润数额赔偿的。④

为加大专利保护力度以刺激创新，日本 1998 年《特许法》修改的一大举措是借鉴"泛达案"所述考量因素的第三、第四两项⑤，在日本《特许法》第 102 条第（1）款引入所失利润因果关系推定规则以降低举

---

① 该标准常为我国学者所引介，参见张鹏：《专利侵权损害赔偿制度研究——基本原理与法律适用》，知识产权出版社 2017 年版，第 207-208 页；和育东：《美国专利侵权救济》，法律出版社 2009 年版，第 156-164 页；范晓波：《知识产权的价值与侵权损害赔偿》，知识产权出版社 2016 年版，第 96 页。

② Panduit Corp. v. Stahlin Bros. Fibre Works, 575 F. 2d 1152,1156 (6th Cir. 1978).

③ Lemley M A. Distinguishing lost profits from reasonable royalties. William and Mary Law Review, 2009(2): 655-675.

④ Berry C, Arad R. Patent litigation study: Change on the horizon? https://www.pwc.com/us/en/forensic-services/publications/assets/2017-patent-litigation-study.pdf,最后访问于 2023 年 12 月 1 日。

⑤ Takenaka T. Harmonizing patent infringement damages: A lesson from Japanese experiences//und Pyrmont W P W, Adelman M J, Brauneis R, et al. Patents and Technological Progress in a Globalized World: Liber Amicorum Joseph Straus. Berlin: Springer, 2009: 463-480.

证门槛，明文将"权利人在每单位专利产品上的利润"与"侵权产品的销售量（以权利人产销能力本可取得的销售量为限）"之乘积作为所失利润数额。这一推定规则与前引我国司法解释采取的思路近似，均假设每一份侵权产品销量的增加都对应着权利人专利产品销量的减少，但是该规则还额外考虑到了权利人自身产销能力对可得利润数额的制约。较之美国司法实务适用"泛达案"考量因素时的标准，日本采取的标准明显更为宽松。一旦实际损失的证明门槛大大降低，完全赔偿原则实际上已没有被严格贯彻。

使问题进一步复杂化的是，专利侵权所致的损失还不仅限于实际发生的所失利润和所失许可费。无论专利权人是否自行通过实施专利获利、是否许可他人实施专利以收取许可费，只要专利侵权发生，侵权行为通常就会在一定程度上减损发明的经济价值和权利人的未来收益（如对权利人现有或未来的许可交易、权利让与或设定质权等经济活动产生负面影响）。在"巴洛克木业（中山）有限公司诉被告浙江生活家巴洛克地板有限公司、太仓市城厢镇门迪尼地板商行等侵害商标权及不正当竞争纠纷案"中，法院就肯定权利人受有"未来销售流失和未来价格侵蚀导致的利润损失"。[1] 不过知识产权的价值实现具有长期性[2]，未来的损失在短时间内未必能够显现，且其数额也极难量化。相较于已经发生的实际利润损失，侵权行为对产品未来价格、竞争情况、市场状况造成的影响更难确定，知识产权人主张未来损失的补偿目前很难得到法院的支持。[3] 如何一方面减轻权利人的举证负担，另一方面避免赔偿数额随意确定，是专利侵权救济制度必须应对但迄今未能克服的重大挑战。

---

① 参见巴洛克木业（中山）有限公司诉被告浙江生活家巴洛克地板有限公司、太仓市城厢镇门迪尼地板商行等侵害商标权及不正当竞争纠纷案，苏州市中级人民法院（2016）苏05民初第41号民事判决书。
② 吴汉东：《知识产权损害赔偿的市场价值基础与司法裁判规则》，载《中外法学》2016年第6期。
③ 朱冬：《创新政策视野下的知识产权侵权损害赔偿——功能定位与规则调试》，载《网络法律评论》2020年辑刊。

二、多元赔偿规则对完全赔偿原则的冲击

(一)专利侵权赔偿规则的多元化

面对实际损失证明困难的问题,除了传统的实际损失补偿规则,当前各国专利法大多还认可按照许可费或侵权所生利润确定赔偿责任。《专利法》第七十一条第一款规定:"侵犯专利权的赔偿数额按照权利人因被侵权所受到的实际损失或者侵权人因侵权所获得的利益确定;权利人的损失或者侵权人获得的利益难以确定的,参照该专利许可使用费的倍数合理确定。对故意侵犯专利权,情节严重的,可以在按照上述方法确定数额的一倍以上五倍以下确定赔偿数额。"[1]据此,《专利法》允许的赔偿方式有四种:按实际损失赔偿,按侵权人所获得的利益赔偿,参照许可使用费的倍数合理赔偿,以及法定赔偿。其中,按照实际损失补偿和按照侵权人所获的利益赔偿处于第一顺位,按照许可使用费倍数赔偿处于第二顺位,最后由法定赔偿兜底。

按照许可使用费来确定的赔偿额常被称为"合理许可费"。比较法上,大部分专利法立法例都认可参考许可费合理确定的赔偿,但均无"倍数参照"的要求。如美国《专利法》第284条规定,当专利侵权成立,必须判决足以补偿受害人的赔偿额,且数额"不得小于侵权人使用发明的合理许可费"。德国《专利法》第139条第2款规定,"损害赔偿的主张也可以根据侵权人如果获得实施发明的授权本来应该支付的

---

[1]　在责任数额认定方面,《专利法》第七十一条第一款相较于过去的规定,主要差异有三方面:一是调整了不同赔偿方式的顺位;二是引入了惩罚性赔偿,三是提高了法定赔偿的限额。可比较《中华人民共和国专利法(2008修正)》第六十五条规定:"侵犯专利权的赔偿数额按照权利人因被侵权所受到的实际损失确定;实际损失难以确定的,可以按照侵权人因侵权所获得的利益确定。权利人的损失或者侵权人获得的利益难以确定的,参照该专利许可使用费的倍数合理确定。赔偿数额还应当包括权利人为制止侵权行为所支付的合理开支。权利人的损失、侵权人获得的利益和专利许可使用费均难以确定的,人民法院可以根据专利权的类型、侵权行为的性质和情节等因素,确定给予一万以上一百万元以下的赔偿。"

合理报酬计算"①。日本《特许法》第 102 条第 3 款也规定可以以专利许可使用费推定损失。②

除美国《专利法》不再允许将剥夺责任适用于发明专利外③,大多数的专利法立法例都允许参考侵权行为所生的利润确定赔偿额。例如,德国《专利法》第 139 条规定,"在评估损害时也可以考虑通过侵权获得的利润"④。尽管该规定字面上仅允许"考虑侵权利润",但德国司法实践实际上允许直接按照侵权人通过侵权行为所得利润确定赔偿额。⑤ 日本《特许法》第 102 条第 2 款规定:"如果专利权人或独占被许可人为因故意或过失侵犯专利权或独占使用许可蒙受的损害向侵权人主张补偿,且侵权人从侵权行为得到收益,侵权人获得的收益的数额应被推定为专利权人或独占被许可人蒙受的损害的数额。"

综合现有各立法例,除去兜底性的法定赔偿,专利侵权赔偿责任制度呈现实际损失补偿、合理许可费赔偿以及侵权利润赔偿"三足鼎立"的状态。尽管常有观点认为,合理许可费、侵权利润赔偿不过是完全赔偿原则的体现,但如后文将分析的,至少在"差额说"的观念下,合理许可费赔偿、侵权利润赔偿已明显偏离实际损失补偿原则。

---

① 中国人民大学知识产权教学与研究中心,中国人民大学知识产权学院:《十二国专利法》,《十二国专利法》翻译组译,清华大学出版社 2013 年版,第 166-167 页。

② 中国人民大学知识产权教学与研究中心,中国人民大学知识产权学院:《十二国专利法》,《十二国专利法》翻译组译,清华大学出版社 2013 年版,第 261-262 页。

③ 美国于 1946 年修订《专利法》时,出于认定难度大、成本高等理由废除了以侵权利润赔偿的规定。但美国《专利法》仍然保留了针对外观设计专利侵权的补救措施,规定"无论谁将外观设计专利应用于任何以销售为目的的制造品……都应对专利权人承担相当于因侵权所取得的总利润的责任,且数额不少于 250 美元"。参见 Cotter T F. Comparative Patent Remedies: A Legal and Economic Analysis. New York: Oxford University Press, 2013: 149。

④ 中国人民大学知识产权教学与研究中心,中国人民大学知识产权学院:《十二国专利法》,《十二国专利法》翻译组译,清华大学出版社 2013 年版,第 166-167 页。

⑤ Meier-Beck P. Damages for patent infringement according to German law-Basic principles, assessment and enforcement. International Review of Intellectual Property and Competition Law, 2004(2): 113-124; Schönknecht M. Determination of patent damages in Germany. International Review of Intellectual Property and Competition Law, 2012 (3): 309-332。

（二）多元赔偿规则对完全赔偿原则的冲击

专利权人若主张所失利润赔偿，不仅容易面临举证难题，还可能不得不披露营业数据甚至商业秘密。在此背景下，从比较法司法实践看，合理许可费赔偿成为权利人青睐的求偿方式。一项美国的实证研究显示，在权利人自己生产专利产品因而理论上有机会主张因侵权产品流入市场而导致利润损失的案件中，适用合理许可费规则的案件占比仍然高达80%。[①]

不少观点认为，知识产权法体系中的合理许可费赔偿规则仅旨在计算权利人的实际损失。比如，《最高人民法院、最高人民检察院关于办理侵犯知识产权刑事案件具体应用法律若干问题的解释（三）》（法释〔2020〕10号）第五条规定，"以不正当手段获取权利人的商业秘密，尚未披露、使用或者允许他人使用的，损失数额可以根据该项商业秘密的合理许可使用费确定"，"以不正当手段获取权利人的商业秘密后，披露、使用或者允许他人使用的，损失数额可以根据权利人因被侵权造成销售利润的损失确定，但该损失数额低于商业秘密合理许可使用费的，根据合理许可使用费确定"。基于下述原因，认为合理许可费旨在补偿权利人所受实际损失的理解有待商榷。

1. 合理许可费并非旨在补偿"所失许可费"

在知识产权法学领域，一种常见观点认为，合理许可费赔偿适用于权利人的实际损失表现为权利人本应收取但未收取许可费的场合。[②] 在专利侵权案件中，专利权人的所失利益确实可以表现为逸失的许可费收益：只要权利人能够证明，假如侵权不发生，按照事物的通

---

① 具体地，纯粹以合理许可费为据的占61%，同时适用合理许可费与所失利润补偿的占19%，纯粹适用所失利润赔偿的仅占21%。如果计入权利人不实施专利因而难以主张利润损失的案件，合理许可费使用率会更加惊人。参见 Berry C, Arad R. Patent litigation study: Change on the horizon? https://www.pwc.com/us/en/forensic-services/publications/assets/2017-patent-litigation-study.pdf，最后访问于2023年12月1日。

② 范晓波：《知识产权的价值与侵权损害赔偿》，知识产权出版社2016年版，第138页；王迁，谈天，朱翔：《知识产权侵权损害赔偿：问题与反思》，载《知识产权》2016年第5期。

常发展，其本可与被告或第三人达成许可交易并收取一定数额的许可费，就有权请求侵权人赔偿相当于许可费的实际损失。[①] 但是，立足于评价损害的通说，即"差额说"，认为合理许可费规则仅旨在补偿实际所失许可费的见解难以站得住脚：假如被告不侵权，原告原本应当处于的利益状况与权利人是否有许可意愿、原被告双方是否本可能达成许可合意有关，未必恰好能相当于专利的许可使用费。但无论从实定法规定还是从各国相关司法实践来看，合理许可费的适用都不以当事人双方本可达成合意为前提。此外，假如权利人能够证明其受有相当于许可费的实际损失，其完全可以基于实际损失补偿规则寻求救济。合理许可费规则迄今未被实际损失补偿规则吸收，也说明立法者引入合理许可费赔偿的目的并不在于补偿权利人的实际损失。

2. 合理许可费并非旨在补偿"交易机会损失"

当被告未经允许骑走被告闲置的马再归还，且马未受任何损伤，甚至因为得到锻炼而更加健康，被告应当承担何种责任？[②] 在有不当得利制度可资适用的情况下，此类案件的处理十分简单：尽管原告整体财产数额并未减少，未受有"差额说"意义上的实际损失，但被告在没有法律根据的情况下取得了本应归属于原告的利益，构成侵害型不当得利，被告有义务向原告返还财产使用利益的价额。但在英美法中，由于不当得利法发展较晚等原因，法院往往在侵权损害赔偿的框架下解决上述类型的案件，于是产生了当权利人的整体财产数额未有减少时还能否通过侵权之诉求偿的争议。对此，英美司法实践中的一种常见见解认为，尽管权利人此时未受实际损失，被告仍应基于所谓的"使用者原则"（user principle）承担相当于系争财产许可使用费的

---

① 所失利益的证明不以原告必然能够取得该种利益为必要。参见田韶华：《论侵权责任法上可得利损失之赔偿》，载《法商研究》2013 年第 1 期。有观点认为，除非权利人自己实施专利，否则专利权人不会受有所失利益损失。参见徐小奔：《论专利侵权合理许可费赔偿条款的适用》，载《法商研究》2016 年第 5 期。这一论断忽略了权利人确实受有所失许可费时的情形。

② Watson Laidlaw & Co Ltd v. Pott Cassells & Williamson,(1914) RC 104(per Lord Shaw).

赔偿责任,从而得出了与适用不当得利制度时类似的结果。①

　　关于"使用者原则"的理论基础,早期学说曾经提出"交易机会损失说",认为在被告未经允许利用原告财产的案型中,无论原告财产数额是否实际减少,被告都剥夺了原告就财产的利用与被告达成许可交易的机会,因此原告总是受有交易机会损失,被告应当承担相当于许可费的侵权责任从而予以补偿。② 我国亦有学者认为,按照合理许可费赔偿规则的引入代表立法者承认了一种机会损害。③

　　"机会损失"确实是一种可赔的实际损失,但是按照"差额说",机会损失的大小与机会发生的可能性相关,推定权利人总是受有相当于许可费的机会损失也只能是一种拟制④:个案中权利人的财产总额原本应当处于何种状态,与原告是否确有利用交易机会的意愿、原被告双方在多大程度上本可能达成许可合意有关,其数额通常并不会恰好相当于全额的许可使用费⑤。

　　著名的"沃瑟姆公园地产有限公司诉园边家园有限公司案"(以下简称"沃瑟姆公园案")常被用于说明"交易机会损失"的拟制性。在"沃瑟姆公园案"中,系争土地上负载了一项已登记的土地负担(land charge),规定任何使用土地者均不得未经允许开发系争土地上的一块特定领域。由于被告在禁止开发的区域建造了房屋和道路,原告作为土地负担的受益人请求法院签发禁令,要求拆除违约建造的建筑物。根据英国 1875 年颁布的《凯恩斯勋爵法》,法院有权在合适的情

①　Stoke-on-Trent Council v. W & J WassLtd［1988］1 WLR 1406.

②　Sharpe R J, Waddams S M. Damages for lost opportunity to bargain. Oxford Journal of Legal Studies,1982(2):290-297.

③　朱冬:《创新政策视野下的知识产权侵权损害赔偿——功能定位与规则调试》,载《网络法律评论》2020 年辑刊。

④　Surrey C C v. Bredero Homes Ltd［1993］1 WR 1361,1370.

⑤　Stevens R. Torts and Rights. Oxford:Oxford University Press, 2007:68;Edelman J. Gain-based Damages:Contract, Tort, Equity and Intellectual Property. Oxford:Hart Publishing, 2002:99-102;Burrows A. The Law of Restitution. 3rd ed. Oxford:Oxford University Press, 2011:635-638.

况下选择以金钱赔偿责任代替禁令救济。在"沃瑟姆公园案"中,法官认为签发禁令以推倒已经建成的房屋会造成巨大浪费,故未支持禁令救济,只判令被告承担赔偿责任。在赔偿额方面,法官认为虽然系争土地财产价值未有"丝毫减损",但被告仍应承担相当于向原告取得土地使用许可、解除土地负担的费用,并最终按照被告违约开发所得利润的5‰来确定了赔偿责任数额(约2500英镑)。① 本案中,原告曾坚定地表示其从未有作出许可的意思②,反对"交易机会损失说"的学说因此提出,即便义务违反行为未发生,本案原告也不会利用潜在交易机会,因此原告在本案并未受有实际的交易机会损失③。

英国的尼科尔斯(Nicholls)法官在讨论"沃瑟姆公园案"按照许可费确定的赔偿额时提出,"除非赋予损失概念以勉强而人造的含义,否则这些赔偿将无法严格遵循补偿性赔偿的标准"。④ 在"世界野生动物基金会诉世界摔跤联合会案"中(WWF v. WWF),法官也认为按照拟制交易的方式确定赔偿责任时既不必考虑出卖人是否会同意交易,也不必考虑名义上的买受人是否会拒绝交易,此时的赔偿责任并非旨在补偿实际损失,而更像是在作出使用利益价格评估的基础上回溯性地进行了强制交易。⑤

3.合理许可费并非旨在补偿"丧失禁令救济的损失"

鉴于英国《凯恩斯勋爵法》规定了替代禁令的金钱责任,且"沃瑟姆公园案"中法院是在拒绝禁令救济后才判决被告按照许可费承担责任,有观点认为,按许可费确定的赔偿旨在补偿原告因丧失禁令救济

---

① Wrotham Park Estate Co v. Parksie Homes [1974] 1 WLR 798.

② Wrotham Park Estate Co v. Parkide Homes [1974] 1 WLR 798.

③ Edelman J. Gain-based Damages: Contract, Tort, Equity and Intellectual Property. Oxford: Hart Publishing, 2002: 99-102; Burrows A. The Law of Restitution. 3rd ed. Oxford: Oxford University Press, 2011: 635-638.

④ Attorney General v. Blake, [2001] 1 AC 268, 285.

⑤ WWF v. WWF, [2006] EWHC 184 (C)h.

而受到的损失。① 此种观点的问题在于，如果认为原告有权取得禁令救济，禁令救济折算成金钱后很可能是远高于财产合理使用费的。以"沃瑟姆公园案"为例，被告为了免于拆除其违约建造的房屋而愿意支出很高的和解费用（数额上限相当于因必须拆除房屋而产生的沉没成本），然而该案法院却仅认可了相当于被告所取得的不法利润5％的责任。

4.合理许可费并非旨在酌定损失

实际损失证明困难常被作为知识产权法建构合理许可费制度的原因。② 那么能否认为合理许可费赔偿的目的是赋予法官以裁量空间，允许其在无法查明实际损失数额的情况下通过现有证据酌定一个损失数额呢？ 如果采取这种观点，合理许可费赔偿将与我国知识产权法下兜底性的法定赔偿发生功能上的重叠。

即便不考虑和法定赔偿处于何种关系的问题，试图通过参考许可费来酌定损失的做法也并不妥当。在专利侵权案件的司法实践中确实存在试图通过合理许可费来补偿实际损失的做法，如在美国专利侵权案件中，如果法官形成了权利人遭受了利润损失的心证，但权利人因未能充分证明所失利润数额而只能主张合理许可费时，法官有时会刻意提高合理许可费的数额，希望借此补偿原告的所失利润。③ 但是，在参考许可使用费的基础上酌情增减以补偿所失利润的做法缺乏理论依据。权利人之所以会受有利润损失，是因为被告侵权产品进入市场导致专利权人不再享受垄断利润，除非这部分垄断利润损失与专利许可费在数额上存在某种具有合理确定性的联系，否则看不出何以能

① 这种观点及其批判，参见 Jaffey P. The Nature and Scope of Restitution. Oxford: Hart Publishing, 2000: 141。

② Takenaka T. Harmonizing patent infringement damages: A lesson from Japanese experiences//und Pyrmont W P W, Adelman M J, Brauneis R, et al. Patents and Technological Progress in a Globalized World: Liber Amicorum Joseph Straus. Berlin: Springer, 2009: 463-480.

③ Lemley M A. Distinguishing lost profits from reasonable royalties. William and Mary Law Review, 2009(2): 655-675.

够以一种具有可预见性的方式通过适当增加专利许可使用费以酌定所失利润。

国家知识产权局条法司曾提出，我国专利法之所以规定参照专利许可使用费的"倍数"来确定赔偿额，理由之一是"如果仅仅依照许可使用费的一倍来确定赔偿额，则不足以达到'填补'专利权人所受损失的程度"①。言下之意，法院可以在参考专利许可使用费的基础上通过系数调整估算损害数额，从而尽可能实现填平实际损失的目标。② 这种理解同样面临追问：专利的许可使用费与权利人的实际损失之间能否找到一种合理确定的倍数关系？更何况，按照《专利法》第七十一条的规定，许可费赔偿适用于权利人所受实际损失难以确定的情形，试图通过"倍数"处理接近一个根本未能确定的数值是否真的具有可行性？这都是国家知识产权局条法司所作上述解释方案的未予点明之处。

如美国学者莱姆利（Lemley）所言，专利侵权所致所失利润证明困难的问题应当通过调整所失利润本身的证明标准来解决，而不应当以模糊合理许可费与所失利润赔偿制度的分界为代价。③ 退一步来说，即便在个案中通过适当增减许可费数额估计实际损失的做法被证实是可行的，此时也应当直接以实际损失补偿规则作为裁判依据，而不应诉诸合理许可费赔偿规则。

---

① 该解读认为"之所以规定可以参照许可使用费的倍数来确定赔偿额，是因为许可使用费一般低于侵权人所得利益……一倍的许可使用费作为赔偿额，则有悖于本条规定以侵权人因侵权所获得的利益作为赔偿额的原则，不能有效地保护权利人的利益……如果仅仅依照许可使用费的一倍来确定赔偿额，则还不足以达到'填补'专利权人所受损失的程度"。参见国家知识产权局条法司：《新专利法详解》，知识产权出版社 2001 年版，第 340 页。

② 采取类似观点的学说，参见张鹏：《专利侵权损害赔偿制度研究——基本原理与法律适用》，知识产权出版社 2017 年版，第 176-178 页。

③ Lemley M A. Distinguishing lost profits from reasonable royalties. William and Mary Law Review, 2009(2)：655-675. 该文提到，在美国，法院有时刻意提高合理许可费数的做法导致不少权利人在原本能够证明所失利润的情况下却还是主张按合理许可费赔偿。

5.合理许可费并非旨在提供实际损失的"保底补偿"

一种观点认为,由于侵害不发生时权利人至少可以通过许可交易取得收益,故合理许可费总是能够代表实际损失的最低额,因此合理许可费赔偿旨在为权利人的实际损失提供一种保底性的补偿。[①] 至少在"差额说"的框架下,此种解读仍绕不开法律拟制,其仍然假定了权利人总是具有许可意愿,不考虑现实中确实会有一部分权利人从未计划进行许可交易,因此未有实际许可费损失的情形。

那么能否以侵权人的所得推算权利人的所失呢? 尽管侵权利润赔偿显然已经着眼于侵权人的获利,受损害赔偿法传统影响,不乏试图将侵权利润赔偿解读为实际损失补偿的做法。 比如,法国《知识产权法典》第 L.331-1-4(4)条明确规定,法院可判令没收仿冒者的全部或者部分不法获益,而相关的立法文件坚持认为这一规定"不会动摇完全赔偿原则"。[②] 然而相较合理许可费,侵权利润赔偿与实际损失的出入更为明显。 一方面,侵权产品销售量的增加未必对应权利人销售量的减少。[③] 专利发明可能有多样的应用方式,如果侵权产品与权利人的产品之间并无市场竞争关系,侵权产品就不会对权利人的销量造成影响,此时侵权人的所得利润显然不等于权利人的所失利润。 而即便侵权人与权利人的产品之间存在替代关系,侵权产品进入市场后会在多大程度上抢夺权利人的销量,与市场需求大小、侵权产品和专利产品相互的可替代程度、权利人自身满足市场需求的能力、市场上是否存在其他竞争者等因素相关,侵权人销量的增加和权利人销量的减少很少一一对应。 另一方面,即便认为侵权产品销量的增加对应专利产品销量的减少,若侵权人更富有效率地利用了被侵害权益,侵权人

---

① 徐小奔:《论专利侵权合理许可费赔偿条款的适用》,载《法商研究》2016 年第 5 期。

② Séjean M. The disgorgement of illicit profits in French law//Hondius E, Janssen A. Disgorgement of Profits: Gain-based Remedies throughout the World. Switzerland: Springer, 2015: 121-137.

③ 商建刚:《知识产权侵权损害赔偿中实际损失的司法认定》,载《电子知识产权》2020 年第 4 期。

能获得的利润与被侵权人遭受的利润损失仍旧并不对应。[①]

　　在合理许可费、侵权所生利润与权利人的实际损失未必具有合理对应性的情况下，试图以完全赔偿原则统合专利侵权赔偿责任制度的尝试不免深陷困境，以至于有观点提出，专利侵权责任制度在以"差额说"为基础的传统损害论框架下遭遇了"难以逾越的法律适用障碍"。[②]

第二节　削足适履：嵌入损害补偿框架的不成功尝试

　　在一般侵权法领域，早有观点批判僵化的完全赔偿原则，提倡综合考量行为人过错、违法性、因果关系等责任成立要件的满足程度以综合认定赔偿责任范围。[③] 完全赔偿原则在知识产权法领域也有被软化的趋势，如《欧盟知识产权执行指令》第13(1)条仅提到赔偿额应"适应"实际损害，且可"考虑"侵权人的不法获益。

　　但无论如何，只要认为侵权赔偿责任以补偿损害为目的，不管是否坚持完全赔偿原则，补偿性的赔偿责任终究是以"损害"为基点的。[④] 于是，如下所述，尽管按照合理许可费、侵权所生利润确定的赔偿责任与权利人受到的实际损失常常缺乏合理对应性，通过推定或拟制技术将许可费赔偿、侵权利润赔偿契合"损害补偿"理念的努力从未止息，然而现有的尝试均难以在实质上弥合专利侵权赔偿制度与损害补偿传统之间的裂缝。

---

　　① 洪国盛：《论权益侵害与获利交出》，载《环球法律评论》2022 年第 2 期。

　　② 徐小奔：《论专利侵权合理许可费赔偿条款的适用》，载《法商研究》2016 年第 5 期。

　　③ 郑晓剑：《侵权损害完全赔偿原则之检讨》，载《法学》2017 年第 12 期；徐银波：《论侵权损害完全赔偿原则之缓和》，载《法商研究》2013 年第 3 期。

　　④ 实际损害的客观存在，被认为是损害赔偿法律关系的根基；如果仅有违法行为而无损害的结果，侵权损害赔偿责任即无从产生。参见杨立新：《侵权损害赔偿》，法律出版社 2016 年版，第 91 页。

一、《欧盟知识产权执行指令》:将侵权人获益作为认定损害的"考量因素"

　　《欧盟知识产权执行指令》第 13(1)条规定,知识产权侵权赔偿责任应该"与侵权所致实际损失相适应"(appropriate to actual prejudice),其认定"应考量各种适当的因素,如受害人的利润损失等负面经济后果以及侵权人所得的任何不当利润,在合适时还可考虑非金钱因素,如权利人因侵权而遭受的精神损害"。这一规定已经突破了完全赔偿原则,不仅着眼于权利人所受的损害,还将侵权人的不法获益等作为确定赔偿额的考量因素。

　　从文义来看,上述规定只是允许"考虑"侵害人的获益,但仍然将损害的填补作为侵权赔偿责任的中心任务,并没有允许直接根据因侵权行为所取得的利润确定赔偿责任。例如,比利时最高法院认为,允许考虑被告所得的利润不影响知识产权侵权赔偿责任仍以损害填补为宗旨。[1] 但有学者主张,不同于字面含义,《欧盟知识产权执行指令》第 13(1)条的真正意图应是创设独立的不法利润剥夺制度,并认为唯有如此解释才能与欧盟法注重行为事前调整、预防违法行为的趋势相符。[2] 如果严格按照字面含义,仅把侵权人因为侵权所取得的利润作为认定赔偿额时可考虑的因素之一,反而会产生赔偿标准含混不清的严重问题,导致裁判者无所适从:当个案中侵害人所取得的不法获益明显超过了权利人的实际损失,究竟应是为了实现预防侵权的效果而令被告承担远高于实际损失的责任,还是令赔偿额与实际损失更相

----

　　① 然而在比利时的司法实践中,下级法院经常刻意增大"实际损失"的数额,在实际上起到剥夺不法利润的效果。关于比利时私法中的利润剥夺救济,可参见 Kruithof M. Disgorgement of profits in Belgian private law//Hondius E, Janssen A. Disgorgement of Profits: Gain-based Remedies throughout the World. Switzerland: Springer, 2015: 89-120。

　　② Hondius E, Janssen A. Disgorgement of Profits: Gain-based Remedies throughout the World. Switzerland: Springer, 2015: 471-507。

"适应"?[①] 前述学者观点在德国司法实践中得到了印证：尽管德国《专利法》第 139 条第 2 款和《欧盟知识产权执行指令》的表述近似，只规定了"在评估损害时，可以考虑侵权获得的利润"，但实际上直接按照侵权利润确定赔偿额已经成为德国实务中的常规做法。[②]

二、日本《特许法》：将侵权人获益作为推定或拟制实际损失的基础

1959 年日本《特许法》修正时期，有观点建议借鉴美国与德国经验，允许按照侵权人的获益确定责任。该建议遭到日本法务省和内阁法制局的强烈反对，认为其不符合侵权法对损害的传统理解。[③] 因此，1959 年日本《特许法》第 102 条第（2）款最终只规定可以通过侵权人所获利润"推定"权利人的损失。现行日本《特许法》第 102 条第（2）款和第（3）款仍将涉及合理许可费、侵权所得利润的规则明文定性为"损害数额的推定"。[④]

将合理许可费、侵权人所得利润推定为权利人所遭受损害的规定在形式上坚持了传统的完全赔偿原则，但在具体适用中容易引起困惑。以合理许可费为例，一种观点认为，其数额并非相当于权利人的实际损失，而相当于侵害人的不当得利，故应类推适用不当得利返还的规则，不以侵害人有过错、权利人受有实际损失为前提。[⑤] 按照这种

---

① Hondius E, Janssen A. Disgorgement of Profits：Gain-based Remedies throughout the World. Switzerland：Springer, 2015：471-507.

② 中国人民大学知识产权教学与研究中心，中国人民大学知识产权学院：《十二国专利法》，《十二国专利法》翻译组译，清华大学出版社 2013 年版，第 166-167 页。

③ Nomi Y. Disgorgement of profits in Japanese law//Hondius E, Janssen A. Disgorgement of Profits：Gain-based Remedies throughout the World. Switzerland：Springer, 2015：429-444.

④ 中国人民大学知识产权教学与研究中心，中国人民大学知识产权学院：《十二国专利法》，《十二国专利法》翻译组译，清华大学出版社 2013 年版，第 261-262 页。

⑤ Takenaka T. Harmonizing patent infringement damages：A lesson from Japanese experiences//und Pyrmont W P W, Adelman M J, Brauneis R, et al. Patents and Technological Progress in a Globalized World：Liber Amicorum Joseph Straus. Berlin：Springer, 2009：463-480.

理解,日本《特许法》中的合理许可费赔偿条款属于不可推翻的推定,仅在形式上被归入实际损失补偿框架,实际上是将侵害人的不当得利数额视为损害数额,和权利人所受的实际损害已经无涉。我国也有学者认为,日本法的这一规定实为将按照行为人获益确定的责任在名义上转换为损害赔偿责任,从而实现评价标准和评价对象的名义衔接。① 另一种观点则认为,前述规定仅是实际损害的一种计算方法,故合理许可费赔偿的适用必须以权利人证明其受有实际损害为前提。② 如果采取这种见解,当侵害人能够证明权利人的实际损失小于合理许可费时,理论上其可以据此抗辩,主张应按照实际损失而非合理许可费的数额确定赔偿责任。

三、德国司法实践:将参考侵权人获益作为损害的"特别计算方法"

在成文法确认前③,德国法院在 1895 年的"阿里斯通案"中就明确认可了按照许可费和侵权人所得利润确定的著作权侵权赔偿责任。该案被告未经允许将原告创作的乐曲用于其能够播放音乐的产品中,但原告不仅未受到"差额说"意义上的财产损失,反而还因侵权产品传播了其乐曲而获得了名气。最终,法院允许权利人在按照许可费赔偿或按照侵权人取得的利润赔偿中选择。④

---

① 张玉东:《"获益剥夺"规范意义的再审视——以〈民法典〉第一千一百八十二条前半段规定为分析对象》,载《现代法学》2022 年第 5 期。

② Takenaka T. Harmonizing patent infringement damages: A lesson from Japanese experiences//und Pyrmont W P W, Adelman M J, Brauneis R, et al. Patents and Technological Progress in a Globalized World: Liber Amicorum Joseph Straus. Berlin: Springer, 2009: 463-480.

③ 德国《专利法》第 139 条第 2 款规定,故意或过失侵害专利权者,"应对受害方有赔偿由此产生的损失的责任。在评估损害时也可以考虑侵权获得的利润,也可以根据侵权人如果获得实施发明的授权本来应该支付的合理报酬的数额计算"。参见中国人民大学知识产权教学与研究中心,中国人民大学知识产权学院:《十二国专利法》,《十二国专利法》翻译组译,清华大学出版社 2013 年版,第 166-167 页。

④ Giglio F. The Foundations of Restitution for Wrongs. Oxford: Hart Publishing, 2007: 77.

　　德国法院将合理许可费赔偿、侵权利润赔偿定位为"损害赔偿的特别计算方法"①，并主张知识产权特别容易被侵害，因此有必要被"特别保护"②。理论上，"损害计算方法"的适用应当以权利人证明损害存在为前提，然而德国司法实务中却认为，即使知识产权人未能证明其受有实际损失，仍然可以主张按照合理许可费或侵权行为人所取得的利润确定侵权责任。

　　类似地，《荷兰民法典》第6：104条明确规定"因侵权或者未履行义务而应对他人承担责任者，如果通过侵权或者债务不履行取得利润，法院可在受害人请求时，根据前述利润的全部或者一部分估算赔偿额"③，似乎仅将侵权人的获益作为认定实际损失的考量因素，但法院在实际适用这一规定时，已经将加害人的获益作为衡量实际损失的适当基准。④

　　降低知识产权侵权损害要件成立门槛的做法本身不无道理，问题在于德国法院并未说明为何总是能按照合理许可费、侵权所生利润来衡量损害。损害的"计算"终究要以待评价的损害为逻辑起点，当法院在适用所谓的"特别计算方法"时根本不关心计算结果是否与权利人遭受的实际损害具有合理对应性，"损害的特别计算方法"实已与"损害"失去了联系。⑤故德国学者瓦格纳曾提出，德国司法实践中按照侵权人不法利润确定的责任，名义上仍叫损害赔偿，但事实上已是在剥

　　①　王怡苹：《著作权损害赔偿之再建构：以德国法为镜鉴》，载《台大法学论丛》2015年第3期；Giglio F. The Foundations of Restitution for Wrongs. Oxford：Hart Publishing，2007：78.

　　②　Giglio F. The Foundations of Restitution for Wrongs. Oxford：Hart Publishing，2007：78.

　　③　参见欧洲民法典研究组、欧盟现行私法研究组编著：《欧洲私法的原则、定义与示范规则：欧洲示范民法典草案（全译本：第5卷、第6卷、第7卷）》，王文胜等译，法律出版社2014年版，第724-725页。

　　④　荷兰最高法院认为该规定并非关于获益返还的独立请求权基础，而是损害的抽象计算方法。参见欧洲民法典研究组、欧盟现行私法研究组编著：《欧洲私法的原则、定义与示范规则：欧洲示范民法典草案（全译本：第5卷、第6卷、第7卷）》，王文胜等译，法律出版社2014年版，第725页。

　　⑤　"损害计算方法"与"损害"断裂的现象也见于德国以外的其他地区。例如，英国有判决一方面认为原告在通过"账目之诉"主张专利侵权人所获利润时仍然必须证明其受到损害，另一方面又肯定此时法院可以"自由地"按照被告获益确定赔偿额，只需确保赔偿责任不具有惩罚性即可。参见General Tyre v. Firestone，16 April 1975，[1976] R. P. C.。

夺侵权行为所产生的利润。①

有的观点猜测,德国法院不愿意深究合理许可费、侵权利润赔偿的法律性质,实为对背离完全赔偿原则传统感到不适的结果。② 但"损害的特别计算方法说"仅在形式上将合理许可费、侵权利润赔偿统合于完全赔偿原则之下,并未真正言明"计算"的原理,难以为规范适用提供有意义的引导。

第三节　视角更新:转向专利侵权不法获益责任制度

"赔偿"与"补偿"的关系已在近十几年变得愈发具有争议性,不少观点开始主张"赔偿"只是"不法行为的金钱责任",而不是"权利人所受损害的补偿"。③ 由此,直接基于侵权人所获利益确定的赔偿责任,以"以不法获益为基础的赔偿""返还性赔偿""剥夺性赔偿"之名开始受到认可。若正面承认合理许可费、侵权利润赔偿是以侵权人不法获益为基础确定的赔偿责任,它们与实际损害的断裂就不再是一个需要去弥合的问题。不法获益责任制度自身的理论建构将成为需要直面的新挑战。

一、不法获益责任在民事法律体系中的萌芽

在民法语境下,支持按照侵害人不法获益确定赔偿责任的观点往往立足于预防论。在传统损害补偿观念中,侵权责任的首要功能是补偿损失,预防功能仅为补偿功能的附带。德国学者瓦格纳认为,预防

---

① 瓦格纳:《损害赔偿法的未来——商业化、惩罚性赔偿法、集体性损害》,王程芳译,中国法制出版社 2012 年版,第 435 页。

② Giglio F. The Foundations of Restitution for Wrongs. Oxford:Hart Publishing,2007:78.

③ Edelman J. Gain-based damages and compensation//Burrows A, Rodger A. Mapping the Law:Essays in Memory of Peter Birks. Oxford:Oxford University Press,2006:141-160.

不法行为也是民法的核心任务，故有必要破除损害赔偿法仅以填补损失为中心的传统，允许为预防侵权行为而认可超出实际损害数额的赔偿额，对于营利性的侵权行为，可以剥夺侵权人通过侵权所取得的不法获益。[①] 类似地，我国也有学者认为，当获益型侵权行为已经成为常态，再坚持传统损失补偿规则的"单向恢复理念"往往会引起令侵权行为人保有其不法获益的"反道德危机"[②]，而基本道德准则与正义的趣旨决定了"任何人都不得从不法行为中获益"[③]。

但迄今为止，不法获益责任并没有成为侵权法的一般规则。民法中虽存在着一些根据加害人获益确定责任的零星尝试，但这些尝试和知识产权侵权救济制度面临相同的境遇：不法获益责任似乎呼之欲出，但是又被捆绑在传统的损害补偿观念中。例如，《民法典》第一千一百八十二条规定："侵害他人人身权益造成财产损失的，按照被侵权人因此受到的损失或者侵权人因此获得的利益赔偿；被侵权人因此受到的损失以及侵权人因此获得的利益难以确定，被侵权人和侵权人就赔偿数额协商不一致，向人民法院提起诉讼的，由人民法院根据实际情况确定赔偿数额。"不同于《侵权责任法》第二十条的规定，《民法典》第一千一百八十二条已经不再将损失难以确定作为侵权利润赔偿的前提，允许权利人在实际损失补偿和侵权利润赔偿之间选择。但这是否意味着《民法典》已经明确认可了不法获益责任呢？有的学者认为，此处按侵权人获益确定赔偿责任的规则属于独立的请求权基础[④]，但也有学者认为，这

[①] 瓦格纳：《损害赔偿法的未来——商业化、惩罚性赔偿法、集体性损害》，王程芳译，中国法制出版社 2012 年版，第 138 页。

[②] 徐银波：《论侵权行为形态的嬗变与赔偿理念的现代化——兼论〈侵权责任法〉第二十条的适用》，载《私法研究》2015 年第 1 期。

[③] 徐银波：《论侵权行为形态的嬗变与赔偿理念的现代化——兼论〈侵权责任法〉第 20 条的适用》，载《私法研究》2015 年第 1 期。在知识产权法学领域，也有学者提出，专利侵权赔偿额过低的主要成因之一，在于对专利侵权"损害"的理解受传统民法完全赔偿原则的限制。如果认可损害赔偿并不仅旨在填补实际损失，"损害"概念就可以变得多样而灵活，可能实现"最为恰当地预防侵权发生"的功能。参见张鹏：《日本专利侵权损害赔偿数额计算的理念与制度》，载《知识产权》2017 年第 6 期。

[④] 张谷：《论〈侵权责任法〉上的非真正侵权责任》，载《暨南学报（哲学社会科学版）》2010 年第 3 期。

一规定既然定位在损害赔偿制度的框架下,就应当属于损害赔偿请求权的内容,遵循损失补偿的基本理念,其适用仍以权利人证明其受有损害为前提①。

在欧洲私法一体化进程中,《欧洲示范民法典草案》(DCFR,也译为《共同参考框架草案》)第六编("合同外责任")第Ⅵ-6:101(1)条虽然规定损害赔偿旨在将受害人的利益恢复原状,但Ⅵ-6:101(4)条也允许在确定赔偿额时考虑侵权人的获益,规定"在合理的情况下"权利人可以"请求对具有法律相关性的损害的发生负有责任的人⋯⋯返还因损害的发生所获得的任何利益",作为对恢复原状规则的替代。从《欧洲示范民法典草案》第Ⅵ-6:101(4)条的规定文义与草案中的相关评论看,该条规定的理论基础与法律性质模糊不清:一方面,评论认为第Ⅵ-6:101(4)条赋予了受害人在主张实际损失补偿与请求加害人返还其获益间的选择权,旨在告诫潜在的违法者其不得从民事过错行为中获利②,似有认可不法获益责任之意;另一方面,评论仍将"获益返还"维系在实际损害的补偿上,认为第Ⅵ-6:101(4)条中所提到的违法者获益应当被拟制为权利人的实际损害,即假定"受害方本可以相同方式利用相关权利,并获得与加害人数额大致相当的经济利益"。

《欧洲示范民法典草案》的评论部分还提出,当把被告获益拟制为原告所受损失是"完全不适当"的时候,法院可以拒绝按不法获益确定赔偿额。重重困惑由此产生。首先,将被告获益拟制成权利人所受的损害在何种情况下"完全不适当"? 我国有学者曾提到,大多数获益型侵权的利益来自第三人,和损失并无关联,通过获益来计算损失是一种"无理由猜想"。③ 这样说来,将获益拟制成损害似乎常常是"完全不

---

① 徐银波:《论侵权行为形态的嬗变与赔偿理念的现代化——兼论〈侵权责任法〉第20条的适用》,载《司法研究》2015年第1期。

② 欧洲民法典研究组,欧盟现行私法研究组编著:《欧洲私法的原则、定义与示范规则:欧洲示范民法典草案(全译本:第5卷、第6卷、第7卷)》,王文胜等译,法律出版社2014年版,第714-715页。

③ 徐银波:《论侵权行为形态的嬗变与赔偿理念的现代化——兼论〈侵权责任法〉第20条的适用》,载《私法研究》2015年第1期。

适当的"。此外,如果说第Ⅵ-6:101(4)条的适用受制于将被告获益推定为原告受损的合理性,那么评论中同时明确指出的"不得从民事过错行为中获利"规则是否会受到冲击?① 允许在认定赔偿时考虑不法获益因素,究竟是为了预防民事过错行为,还是为了补偿权利人的损失?毕竟,若要贯彻"任何人不得从不法行为中获利"原则,即意味着即便权利人没有受到实际损害,不法获益也应被除去。面对这些困惑,有学者建议《欧洲示范民法典草案》不妨直接认可"不法行为获益返还"(restitution for wrongs),而不要再纠结于传统的损害补偿理念,不要再执着于将被告的不法获益拟制成权利人的现实损害。②

此外,在日本③、意大利④、法国⑤,有时法院会以精神损害赔偿的名义在赔偿额认定中引入被告不法获益的考量。⑥ 这种方案的障碍在于,一方面,一般认为只有在法律明确规定的场合,才能够适用非财产损害赔偿;另一方面,如果说法院实际上是意在改变责任范围,就有借用精神损害抚慰金名号之嫌。⑦

---

① 另外,《欧洲示范民法典草案》第Ⅵ-6:101(4)条与不当得利的关系也并不清楚。尽管评论部分认为第Ⅵ-6:101(4)条并非不当得利的规定,但肯定该条目的还包括减轻法院负担,免去法院另外单独考察不当得利的工作。这一说法,再度模糊了该条规定的性质。

② Monsen E. DCFR and restitution for wrongs. European Review of Private Law, 2010(4):813-822.

③ Nomi Y. Disgorgement of profits in Japanese law//Hondius E, Janssen A. Disgorgement of Profits:Gain-based Remedies throughout the World. Switzerland:Springer, 2015:429-444.

④ Giglio F. The Foundations of Restitution for Wrongs. Oxford:Hart Publishing, 2007:81.

⑤ Séjean M. The disgorgement of illicit profits in French law//Hondius E, Janssen A. Disgorgement of Profits:Gain-based Remedies throughout the World. Switzerland:Springer, 2015:121-137.

⑥ Séjean M. The disgorgement of illicit profits in French law//Hondius E, Janssen A. Disgorgement of Profits:Gain-based Remedies throughout the World. Switzerland:Springer, 2015:121-137.

⑦ Giglio F. The Foundations of Restitution for Wrongs. Oxford:Hart Publishing, 2007:81.不支持通过精神损害赔偿剥夺侵权人所获利益的,还可参见张玉东:《"获益剥夺"规范意义的再审视——以〈民法典〉第1182条前半段规定为分析对象》,载《现代法学》2022年第5期。《最高人民法院关于确定民事侵权精神损害赔偿责任若干问题的解释》仅允许将侵权人的获益情况作为认定精神损害赔偿额的考量因素之一。

二、以知识产权法为正面认可不法获益责任的契机？

侵权利润赔偿指向不法获益已经十分直观，合理许可费赔偿也常常被民法学者定性为不当得利返还①或返还性赔偿规则②。在经典的"沃瑟姆公园案"中，英国的斯泰恩（Steyn）法官明确提出，参照许可费确定的赔偿是以被告得利为基础的返还性责任，认为该种赔偿责任的目的不在于补偿原告遭受的经济损失，而是去除被告不正当地取得的利益。③ 美国《第三次不当得利与返还法重述》亦认为，按照许可费确定的赔偿责任准确来说属于"返还"。④

与探索不法获益责任形成竞争关系的方案是超越"差额说"，扩大"损害"的概念。在知识产权法学说中，有的观点认为，《专利法》认可了"二元损害体系"，即不仅认可基于"差额说"的自然损害赔偿，还引入了基于"规范损害论"的合理许可费与侵权利润赔偿。⑤ 在民法学领域，批评自然损害论者早已提出了"规范损害论"，其核心思想是不再固守完全赔偿原则，而允许在损害判断中引入规范因素和价值因素，由法官综合双方提供的全部证据材料在法规范目的的指导下认定损害数额。⑥ 不过，"规范损害论"诉诸法官裁量而并无一定内容，容易流于口号，还不足以对抗"差额说"。⑦ 有的学者为规范性损害的评价提出了明确的标准，但恰恰认为按照侵权人不法获益确定的责任可以作

---

① 王泽鉴：《不当得利类型论与不当得利法的发展——建构一个可操作的规范模式（下）》，载《甘肃政法学院学报》2015年第6期。

② Dannemann G. The German Law of Unjustified Enrichment and Restitution. Oxford：Oxford University Press，2009：95.

③ Surrey C C v. Bredero Homes Ltd [1993] 1 WLR 1361，1370.

④ The Restatement (Third) of Restitution and Unjust Enrichment，§42 comment f.

⑤ 徐小奔：《知识产权损害赔偿计算中的法律解释问题》，湖北人民出版社2019年版，第107页；徐小奔：《论专侵权合理许可费赔偿条款的适用》，载《法商研究》2016年第5期。

⑥ 叶金强：《论侵权损害赔偿范围的确定》，载《中外法学》2012年第1期。

⑦ 王泽鉴：《损害赔偿》，北京大学出版社2017年版，第67页。

为规范性损害数额评价的出路。① 迄今为止，"规范损害论"未能冲击"差额说"的主流地位。

不同于民法学说中的规范性损害，知识产权法学说中的规范性损害有相对更确定的内容。日本学者田村善之认为，专利侵权规范性损害的"规范性"就体现在专利权人有权对他人的实施行为予以排除，因此，侵权人通过满足专利市场需求实现的一切收益或可预期的收益都应被排他性地赋予专利权人。② 据此，当侵权人取得了本应由专利权人独占的获益机会，无论权利人的总体财产是否减少或应增加而未增加，都可以认为权利人受有规范意义上的损害。

在借鉴田村善之学说的基础上，我国有学者认为，应将专利侵权所致损害理解为以"市场机会损害"为内容的规范性损害：由于他人不得未经允许擅自实施专利，专利人本应有权独占专利许可交易的机会。无论权利人是否有意利用其交易机会，只要侵权事实发生，就可以认定权利人遭受了机会损害。③ 据此，规范意义上的机会损害不同于"差额说"的机会损失，不要求权利人因为丧失交易机会而产生财产上的差额，只要专利权人原本应独占的市场机会被侵权人取得即可。关于"市场机会损害"的量化，该学者认为，其数额可以按照合理许可费确定。④

知识产权法语境下规范性损害的确已经具有相对明确的标准，但其理论内涵应当能够为不当得利法所吸收。如上所述，知识产权法学者所提出的"规范性损害说"，其逻辑是"侵权人未经允许使用专利权人的智力成果，取得了本应由权利人独占的市场获益机会，故权利人受有规范性损害"。在此"侵权人得到本应归属于权利人的利益"是推

---

① 李岩，唐浩淳：《抽象使用损失：一种应当赔偿的财产损害》，载《重庆大学学报（社会科学版）》2014 年第 1 期。

② 田村善之：《逸失利益推定覆滅後の相当実施料額賠償の可否》，《知的財産法政策学研究》2010 年第 31 号，转引自张鹏：《日本专利权损害赔偿数额计算的理念与制度》，载《知识产权》2017 年第 6 期。

③ 徐小奔：《论专利侵权合理许可费赔偿条款的适用》，载《法商研究》2016 年第 5 期。

④ 徐小奔：《论专利侵权合理许可费赔偿条款的适用》，载《法商研究》2016 年第 5 期。

出权利人受有损害的关键一环,而根据旨在诠释权益侵害型不当得利的"权益归属说",当被告取得了本应归属于权利人的利益,侵害型不当得利已经能够成立。由此,专利侵权语境下的"规范性损害赔偿"可以被解读为是根据被告不当得利确定的一种不法获益责任。

除了"规范损害论",还有一些学说也通过拓展"损害"的概念来解读合理许可费赔偿。例如"客观损害说"认为,由于权利人在客观上可以通过许可他人利用人格要素、智力成果等获得收益,故无论其是否曾有许可计划,无论权利人和侵权人是否本可能达成合意,一旦侵权行为发生,权利人均在客观上丧失相当于许可费的利益,且其数额与侵权人的不当得利相当。[①] "权益侵害论"认为,一旦侵害行为发生就可以认为知识产权人受有损害,其数额相当于侵权人"利用他人知识产权的市场价值"。[②] 由于专利侵权即表现为未经允许利用他人智力成果,至少在专利侵权语境下,"客观损害论"和"权益侵害论"的理念和旨在诠释侵害型不当得利的权益归属理论内涵是高度重合的。

综上,当侵权利润赔偿、合理许可费都难以顺畅嵌入"差额说"意义上的损害补偿框架,而专利侵权语境下的"规范性损害论""客观损害论""权益侵害论"实际上已经蕴含不当得利返还的理念,更优的路径是避免冲击统一的"损害"概念,正面认可侵权利润赔偿与合理许可费赔偿的不法获益责任属性。

三、支持以不法获益责任激励创新的经济分析

按被告获益确定知识产权侵权责任的妥当性在法经济学领域早已开始了探索。美国学者戈登(Gordon)在20世纪90年代初就已在其论文《损与益:侵权、返还及知识产权法》中论证了,尽管法律通常不

---

① 黄芬:《人格权侵权中的许可使用费赔偿研究》,载《社会科学》2020年第1期。
② 缪宇:《作为损害赔偿计算方式的合理许可使用费标准》,载《武汉大学学报(哲学社会科学版)》2019年第6期。

适宜通过获益返还制度来激励有益行为,但鉴于知识产权侵权的特殊性,返还制度能够被用于实现知识产权法的立法目的。①

　　创新是一项有益他人、有益社会的活动,但是法律一般不会为激励利他行为而赋予行为人对受益者的报酬请求权。② 例如,不谨慎驾驶机动车而伤及他人者须依法负赔偿责任,但特别谨慎驾驶而提升道路安全者则无权主张因此从受益者处获得报酬。理论上,采取"赔偿模式"(要求侵权人承担损害赔偿责任)与"返还模式"(要求免于受损者向预防损害者予以补偿)都有减少损害发生的效果,但实证法会选择前者。

　　为何法律偏好通过"损害补偿模式"而非"获益返还模式"来激励人们尽其注意以避免损害?理由包括:其一,受益人难以确定,执行成本过高。正如过往行人都可能因司机特别谨慎驾驶而获益,因他人谨慎行为受益者不像事故受害者那样容易确定。其二,不同人对于利益的理解不同,因他人谨慎行为而受益者可能不想被特殊照顾,获益返还模式因而会发生强迫得利问题。其三,若对合理行为者予以补偿,会冲击人人应尽合理注意义务的基本法律观念,可能扭曲行为动机。其四,尽管经济学理论表明奖赏与补贴比惩罚与税赋更适于激励外部性,但对所有合理行为进行奖赏的成本过高。③ 不过如戈登所指出的,前述担忧在知识产权法领域可以被缓解。其一,在知识产权侵权案件中,直接受益者是可以被确定的侵权者。其二,利用智力成果者对是否使用一般有选择余地,不发生强迫得利问题。其三,创新活动的动机不容易因为金钱回报而被扭曲。④

---

　　① Gordon W J. Of harms and benefits: Torts, restitution, and intellectual property. The Journal of Legal Studies, 1992(2): 449-482.

　　② Gordon W J. Of harms and benefits: Torts, restitution, and intellectual property. The Journal of Legal Studies, 1992(2): 449-482.

　　③ Gordon W J. Of harms and benefits: Torts, restitution, and intellectual property. The Journal of Legal Studies, 1992(2): 449-482.

　　④ 戈登并没有强调直接受益。但是因创新活动而间接受益者也是庞大而不特定的群体。如学者所言,使用专利技术产销产品,也会产生正外部性,参见 Frischmann B M, Lemley M A. Spillovers. Columbia Law Review, 2007(1): 257-301。

除避免损害外,在一方主动为另一方增加利益时,法律也很少要求受益人承担以获益为基础的义务或责任。例如,无因管理人的管理方法虽有利于本人但违背本人意思时,本人可选择不享有管理利益而按侵权或者不当得利制度处理。又如,在景区周围开设旅馆并因景区客流而受益者不构成不当得利。其中也有多方面考量。一是避免强迫得利问题以尊重意思自治。二是避免价值评价分歧。当双方没有自愿缔约,即便按照公平市场价格确定返还利益,该价格也可能超过受益人对该利益的主观评价。三是激励自主交易。自主交易能够避免强迫得利、利益评价分歧,且能够通过价格机制优化资源配置。① 一般而言,创造利益的一方对相关信息更了解,适宜主动寻求交易并从中取得经济回报。例如,如果开发景点者预见在周边开宾馆有利可图,可以事先取得周边的土地使用权并寻找愿意在此建造宾馆的交易对象。一旦以法定返还义务替代自主交易,会影响价格机制发挥作用,增加系统成本。人类社会原本就建立在互助的基础上,即便受益者的得利是非互惠的,法律也不总会认可其返还义务。

但如戈登所言,不同于一般情形,在知识产权法中普遍规定获益返还与促进私人自治与市场交易的目标是十分契合的。首先,在知识产权案件,"自愿加利者—非自愿受益者"关系并不典型,构成知识产权侵权的行为如为营业目的使用发明成果、主动复制或改编他人作品等,已是对该智力成果价值的肯定,受益者很难主张被迫得利。其次,智力成果的非竞争性决定了其潜在使用者很多,由权利人主动寻求交易对象不太现实,此时不规定获益返还制度不仅无助于鼓励交易,反而会促使潜在的受许人倾向于采取"搭便车"行为。②

---

① Gordon W J. Of harms and benefits: Torts, restitution, and intellectual property. The Journal of Legal Studies, 1992(2): 449-482.

② Gordon W J. Of harms and benefits: Torts, restitution, and intellectual property. The Journal of Legal Studies, 1992(2): 449-482.

本章小结

当专利权被侵害，权利人或多或少会受损害。即便权利人自己未实施专利且也未许可他人实施专利，侵害行为的发生仍然会贬损专利权的价值，对专利权人未来潜在的获益机会造成影响。尽管专利权人受到损害这一点不难证成，但这种损害未必能及时反映在权利人整体财产数额中且十分难以量化，传统的"差额说"以及实际损失补偿规则在专利侵权纠纷中陷入窘境。

作为实际损害补偿规则的替代，参照专利许可使用费、侵权行为所生利润确定赔偿额的规则受到了广泛的承认。受传统观念惯性的影响，立法、学说、实务常常试图将合理许可费赔偿与侵权利润赔偿嵌入损害补偿的框架，但既有尝试要么存在解释力不足的问题，要么实质上已经是从被害人获益的角度展开解读。

用来替代补偿性赔偿的规则本身未必是补偿性的，合理许可费赔偿、侵权利润赔偿的引入均指向了新型的、以不法获益为基础的侵权赔偿责任。戈登通过法经济分析为知识产权侵权不法获益责任的正当性提供了一些理论依据，不过其并未进一步探讨制度的具体构建与适用问题，遗留下不少疑问。当侵权人从知识产权客体获益时，妥适的责任范围究竟如何？是延及侵权人的全部获益、部分获益，还是智力成果使用利益的客观市场价格？不法获益责任构成要件是怎样的？当前实定法规定的按照合理许可费、侵权利润赔偿的规则是否合理？如果合理许可费、侵权利润赔偿均属于以被告不法获益为基础的责任，它们各自的具体理论基础是什么？它们与民法中既有的获益返还、剥夺制度处于何种关系？这些问题都有待进一步深入研究。

第四章　功能的参照:民法视角下的专利侵权不法获益责任

在民事法律制度体系中,已经存在按照被告获益确定义务或责任的规则。那么单独引入专利侵权不法获益责任是否还有意义?为与专利侵权合理许可费、侵权利润赔偿制度进行功能上的比较,本章讨论假如以民法来处理专利侵权人不法获益的问题,可以适用怎样的法律规则、发生何种法律效果。

第一节　专利侵权与不当得利

不当得利是民法上重要的法定之债,指无法律上根据受利益而致他人受损害者应负返还义务。① 《民法典》第一百二十二条规定:"因他人没有法律根据,取得不当利益,受损失的人有权请求其返还不当利益。"《民法典》第九百八十五条进一步规定:"得利人没有法律根据取得不当利益的,受损失的人可以请求得利人返还取得的利益,但是有下列情形之一的除外:(一)为履行道德义务进行的给付;(二)债务到期之前的清偿;(三)明知无给付义务而进行的债务清偿。"

与着眼于原告损害的传统侵权法不同,不当得利返还制度以被告的得利为中心。在获益型侵权纠纷中,往往有侵权责任与不当得利的

① 王泽鉴:《不当得利》,北京大学出版社 2015 年版,第 2 页。

竞合,不当得利制度可以发挥补充侵权责任法、强化权益保护的重要作用。然而尽管知识产权侵权属于典型的获益型侵权,不当得利制度在知识产权法领域未受重视,其可否适用、适用效果均尚存争议。[①]

一、专利权侵害型不当得利的成立要件

关于不当得利的构成,学说上有"统一说"和"非统一说"之争,前者认为不当得利有统一的基础,后者则区分给付不当得利和非给付不当得利,为不同类型的不当得利设置不同的构成标准。当前,尽管有学者主张《民法典》不当得利制度的解释适用应采取统一说,多数学者仍受德国法通说影响,认可非统一说。[②]

基于《民法典》第一百二十二条的规定,一般认为民法上不当得利的积极构成要件包括被告取得利益、原告受有损失、利益与损失之间存在因果关系、无法律上的根据。[③] 具体而言,首先,关于一方得利要件,一般认为其能否成立取决于当事人是否取得了具体的利益客体,而不要求总体财产数额的增加。[④] 例如,未经允许利用他人专利技术者已经取得智力成果的使用利益,无论其最终是盈利还是亏损,都不影响得利要件的满足。[⑤]

其次,关于一方受损要件,早期德国实务上认为,不当得利成立要

---

① 肯定可适用者,如李承亮:《侵权赔偿体现知识产权价值的民法原理》,载《法学研究》2022 年第 3 期;缪宇:《作为损害赔偿计算方式的合理许可使用费标准》,载《武汉大学学报(哲学社会科学版)》2019 年第 6 期。反对者,如张玲:《论专利侵权赔偿损失的归责原则》,载《中国法学》2012 年第 2 期。

② 采取统一说的见解,参见叶名怡:《不当得利法的希尔伯特问题》,载《中外法学》2022 年第 4 期。非统一说的见解,如崔建远,陈进:《债法总论》,法律出版社 2021 年版,第 334-335 页;黄薇主编:《中华人民共和国民法典释义(中)》,法律出版社 2020 年版,第 1791 页。

③ 刘言浩:《不当得利法的形成与展开》,法律出版社 2013 年版,第 225-228 页。

④ 陈自强:《民法典不当得利返还责任体系之展开》,载《法学研究》2021 年第 4 期。

⑤ 有观点认为,未经许可利用他人知识产权者侵犯了知识产权人的排他权,但没有因此直接取得不当得利,这忽视了智力成果的使用本身就是一种利益,参见张玲:《论专利侵权赔偿损失的归责原则》,载《中国法学》2012 年第 2 期。

求原被告之间存在实际的财富移转,使原告受有"差额说"意义上的损失。① 但当前通说认为,由于不当得利制度的功能在于矫正缺乏法律根据的利益流动而非补偿实际损失,其所关注的损失不同于侵权法意义上的、表现为财产差额的损失。② 就侵害型不当得利而言,主流见解采取奥地利学者威尔伯格(Wilburg)与冯·克莫雷尔(von Caemmerer)提出的"权益归属理论"。根据该理论,权益有一定专属于权利人的利益内容,如所有权的内容包括物之使用、收益、处分等,只要被告取得了法秩序中本应归属于原告的利益,就意味着有利益自原告向被告处流动,受损要件可得成立。③

最后,关于得利与受损间存在因果关系和得利没有法律根据的要件,其具体判定与不当得利类型有关。④ 一般认为,在认定侵害型不当得利时,可以径直以侵害的直接性代替因果关系分析⑤,即认为一方通过侵害另一方权益而取得利益就足以说明得利和受损间的因果关系⑥,而通过侵害行为取得本应归属于他人的利益者显然缺乏保有该利益的法律根据。

综上,依据"权益归属理论",侵害型不当得利的构成判定已经有清晰的标准,其能否成立取决于侵害人是否违反了权益归属内容、取得了本应归属于另一方的利益。因此,侵害专利权的行为是否能够引起不当得利之债,取决于专利权具有怎样的权益归属内容。

前文已经提到,专利权和所有权的构造存在差异,知识产权的权利构造不同于有体物所有权,并非全面支配权利客体的抽象权利,而是若干专属权能组成的"权利束"。在专利权的权能方面,《专利法》仅

---

① Krebs T. The fallacy of restitution for wrongs//Burrows A, Rodger A. Mapping the Law: Essays in Memory of Peter Birks. Oxford University Press, 2006: 380-399.

② 王泽鉴:《不当得利》,北京大学出版社 2015 年版,第 148 页。

③ 王泽鉴:《不当得利》,北京大学出版社 2015 年版,第 141 页。

④ 刘言浩:《不当得利法的形成与展开》,法律出版社 2013 年版,第 268-282 页。

⑤ 刘言浩:《不当得利法的形成与展开》,法律出版社 2013 年版,第 284 页。

⑥ 刘言浩:《不当得利法的形成与展开》,法律出版社 2013 年版,第 284 页。

规定了权利人享有一系列消极排他权能，即他人未经专利权人许可不得为生产经营目的制造、使用、许诺销售、销售、进口专利产品，这不同于《著作权法》明文赋予了著作权人以发表权、复制权、修改权、发行权等积极权能。

有学者认为，专利权仅为消极排他权而非积极"实施权"，权利人虽然有权排除他人实施发明的行为，但自己不享有实施发明的积极权利，由此法秩序是否将发明的使用利益归于专利权人独占、专利侵权是否将违反权益归属秩序而引起不当得利之债就存在疑问。[①] 但如前文已说明的，尽管专利权不保障积极实施权的见解在美国属于通说，但是该说所理解的"实施权"有其特定含义，是受霍菲尔德权利分析理论影响的产物。[②] 如果采取霍菲尔德的概念框架，我国民法赋予所有权人的"占有、使用、收益、处分"的权能也仅属于霍菲尔德所说的"特权"而非"权利"。从立法目的来看，无论是以积极使用抑或消极排他权能表述"权利束"，立法者的本意应当是令权利人独占专属权能覆盖范围内的智力成果使用利益。因此应当认为，未经许可且无其他合法根据而破坏这种独占性的行为将因违反权益归属内容引发不当得利之债，与未经允许利用他人之物的行为并无二致。既然我们认可物之使用利益属于所有权的权益归属内容，也没有理由仅因为专利权人不享有霍菲尔德权利概念意义上的"实施权"而认为专利权人无权独占发明的使用利益。因此，不当得利制度不仅在有形财产权侵害案件中可以作为侵权责任制度的补充，还可以适用于专利侵权纠纷，维护专利法确立的权益归属秩序。

比较法上，德国司法实践一度也认为不当得利制度难以适用于知识产权侵权，但其原因是当时主流见解认为不当得利"受损"要件以受

---

① 陈秉训：《论不当得利返还请求权作为专利侵权的不当补偿手段》，载《万国法律》2019年第2期。

② Mossoff A. Exclusion and exclusive use in patent law. Harvard Journal of Law and Technology，2009(2)：321-379.

损人整体财产的积极减少为前提。随着权益归属理论成为主流,德国法院已经认可了不当得利在知识产权侵害纠纷中的可适用性。[①]

二、专利权侵害型不当得利的法律效果

《民法典》于"准合同"部分细化了不当得利的法律效果。根据《民法典》第九百八十五条至第九百八十八条,侵害知识产权型不当得利具有下述效果。

(一)得利人有义务返还智力成果使用利益的客观价额

《民法典》第九百八十五条规定,得利人没有法律根据取得不当利益的,受损失的人可以请求得利人返还取得的利益。在返还内容方面,学说上曾有"客体取向说"和"财产取向说"之争,前者已经成为当前的通说,其认为返还利益为得利人所受领的利益客体,后者则着眼于得利人在得利前后财产状况的差额。[②] 未经许可使用专利者作为受益人,所受利益之原利益客体是专利发明之使用利益。由于智力成果的使用利益因其性质不能返还,侵害人应当返还其所取得的使用利益之价额。

价额偿还义务的认定标准有客观、主观标准的分歧,但通说采取客观价格标准[③],仅在客观标准得出的认定结果有失公平时例外采用主观标准[④]。有较大争议的是价格计算的准据时点,有观点主张,应以原利益不能返还时(也就是价额偿还义务成立时)的价格为准[⑤],有观点则认为,应当以不当得利请求权成立时的价格为准[⑥]。但准据时点

---

① 缪宇:《作为损害赔偿计算方式的合理许可使用费标准》,载《武汉大学学报(哲学社会科学版)》2019 年第 6 期。

② 陈自强:《民法典不当得利返还责任体系之展开》,载《法学研究》2021 年第 4 期。

③ 王泽鉴:《不当得利》,北京大学出版社 2015 年版,第 249 页。

④ 刘言浩:《不当得利法的形成与展开》,法律出版社 2013 年版,第 397 页。

⑤ 吴国喆:《〈民法典〉不当得利制度的返还规则续造》,载《法律科学(西北政法大学学报)》2023 年第 2 期。

⑥ 刘言浩:《不当得利法的形成与展开》,法律出版社 2013 年版,第 398 页。

之争对侵害知识产权型不当得利而言并无影响,智力成果使用利益自始不能返还,不当得利发生和价额偿还义务的成立并无时间差。

需加说明的是,侵权人所得的知识产权使用利益并非一次性取得,在价额认定时应当考虑侵害行为存续期间的价格波动。当然,为了节约纠纷解决成本,价额认定无须力求精确,但至少不应忽视大幅的价格涨跌。比如,假设在侵害型不当得利存续期间,新技术的发明使被侵害专利的市场许可费用锐减,这一事实应当反映在价额偿还义务的认定中。

(二)得利人无义务全面交出因侵害行为取得的利润

有一定争议的是,得利人利用原利益进一步取得的次生利益是否应当一并返还?《民法典》对此未作明确规定,而最高人民法院《关于贯彻执行〈中华人民共和国民法通则〉若干问题的意见〈试行〉》(已失效)第一百三十一条曾规定,"返还的不当得利,应当包括原物和原物所生的孳息,利用不当得利所取得的其他利益,扣除劳务管理费用后,应当予以收缴"。

学说上一般认为,除原利益客体外,"本于该利益更有所取得的利益"也应一并返还,其具体包括原物的用益、原利益的孳息以及原利益的代偿(如处分原利益所得的价金),但不包括得利人通过积极利用原利益而进一步取得的财产增值(利润)。[①] 这种解读值得赞同。与侵害行为存在事实上因果关系的利润中包含得利人自身人力、物力投入的产物,它们并非法秩序上本应归属受损人的内容。令得利人返还本应归属于受损人的财产使用利益就足以维护权益归属秩序,制裁不法行

---

① 王泽鉴:《不当得利》,北京大学出版社 2015 年版,第 252-255 页;史尚宽:《债法总论》,中国政法大学出版社 2000 年版,第 96 页;舍尔迈尔:《德国不当得利法当前存在的问题》,朱晓峰译,载《财经法学》2015 年第 2 期。

为是侵权法而非不当得利法的任务。[①]

在专利法语境下，侵害他人专利权而不当得利者应当返还专利使用利益的客观价额，但其返还义务不应涵盖通过实施专利而取得的全部收益。有学者认为，凡是使用他人知识产权所生的收益都"自然地形成知识产权价值的一部分"而应归属于知识产权人，因此均应构成不当得利。[②] 这一说法忽视了知识产权侵权所生收益不只是智力成果的贡献。

(三)得利丧失抗辩通常无法成立

得利人取得的利益，可能又因各种原因而嗣后丧失。为此，《民法典》第九百八十六条明文引入了得利丧失抗辩，明确规定"得利人不知道且不应当知道取得的利益没有法律根据，取得的利益已经不存在的，不承担返还该利益的义务"。之所以仅要求善意得利人返还现存义务，是为了维护善意得利人的合理信赖，确保其不至于因履行返还义务而处于比得利前更不利的状态。基于得利丧失抗辩的规范目的，应当根据得利人整体财产情况判断得利是否存在，而不是像认定不当得利成立与否时那样只着眼于特定的利益客体。[③] 因此即便原利益已不存在，只要原利益以替代利益的形式存在，或者得利人因消费原利益而有相应的费用节省，都应当认为得利依然存在。[④] 得利人是否发生费用节省的判断，以得利人是否受有"奢侈性之使用利益"为据：如果不当得利不发生，得利人即不会有取得该使用利益之计划，应认为

---

① 参见缪宇：《获利返还论——以〈侵权责任法〉第 20 条为中心》，载《法商研究》2017 年第 4 期。认为不当得利制度足以容纳利润剥夺功能的见解，参见叶名怡：《不当得利法的希尔伯特问题》，载《中外法学》2022 年第 4 期。但即便要将剥夺利润也作为不当得利之债的效果，势必要在不当得利制度内部进一步区分出较轻的返还性义务(仅旨在矫正没有法律根据的利益流动)和较重的剥夺责任(旨在完全剥夺侵权获利)，并通过设置合理的主观要件限定剥夺责任的适用。我国现行法难以为此种方案提供依据。

② 范晓波：《知识产权的价值与侵权损害赔偿》，知识产权出版社 2016 年版，第 110 页。

③ 陈自强：《民法典不当得利返还责任体系之展开》，载《法学研究》2021 年第 4 期。

④ 黄赤橙：《得利丧失抗辩研究——以〈民法典〉第 986 条为中心》，载《华东政法大学学报》2022 年第 6 期。

得利是奢侈性的，得利人并未节省费用。

侵害专利权者所取得的发明使用利益会以"许可费节省"的方式体现在得利人的整体财产上，且能够构成专利侵权的行为（即为一般经营之需要而"制造、使用、许诺销售、销售、进口专利产品，或者使用专利方法以及使用、许诺销售、销售、进口依照该专利方法直接获得的产品"）一般并无构成"奢侈性使用利益"之虞。因此，未经允许使用他人专利者，一般均有义务返还使用利益的价额，无从主张得利丧失抗辩。

受"合法来源抗辩"保护者是个例外。《专利法》第七十七条规定，为生产经营目的使用、许诺销售或者销售不知道是未经专利权人许可而制造并售出的专利侵权产品，能证明该产品合法来源的，不承担侵权责任。该条规定在专利法学领域也常被称为"善意侵权人责任"规则。学说上有观点认为，该条可以构成"善意侵权人"保有他人专利使用利益的法律上原因，因此能够援引该条规定的侵权人自始就不构成不当得利。[①] 这种解释方案能够避免"合法来源抗辩"被架空，在法政策上来看具有合理性，问题在于《专利法》第七十七条仅规定了侵权责任的豁免，难以直接成为侵害人保有得利的法律上的原因。更妥当的解释路径是，"合法来源抗辩"的适用主体虽然违反权益归属内容取得了本应由权利人独占的使用利益，但在取得侵权产品时已经支出对价且该对价与不当得利存在因果关系，应当有权主张得利丧失抗辩。如此解释合乎不当得利制度法理，也不致架空"合法来源抗辩"规则。

（四）恶意得利人应负损害赔偿责任

《民法典》第九百八十七条加重恶意得利人的责任，规定知道或者应当知道取得的利益没有法律根据者不仅应返还不当得利，还应依法

---

① 乐耀：《论专利善意侵权案件中不当得利制度的不可适用性——兼评〈专利法〉第 70 条》，载《金陵法律评论》2017 年第 1 期。

赔偿受害人的损失。因此,专利权人除了可以请求故意或过失侵害其专利权者返还不当得利,还可就其所受的损失主张赔偿。

第二节　专利侵权与不法管理

在《民法典》颁布前,我国的无因管理制度比较简陋,仅在《中华人民共和国民法通则》第九十三条、《中华人民共和国民法总则》第一百二十一条作了原则性的规定,而《民法典》"准合同分编"大大细化了无因管理制度。

《民法典》第九百七十九条第一款规定了无因管理之债的构成要件和法律效果,规定:"管理人没有法定的或者约定的义务,为避免他人利益受损失而管理他人事务的,可以请求受益人偿还因管理事务而支出的必要费用;管理人因管理事务受到损失的,可以请求受益人给予适当补偿。"无因管理制度旨在平衡"禁止干预他人事务"与"奖励互帮互助"这两项价值。

要构成无因管理,管理人须有为他人管理事务的意思,且管理行为不违反本人实际或可推知的意思。[1] 明知是他人事务而当作自己事务进行管理的行为,缺乏为他人管理事务的意思,不能构成无因管理,仅能构成学理上所称的"不法管理"。[2] 不法管理的本质并非无因管理,而是缺乏正当权限却干预他人事务的侵权行为。[3] 比较法上,德国民法认可受益人可以要求不法管理人移交管理利益,从而起到剥夺不法管理行为所生利润、威慑故意侵权行为的效果。[4]

构成不法管理的前提是存在"事务管理"行为,并非所有故意违法

---

① 黄茂荣:《债法通则之四:无因管理与不当得利》,厦门大学出版社2014年版,第1-4页。
② 缪宇:《获利返还论——以〈侵权责任法〉第20条为中心》,载《法商研究》2017年第4期。
③ 金可可:《〈民法典〉无因管理规定的解释论方案》,载《法学》2020年第8期。
④ 金可可:《〈民法典〉无因管理规定的解释论方案》,载《法学》2020年第8期。

行为都涉及事务管理。例如,在一则案件中,被告先将停车场租给原告,继而又租给第三人,由于原被告合同约定原告不能转租,法院认为被告再次出租并非管理"原告的事务",因此不适用不法管理的规定。尽管"事务管理"的概念会限制不法管理的适用范围,明知他人享有发明的专利权但仍擅自实施者,应当可以构成明知他人事务而进行管理的不法管理行为,专利权人可以基于不法管理规则剥夺侵权所生利润。[①]

对于《民法典》是否已经规定了不法管理制度,在学说和实务中仍然存在较大争议。《民法典》第九百八十条规定:"管理人管理事务不属于前条规定的情形,但是受益人享有管理利益的,受益人应当在其获得的利益范围内向管理人承担前条第一款规定的义务。"该条能否规范不法管理,取决于"不属于前条规定的情形"这一规范表述的解释,在学说上存在多种不同理解。[②]

鉴于《民法典》第九百八十条的表述较为宽泛,其在文义上应当能够涵盖不法管理,因此能作为受益人请求不法管理人移交管理利益的依据。[③] 我国学说上也确有观点认为,知识产权法体系中的侵权利润赔偿本质上正是不法管理制度,其目的是通过剥夺收益使侵权行为无利可图,从而实现预防侵权和救济损害的双重目的。[④] 不过,也有观点不赞成通过不法管理规则制裁违法行为,认为此种规范模式不仅将令无因管理制度"工具化"、模糊无因管理的规范重心,还将引起"事务管

---

　　①　Gordon W J. Of harms and benefits: Torts, restitution, and intellectual property. The Journal of Legal Studies, 1992(2): 449-482.

　　②　参见杨耀天:《论不适法无因管理的适用——以〈民法典〉第 980 条为中心》,载《法律适用》2022 年第 8 期。认为该条并不规范不法管理的观点,参见杨鸿雁:《论我国民法典无因管理的规范模式》,载《法商研究》2023 年第 4 期。

　　③　金可可:《〈民法典〉无因管理规定的解释论方案》,载《法学》2020 年第 8 期。

　　④　岳业鹏:《论人格权财产利益的法律保护——以〈侵权责任法〉第 20 条为中心》,载《法学家》2018 年第 3 期;张鹏:《专利侵权损害赔偿制度研究——基本原理与法律适用》,知识产权出版社2017 年版,第 240-242 页。

理"范围界定的难题。①

　　值得注意的是,不法管理和侵权利润赔偿虽然都能够成为令被告交出得利的依据,但二者的构成要件和具体法律效果存在差异。在责任构成方面,通说认为,不法管理的构成应以管理人故意为要件,然而《专利法》第七十一条的规定并没有将侵权人故意侵权作为适用侵权利润赔偿的前提。在法律效果方面,按照《民法典》第九百八十条的规定,如果本人主张享有管理利益的,应当在得利范围内,根据《民法典》第九百七十九条第一款的规定负担偿还必要管理费用和补偿管理人所受损害的义务。包括《专利法》第七十一条在内,侵权利润赔偿规则未就侵权人为实施侵权行为所支出的费用承担作出明确规定。

　　鉴于侵权利润赔偿成立门槛相对更低,虽然故意侵害专利权的行为可能有构成不法管理的余地,权利人仍然会优先基于《专利法》第七十一条提出主张。在德国司法实践中的情况也是类似:尽管德国实务上一般认为侵害他人知识产权的行为可以构成不法管理行为,但其知识产权法允许将侵权利润赔偿适用于过失侵权,因此不法管理制度在知识产权侵权纠纷中不受重视。②

本章小结

　　《民法典》规定的不当得利和不法管理这两项着眼于行为人所得利益的制度,理论上可以适用于专利侵权。未经允许实施他人专利发明者,无论是否具有过错,均在没有法律根据的情况下取得了本应归属于专利权人的专利使用利益,应当返还使用利益的客观价额。除非其能满足主张"合法来源抗辩"的要求,否则得利人一般无从主张所得

---

　　①　张家勇:《基于得利的侵权损害赔偿之规范再造》,载《法学》2019年第2期。
　　②　Helms T. Disgorgement of profits in German law//Hondius E, Janssen A. Disgorgement of Profits: Gain-based Remedies throughout the World. Switzerland: Springer, 2015: 219-231.

利益不存在。若专利权人存在主观故意,权利人可以基于《民法典》第九百八十条的规定请求管理人移交管理利益。

　　在现行专利侵权责任制度已规定侵权利润赔偿与合理许可费赔偿的背景下,在我国司法实践中,鲜有专利权人提起不当得利或不法管理之诉。在制度建构层面,有必要厘清的是,既然侵害专利权者可以构成不当得利,应当返还专利使用利益的客观价额即专利的许可使用费,民法中的不当得利制度与当前各国专利法立法例中普遍存在的合理许可费制度处于何种关系? 如果《专利法》第七十一条侵权利润赔偿的理论基础确实与不法管理制度一致,侵权利润赔偿与《民法典》第九百八十条又处于何种关系? 如何解释专利侵权利润赔偿未以侵害人故意为要件?[①] 这些问题留待后文进一步展开。

---

　　① 主张侵权获益赔偿理论基础在于不法管理规则的学者,往往主张侵权获益赔偿仅能适用于加害人故意的情形。例如岳业鹏:《论人格权财产利益的法律保护——以〈侵权责任法〉第 20 条为中心》,《法学家》2018 年第 3 期。

第五章　镜鉴的对象:英美法中的不法获益责任制度概说

在英美法系国家,完全赔偿原则也为判例法所强调[①],不过在不少判决中,法院并没有坚持传统,而允许根据被告所得确定赔偿责任。从英美普通法的发展历程看,其认可的不法获益责任常常按照许可费与侵权所生利润确定,与当前大部分国家的专利侵权赔偿责任制度吻合。本章回溯不法获益责任在英美法中的缘起,梳理其诉因与类型,以期呈现不法获益责任的基本面貌,并通过镜鉴英美司法实践和学说界定"实际不法获益""返还""剥夺"等核心概念的内涵。

第一节　不法获益责任制度的产生与背景

一、英美法中的相关诉讼形式

英美法系国家曾经采取令状制度,强调当事人必须采取正确的诉讼形式,否则会导致败诉。传统上能够支持原告取得被告所获利益的诉讼形式包括多种类型。

一是账目之诉(account of profits)。账目之诉旨在令被告交出其

---

① Stoke-on-Trent City Council v. Wand J Wass Ltd [1988] 1 WLR 1406,1410 (Nourse LJ); Ministry of Defence v. Ashman [1993] 2 EGLR 102,105.

账目,从而确定并责令被告交出通过不法行为取得的利润。① 账目之诉最初源自普通法,但主要发展自衡平法②,往往适用于衡平义务的违反,如受托义务的违反、保密义务的违反,但也可以适用于侵害知识产权的行为。关于账目之诉所确定责任的性质和原理,加拿大最高法院认为,账目之诉旨在主张损害赔偿责任③,英国上议院(House of Lords)则认为,账目之诉立足于"没有人应被允许从其自己的不法行为中获利之原则"。④

二是返还金钱之利的诉讼(money had and received)。返还金钱之利的诉讼,起初源自普通法上的债务人承诺偿还或履行之诉(indebitatus assumpsit),是指当原告因重大误解、被胁迫或其他原因而并非基于真实意思向被告支付金钱,或被告从第三人处得到本应向原告支付的金钱时,原告可向被告主张返还金钱之利的诉讼。⑤ 如果被告对原告实施了不法行为而得到来自原告的金钱,返还金钱之利也可以作为对不法行为的救济。⑥

三是合理酬金之诉(the quantum meruit)。这种诉讼形式被用来主张已给付商品或者服务的酬金,但不仅适用于合同案件。例如,当被告为了紧急避险而未经允许使用了原告财产,原告可以通过合理酬金之诉主张财产使用的合理价额。⑦

---

① Birks P. The Foundations of Unjust Enrichment: Six Centennial Lectures. Wellington: Victoria University Press, 2012: 32; Virgo G. Principles of the Law of Restitution. Oxford: Oxford University Press, 2015: 424.

② Hondius E, Janssen A. qriginal questionnaire//Hondius E, Janssen A. Disgorgement of Profits: Gain-based Remedies throughout the World. Switzerland: Springer, 2015: 3-10.

③ Canadian Aero Service v. O'Malley (1973) 40 DLR (3d) 371 (SCC) 392.

④ 账目之诉在英国法中的情况,参见 Jaffey P. The Nature and Scope of Restitution. Oxford: Hart Publishing, 2000: 5。澳大利亚法的账目之诉,参见 Barnet K. Disgorgement of profits in Australian private law//Hondius E, Janssen A. Disgorgement of Profits: Gain-based Remedies throughout the World. Switzerland: Springer, 2015: 13-28。

⑤ Jaffey P. The Nature and Scope of Restitution. Oxford: Hart Publishing, 2000: 4.

⑥ Virgo G. Principles of the Law of Restitution. Oxford: Oxford University Press, 2015: 424.

⑦ Jaffey P. The Nature and Scope of Restitution. Oxford: Hart Publishing, 2000: 4.

　　四是推定信托(constructive trust)。推定信托源自衡平法,是与账目之诉相似的一种物权性、财产性救济,可以令原告取得被告所获的全部不法获益。推定信托作为财产利益优于一般债权,因此法院在适用推定信托时会考虑第三人的利益情况。①

　　五是侵权之诉的放弃(waivor of tort)。在侵权案件中,英美法传统也以权利人的损害为基础确定赔偿责任,认为侵权案件中的受害人若有意主张取得被告的不法获益,应当提起"放弃侵权之诉",从而在当事人之间拟制出"准合同"(quasi-contract)关系,将被告不法获益的返还或者剥夺视为准合同的履行。②

　　尽管诉讼形式多种多样,英美法上按被告不法获益确定的责任大致可分为按照使用费确定和按照不法行为所生利润确定这两个类目。例如,被告取得的原利益是一笔金钱,英国上议院会区分直接取得的金钱使用利益以及被告通过投资进一步取得的次生利益,认为仅后者应当通过账目之诉主张。③ 这与专利法的合理许可费、侵权利润赔偿之分是相当契合的。

　　不当得利与返还法在英美法系发展较晚,但在近几十年相当活跃,学说和实务试图为前述名目多样的诉讼形式寻求一套统一的法律规范。④ 仅英国法院"解冻"返还法后不到十年,不当得利和返还法制度在英国经历了其他制度可能要一个世纪才会发生的变革⑤,在美国也有《第三次返还与不当得利法重述》问世。

　　目前,英美法背景下的多数见解认为,不当得利构成要件包括被

---

　　① Barnet K. Disgorgement of profits in Australian private law//Hondius E, Janssen A. Disgorgement of Profits: Gain-based Remedies throughout the World. Switzerland: Springer, 2015: 13-28.

　　② Jaffey P. The Nature and Scope of Restitution. Oxford: Hart Publishing, 2000: 4.

　　③ Sempra Metals Ltd v. HMRC, [2008] 1 AC 561.

　　④ 李语湘:《比较法视角下英美返还法的结构与功能研究》,中国政法大学出版社2015年版,第26页;Laycock D. Scope and significance of restitution. Texas Law Review, 1988(5): 1277-1293.

　　⑤ Dannemann G. The German Law of Unjustified Enrichment and Restitution. Oxford: Oxford University Press, 2009: 167.

告得利、得利存在不正当事由①、被告得利以牺牲原告利益为代价、无可阻却不当得利成立的抗辩。② 由于"以牺牲原告利益为代价"要件要求原本归属于原告的利益向被告流动，不当得利在英美法也常被称为减除不当得利（subtractive unjust enrichment）。

在英美不当得利和返还法领域，有一关键问题未有定论：除了不当得利返还，是否还应当承认作为不法行为法律效果的不法获益责任制度？持否定说者认为，不法行为所生获益的返还问题也应由不当得利制度处理③，但主流见解采取了肯定说④，指向了"不法获益责任"与"不当得利返还"的区分。在司法实践中，也已经存在许多在侵权之诉中按照不法获益确定侵权赔偿责任的判决。"不法获益责任"概念的引入，意味着突破完全赔偿原则，打破传统赔偿责任以填平实际损失为中心的格局。

二、"不法获益"与"不当得利"区分论

如前所述，由于传统见解认为，被侵权人只能通过侵权之诉主张实际损失的补偿，希望按照侵权人获益确定责任者，被要求提起"侵权之诉的放弃"。但是在令状制度被废除、准合同理论走向衰落后，英国法院认为，不能望文生义地认为"侵权之诉的放弃"是权利人放弃主张

---

① 但也有主张借鉴大陆法民法经验而采无法律上根据路径者，比如加拿大有判决采取无法律上原因的路径，参见 Pettkus v. Becker (1980), 117 D. L. R. (3d) 257。

② Birks P. An Introduction to the Law of Restitution. Oxford: Clarendon Press, 1989:21.

③ Goff R, Jones G. The Law of Restitution. 5th ed. London: Sweet & Maxwell, 1998: 709; Burrows A. Quadrating restitution and unjust enrichment: A matter of principle. Restitution Law Review, 2000(3): 257-269.

④ Birks P. The Foundations of Unjust Enrichment: Six Centennial Lectures. Wellington: Victoria University Press, 2012: 25-41; Sheehan D. Subtractive and wrongful enrichment: Identifying gain in the law of restitution//Rickett C E. Justifying Private Law Remedies. Oxford: Hart Publishing, 2008: 330-362; Farnsworth E A. Your loss or my gain? The dilemma of the disgorgement principle in breach of contract. The Yale Law Journal, 1985(6): 1339-1393.

侵权责任,进而主张"侵权之诉的放弃"的本质恰恰是侵权之诉。① 这种见解促使侵权纠纷相关判例突破传统,发展出了"返还性的侵权赔偿责任"。

1941 年的"澳大利亚联合有限公司诉巴克莱银行有限公司案"(United Australia Ltd v. Barclays Bank Ltd)判决被认为是英美法认可返还性侵权赔偿责任的开端。该案中,原告的一名职员欺诈性地把原本支付给原告的支票背书给了与自己有关联的一家公司,后者将支票存入一家银行。起初原告向取得支票的公司提起返还金钱之利的诉讼,但因该公司破产,原告转而以银行为被告提起侵占之诉。银行主张,既然原告之前已基于"侵权之诉的放弃"规则提出过返还之诉,原告已经放弃了基于侵权事实的权利,不得再出尔反尔地提起侵占之诉。法院对此抗辩未予支持,认为原告主张侵权责任的权利不会因"侵权之诉的放弃"而消灭。

阿特金斯(Atkins)法官认为,传统上在当事人之间拟制"准合同"的做法是僵化令状制度的产物,"在如今不应再允许其影响实际权利……当过去的余魂阻挡着正义的路途,中世纪的锁链叮当作响,法官不应因此却步"②。但若准合同被排除,被告原本向取得支票的公司主张返还的权利基础是什么? 对此,西蒙(Simon)法官认为,侵权事实就是原告主张返还的基础,不应将"侵权之诉的放弃"理解为原告同意今后将案件事实视为侵权从未发生:"返还之诉之所以成立,是因为被告取得利益是违法的,继而产生了返还义务……其实质是基于特定事实,原告可以选择主张金钱损害赔偿,也可以选择以返还途径解决,主张其本应有权取得但为被告所不法取得的金钱。基于同一事实,原告可在不同的救济方式中选择,只是原告必须在诉讼的某个时期作出选

---

① Birks P. An Introduction to the Law of Restitution. Oxford: Clarendon Press, 1989: 314; Burrows A. The Law of Restitution. 3rd ed. Oxford: Oxford University Press, 2011: 381.

② United Australia Ltd v. Barclays Bank Ltd, [1941] AC 1.

择。"①可见，西蒙法官认为，侵权行为可以引起返还性的赔偿责任，而侵权受害人在主张利得返还与损失补偿之间的选择并不是在不同诉因之间跳跃，而只是在侵权的不同赔偿方式间选择。在"澳大利亚联合有限公司诉巴克莱银行有限公司案"后，"侵权之诉的放弃"就常常被解读为基于侵权的返还性责任。② 丹宁勋爵（Lord Denning）和霍夫曼勋爵（Lord Hoffmann）都曾在判决中明确采用"返还性赔偿"这个说法。③

学说中，英国不当得利与返还法研究的先驱伯克斯（Birks）认为，有必要在承认"减除不当得利"以外单独认可作为不法行为法律效果的返还性赔偿责任（restitution for wrongs）。④ 英国不当得利和返还法权威教科书也认为，"放弃侵权之诉"根本是一个误称，其实质上就属于侵权之诉，无非其赔偿方式不同于传统，是以侵权人所获利益为基础而已。⑤

伯克斯区分不当得利与不法获益的主张应置于英美法语境下考察。在英美法中，被告取得利益存在不正当事由（unjust factor）被认为是不当得利的构成要件之一。⑥ 伯克斯认为，尽管通过不法行为取得利益可以被理解为是"不当"的，但若是将不法性（wrongfulness）作为不正当事由之一，就会导致任何因为违法行为而取得的利益一概构

---

① United Australia Ltd v. Barclays Bank Ltd, ［1941］AC 1.

② Chesworth v. Farrar,［1967］1 QB 407. 该案中，戴维斯（Davies）法官提出："被侵权人有时可以选择赔偿方式，不过各种赔偿方式都以侵权成立为前提。被侵权人既可以主张侵权损害赔偿，也可以放弃侵权之诉而以准合同的方式来主张被告的获益。"

③ Strand Electric and Engineering Co Ltd v. Brisford Entertainments Ltd,［1952］2 QB 246；Ministry of Defence v. Ashman,［1993］2 EGLR 102.

④ 伯克斯一度认为不法获益责任即不当得利返还，但后来改变了立场，参见 Birks P. The Foundations of Unjust Enrichment：Six Centennial Lectures. Wellington：Victoria University Press，2012：25-41. 刘言浩将伯克斯理论中的"不法获益"译为"权益侵害不当得利"，参见刘言浩：《不当得利法的形成与展开》，法律出版社 2013 年版，第 259 页。这一译法或许是基于伯克斯的早期著作。

⑤ Goff R, Jones G. The Law of Restitution. 5th ed. London：Sweet & Maxwell, 1998：775.

⑥ Birks P. Unjust Enrichment. 2nd ed. Oxford：Clarendon Press, 2005：xiii.

成不当得利,使不当得利成立范围过宽。① 因此,有必要将不法行为从不当事由中分离出去,使法院可以在侵权、违约、违反信托义务等具体类型的纠纷中建构限制适用不法获益责任的判例规则。在伯克斯的框架下,不当得利被称为"独立不当得利"(autonomous unjust enrichment),以体现不当得利之"不当"无需依存于被告行为的不法性。② 伯克斯否认不法获益和不当得利的并存是叠床架屋,提出"存在着一个与'奥卡姆剃刀'相反的原则,尽管我不知道其名称该是什么——该原则是说,尽管如无必要勿增实体,实体若是太少也是行不通的"③。

尽管伯克斯强调不当得利与不法获益的区分,其也认可不当得利和不法获益可能出现竞合的现象。具体而言,其认为如果被告通过不法行为获得利益,但在不考虑其行为不法性的情况下仍能认定其获益存在不正当事由,原告也可选择基于不当得利制度主张返还。这种现象被伯克斯称为"替代分析"(alternative analysis)。④ 譬如,假如被告通过欺诈性的虚假陈述骗取了原告的财产,欺诈这一不法行为可能令被告获益成为不法获益,而原告陷于重大误解这一不正当事由又能令被告获益构成不当得利。

伯克斯的不当得利与不法获益区分论在英美法的学说和实务中得到了广泛认可,英国上议院⑤与加拿大最高法院⑥都曾在判决中区

---

① Birks P. The Foundations of Unjust Enrichment: Six Centennial Lectures. Wellington: Victoria University Press, 2012:25-41.

② 为统合可以引起不法获益责任的不法行为类型,伯克斯曾尝试将不法行为分为"反获益/反损害"型两类,但后来其承认前述区分并无一般性标准,提出只能基于各类不法行为的具体情况具体分析。参见 Birks P. An Introduction to the Law of Restitution. Oxford: Clarendon Press, 1989: 328;Birks P. Unjust Enrichment. 2nd ed. Oxford: Clarendon Press, 2005: 74; Birks P. The Foundations of Unjust Enrichment: Six Centennial Lectures. Wellington: Victoria University Press, 2012:25-41。

③ Birks P. An Introduction to the Law of Restitution. Oxford: Clarendon Press, 1989: 21.

④ Birks P. The Foundations of Unjust Enrichment: Six Centennial Lectures. Wellington: Victoria University Press, 2012:25-41.

⑤ 参见 Sempra Metals Ltd v. HMRC [2008] 1 AC 561。

⑥ 参见 Kingstreet Investments Ltd v. New Brunswick [2007] SCC 1。

分了不当得利的返还与不法获益的返还。在学者间，伯克斯的区分说也深具影响力。[①] 由此，在英美法中不法行为与不当得利的法律效果体系如表 5-1 所示。

表 5-1　英美法中不法行为与不当得利的法律效果体系

法律效果	不法行为	不当得利
返还	√	√
补偿	√	×
惩罚	√	×

上述体系，明显不同于民法现状（见表 5-2）。

表 5-2　民法侵权行为与不当得利的法律效果体系

法律效果	侵权行为	不当得利
返还	×	√
补偿	√	×
惩罚	×	×

诚然，认为任何不法行为都可引起不当得利会令不当得利成立范围过宽，但如果参酌大陆法系民法的经验，引入类似权益归属说的思路以限定侵害型不当得利的范围，伯克斯的担忧是不必要的。在英美法背景下也不乏反对"不当得利返还"与"不法获益返还"区分论的意见。英国损害赔偿法权威学者麦格雷戈（McGregor）就不赞成引入返还性赔偿制度，坚持侵权行为人承担的赔偿责任不应脱离权利人的损

---

① Smith L D. The province of the law of restitution. Canadian Bar Review, 1992(4)：672-700；Edelman J. Gain-based Damages: Contract, Tort, Equity and Intellectual Property. Oxford: Hart Publishing, 2002：36-40.

害。① 伯罗斯（Burrows）认为，鉴于不法行为获益责任与不当得利返还构成要件的相似性，前者多出的"不法性"因素无实质作用。② 伯克斯的学生克雷布（Kreb）认为，如果某种利益本应归属于原告，该利益就足以构成不当得利，没有必要在此认可基于行为不法性的"替代分析"。③ 基于这种见解，其认为，尽管前引"澳大利亚联合有限公司诉巴克莱银行有限公司案"常被看作是英国法院认可"侵权的返还性救济"的例证，但该案原本应属于不当得利返还案件。伯克斯的另一名弟子吉利奥则注意到，尽管西蒙法官在"澳大利亚联合有限公司诉巴克莱银行有限公司案"的判决中明确提到了"侵权的返还性救济"，其也明确提到了原告可主张的是"其本应有权取得但为被告所取得"的利益，而这部分利益就对应被告的不当得利，只不过当时普通法下不当得利制度还不成熟，西蒙法官才未能适用之。④ 比特森（Beatson）也认为，尽管法院有时似乎在侵权之诉中判决返还，实际上其判决的基础并不基于行为的不法性，因此这些案件中的返还责任本质上不属于侵权责任。⑤ 这种观点在实务中也有支持者，如吉布森（Gibson）法官就曾在判决中提出"侵权之诉的放弃"应理解为不当得利返还之诉。⑥

　　尽管有上述反对意见，但强调不法获益责任不能为不当得利法吸

----

① McGregor H. Restitutionary damages//Birks P. Wrongs and Remedies in Twenty-first Century. Oxford：Oxford University Press,1996：203-216.但伯克斯和埃德尔曼认为，惩罚性赔偿和名义性赔偿都可被称为赔偿，足以说明损害赔偿未必是以损失补偿为目的的，参见 Birks P. The Foundations of Unjust Enrichment：Six Centennial Lectures. Wellington：Victoria University Press, 2012：33；Edelman J. Gain-based damages and compensation//Burrows A, Rodger A. Mapping the Law：Essays in Memory of Peter Birks. Oxford University Press, 2006：141-160。

② Burrows A. The Law of Restitution. 3rd ed. Oxford：Oxford University Press, 2011：621-635.

③ Krebs T. The fallacy of restitution for wrongs//Burrows A, Rodger A. Mapping the Law：Essays in Memory of Peter Birks. Oxford University Press, 2006：380-399.

④ Giglio F. The Foundations of Restitution for Wrongs. Oxford：Hart Publishing, 2007：58-60.

⑤ Beatson J. The Use and Abuse of Unjust Enrichment. Oxford：Clarendon Press,1991：208.

⑥ Halifax Building Society v. Thomas, [1996] Ch 217, 227.

收的观念仍然在英美法中流行①,"返还性赔偿""以获益为基础的赔偿"的提法得到了广泛认可②。埃德尔曼从责任范围、制度功能的角度为不法获益、不当得利区分论辩护。他认为,鉴于不当得利属于"非义务违反"(non-wrong)③,不当得利返还规则不应承担任何预防义务违反的功能,其目的仅限于矫正不当利益的移转;而不法行为有被预防的必要,故以不法获益为基础的责任无需以原被告间存在利益移转为前提,其数额也不受利益移转数额的限制。埃德尔曼担忧,认可"不法行为引起的不当得利"这一概念会模糊前述分野,造成法院的混淆。④加拿大学者麦金尼斯(McInnes)也持类似见解,认为有必要区分"不法行为所生不当得利"和一般的不当得利,前者不需要满足被告得利损及原告的要件,可以延伸至原本不属于原告的利益,如第三人向被告提供的贿赂金等。⑤

　　基于不法获益和不当得利的区分论,不法获益责任制度在英美法中取得了独立发展的空间。即便在不当得利制度适用范围上反对伯克斯的意见者,仍然可能支持建立不法获益责任制度,主张在不能构成不当得利的场合适用不法获益责任。⑥ 无论英美法认可"不法获益责任"的做法是否值得被效仿,相关司法实践和学说的探索至少有着

---

① Watterson S. Gain-based remedies for civil wrongs in England and Wales//Hondius E, Janssen A. Disgorgement of Profits: Gain-based Remedies throughout the World. Switzerland: Springer, 2015: 29-69.

② 例如,Ministry of Defence v. Ashman [1993] 2 EGLR 102; Attorney General v. Blake [2001] 1 AC 268, 291。即便是认为不当得利可以涵盖不法获益的伯罗斯也认为,不法获益返还的诉因应该是侵权而不是不当得利,参见 Burrows A. The Law of Restitution. 3rd ed. Oxford: Oxford University Press, 2011: 12。

③ Edelman J. Gain-based Damages: Contract, Tort, Equity and Intellectual Property. Oxford: Hart Publishing, 2002: 38.

④ Edelman J. Gain-based Damages: Contract, Tort, Equity and Intellectual Property. Oxford: Hart Publishing, 2002: 38.

⑤ McInnes M. Gain, loss and the user principle. Restitution Law Review, 2006(14): 76-92.

⑥ 譬如贾菲(Jaffey)认为,真正的不法获益责任制度旨在"准惩罚性"地剥夺不法行为所生利润,不以原告受损为前提,参见 Jaffey P. The Nature and Scope of Restitution. Oxford: Hart Publishing, 2000: 364-365。

"试验田"的价值,测试着一个独立于不当得利法的不法获益责任制度可能呈现怎样的面貌、实现怎样的功能。

第二节　"返还"与"剥夺"责任的二分

不同于权利人实际损失的认定至少有"差额说"作为通常的标准,不法获益责任中的"获益"何指还十分模糊。例如,在未经允许使用他人财产的案件中,侵权人的不法获益究竟指利用财产的使用利益,还是利用财产进一步取得的全部或部分销售额、全部或部分的净利润;不法获益责任应当按照何种标准确定,各类不法获益责任之间的关系是什么,都还存在讨论的余地。尼科尔斯法官认为,普通法上按财产许可使用费确定的赔偿和衡平法账目之诉中按照侵权人所获利润确定的赔偿并无本质区别,二者的诉讼形式之别无非是"历史的偶然"。① 在具体考察各类不法获益责任的规则前,有必要先就各类不法获益责任的类型和概念加以界定。

一、"实际不法获益"的界定:作为"差额说"镜像的"增量法"

谈及不法获益责任时,论者常常会提到行为人取得的"实际获益"或"实际利润"等概念②,但是不同论者却未必指向同一对象。目前,专门针对不法获益概念界定的讨论很少。③ 为确保交流的顺畅,有必要首先厘清"实际不法获益"的概念。

---

① Attorney General v. Blake, [2001] 1 AC 268.

② Edelman J. The measure of restitution and the future of restitutionary damages. Restitution Law Review, 2010(18): 1-13.

③ Gilboa M. Linking gains to wrongs. Canadian Journal of Law & Jurisprudence, 2022(2): 365-383.

　　"实际获益"在法律上的定义是人为赋予的,因此没有绝对正确的界定方式。但为了与既有法律概念体系相衔接,更为妥当的界定方式应是适用因果关系理论,将行为人的"实际不法获益"界定为与不法行为存在因果关系的那部分利益,从而令加害人的"实际获益"与受害人的"实际损失"这两个概念处于完全对称的关系:在确定与权利侵害存在事实上因果关系的损失时,通常采用"若无……则不"(but for)测试,考察"若无侵害事故的发生,权利人本不会受到何种损失";相应地,在确定实际不法获益时也应当采取"若无……则不"测试的思路,考察"若无侵害事故发生,侵害人本不会得到何种利益"。①

　　在技术层面,如何确定与侵权行为存在因果关系的那部分利润是一个难题。② 但仅就理论而言,认定权利人因侵权所遭受的实际损失和侵权人因侵权所获的实际利益在基本原理上应无不同,无非是考察对象有别。传统上,认定侵权所致实际损失的基本方法是应用"差额说",即比较权利人"在侵权发生后所处的利益状况"与"侵权不发生时本应所处利益状况"之差额;同理,本着将侵权行为人利益状况恢复原状的原则,与侵权存在因果关系的那部分利润应等于"侵害行为发生后被告所处利益状况"相较"侵害不发生时被告本应所处利益状况"之增量。③

　　落实到具体操作中,"增量法"首先要求法院假想一个"假如案涉侵权行为不发生,则侵权人本应处于何种利益状况"的世界。以专利侵权为例,假如侵权不发生,行为人未必会选择直接退出市场,而可能

---

① Eisenberg M A. The disgorgement interest in contract law. Michigan Law Review, 2006 (3): 559-602.

② 徐小奔:《知识产权损害赔偿计算中的法律解释问题》,湖北人民出版社 2019 年版,第 87-88 页。

③ Cotter T F. Comparative Patent Remedies: A Legal and Economic Analysis. New York: Oxford University Press, 2013: 197; Gilboa M. Linking gains to wrongs. Canadian Journal of Law & Jurisprudence, 2022(2): 365-383; Samuelson P, Golden J M, Gergen M P. Recalibrating the disgorgement remedy in intellectual property cases. Boston University Law Review, 2020(6): 1999-2083.

会诉诸其在市面上可获取的合法替代技术。值得注意的是,在"增量法"考虑合法替代方案是为了确定被告利益状况的"原状",而并非仅指足以令被告达至其利益"现状"的合法替代方案。例如,在一则英国的案件中,一名军官帮助掩护了违法物品的运输,由此获得了一笔贿赂金。① 由于该贿赂金的收取是完全违法的,所以该名军官不会有收取贿赂金的合法替代方案,故此时应考虑的"合法替代方案"就是不收取贿赂,换言之军官利益的应有状况是不收取贿赂,而其实际不法获益就是整笔贿赂金。

此外,正如认定实际损害时需要考虑事实上的因果关系和法律上的因果关系,在认定实际不法获益时也有必要引入政策面的考量,考虑规范层面的因果关系。美国《第三次不当得利与返还法重述》认为,在确定被告的所获利益时,应当考虑被告的可责性、被保护利益的重要性、原告是否可得其他救济等因素。② 这种做法将事实上和规范上的因素糅合起来考虑,容易导致思路上的混淆,因此格根(Gergen)提出了一种更为妥当的操作方法:第一步分析被告如不从事不法行为则本应处于的利益状况,此步骤中"应有状况"的认定带有假设性和不确定性,允许引入政策因素、公平价值等规范层面的考量;第二步,一旦确定"应有状况"以后就严格按照事实上的因果关系规则,以将被告利益恢复至应有状况为原则确定责任范围。③

尽管"增量法"与用于计算实际损失的"差额说"存在镜像关系,然而前者却不像后者那样得到了普遍的认可。与不法行为存在因果关系的利益应如何认定在实务学说中引起了很大争议。美国《第二次合

---

① Reading v. Attorney General,[1951] AC 507.

② The Restatement (Third) of Restitution and Unjust Enrichment § 51 comment e, comment f.

③ Gergen M P. Causation in disgorgement. Boston University Law Review, 2012(3):827-857. 我国有学者提出,在认定实际不法获益和实际损失时对因果关系的要求不同,前者仅要求获益与不法行为存在关联性即可。参见王若冰:《论获利返还请求权中的法官酌定——以〈侵权责任法〉第 20 条为中心》,载《当代法学》2017 年第 4 期。这一观点没有解释为什么区别对待实际损失认定和实际不法获益认定。

同法重述》的报告人之一法恩斯沃斯(Farnsworth)曾讨论应如何划定与违约行为存在因果关系的获益,其见解契合"增量法"的基本理念,但引起了艾森伯格(Eisenberg)等学者的批评。① 法恩斯沃斯与艾森伯格之间的争议在于,如果法律允许按照行为人的不法获益确定赔偿责任,在确定赔偿额时是否应当允许行为人提出"合法替代方案"抗辩。而这一问题也被埃德尔曼认为是不法获益责任认定中最大的困难之一。②

法恩斯沃斯讨论以一则"一物二卖"纠纷作为示例:假设被告生产了一台市场上独一无二的机器,约定以 10 万元卖给原告,但被告违反合同约定以 12 万元的价格将同一产品转让给第三人,此时被告通过违约行为取得的利润是否就相当于价差 2 万元? 法恩斯沃斯认为未必如此,其理由是如果被告不违约,其未必要直接放弃转售,而可以先与原告达成协议,约定以原告取得一定补偿为条件(如将转售收益与原告平分、由被告支付给原告 1 万元等)解除买卖合同,如此一来即便被告不实施违约行为也能获益 1 万元,故此被告通过违约行为实际取得的利益仅为 1 万元。

为说明问题,法恩斯沃斯还引用了"邓克利公司诉中加州罐头厂案"(Dunkley Co. v. Central California Canneries)这一则专利侵权案件。该案中原告享有用于生产削梨机器的专利,被告侵害了原告的专利权,原告主张按照被告通过侵权取得的利益确定侵权责任。证据表明,即便被告不侵权而使用不受专利保护的机器也完全可以得到相同水平的利润,因此法院认为被告所取得的利润中与发明存在事实上因果关系的部分应当是零。③ 这一结果看上去有些戏剧性,但其论证过

---

① Farnsworth E A. Your loss or my gain? The dilemma of the disgorgement principle in breach of contract. The Yale Law Journal, 1985(6):1339-1393.

② Edelman J. Gain-based Damages:Contract, Tort, Equity and Intellectual Property. Oxford:Hart Publishing, 2002:73-78.

③ Dunkley Co. v. Central California Canneries,7 F. 2d 972 (2d Cir. 1925). 当时美国专利法还没有废除利润剥夺制度。

程却是与因果关系规则相符的。①

　　参与撰写《第三次不当得利与返还法重述》的艾森伯格反对法恩斯沃斯的见解,认为关键不在于被告不违约的情况下原本会采取怎样的替代方案,而是"被告事实上没有这样做"。艾森伯格的疑惑是,被告没有选择合法替代方案这一事实只能凸显被告的可责性,怎能用于减轻被告的责任?② 英国法院也以类似的理由拒绝将被告的获益理解为相对采取合法替代方案时节省的费用。③

　　从因果关系规则的原理看,艾森伯格关于"被告事实上没有那么做"的主张站不住脚。不法行为一旦发生就覆水难收,在实际损失补偿规则的适用中,法院假想的原告利益的"应有状况"也是现实中从未出现的虚构情形。在认定与不法行为存在因果关系的利益时,确实应当假想一个未曾发生案涉不法行为的世界,这是应用事实上因果关系规则的题中应有之义。艾森伯格强调"行为人事实上没有选择合法替代方案"的主张并非立足于因果关系规则的理论,而是表达对不法行为人的否定态度,认为不应当允许不法行为人通过合法替代方案抗辩减轻其责任。

　　法恩斯沃斯考虑非侵权替代方案的思路分明在理论上符合因果关系认定原理,为什么其观点很容易被质疑"为何从事不法行为的一方竟被允许以其未选择的合法替代方案为由减轻责任"? 问题首先出在"合法替代方案"的选择上。在"邓克利公司诉中加州罐头厂案"中,被告作为生产商在不侵权的情况下会选取市场上易于获取的非侵权方案以取得近似水平的利润是符合常理的选择,但在法恩斯沃斯设想的不动产"一物二卖"案件中,被告在不违约的情况下是否会与原告沟

　　① Farnsworth E A. Your loss or my gain? The dilemma of the disgorgement principle in breach of contract. The Yale Law Journal, 1985(6): 1339-1393.
　　② Eisenberg M A. The disgorgement interest in contract law. Michigan Law Review, 2006 (3): 559-602.
　　③ Celanese International Corp v. BP Chemicals Ltd, [1999] RPC 203.

通"以分享转售利益为条件解除合同"取决于个案情况，法恩斯沃斯径直假定"分享转售利益"就是被告本会采取的合法替代方案缺乏事实依据。根据常理，如果案涉不动产市场价格上涨，原告更可能不同意解除合同，而在自己取得不动产所有权后自行出售不动产以获取全部的增值利益。

　　此外，法恩斯沃斯在选定"合法替代方案"时，也忽视了法律上因果关系的作用——在实际损失补偿案件中，除了事实上的因果关系，规范性的因素也会影响法官对受害人"原状"的选择，同理，在为了认定实际不法获益而考察合法替代方案时，也需要考虑规范性的评价。就损失认定而言，在格根提到过的一个案例中，某人在去机场的路上不幸车祸身亡，但其原定要搭乘的航班在其后坠毁，此时法院显然不会允许车祸的肇事人以此为由主张其侵权行为与原告死亡之间不满足事实上因果关系"若无……则不"测试的要求。在损失补偿案件中，即便按事物通常发展，受害人原本会按时登机并因空难去世，出于公平、政策的要求，法官也不会把权利人的"原状"定为"若无侵权发生，原告也会因空难身亡"[①]，这便是法律上因果关系会影响最终影响因果关系认定的一个例证。同理，在按照被告不法获益确定责任的案件中，当被告举证"其原本会采取某项替代方案"时，法院也有必要基于法律上因果关系的角度考察被告的抗辩是否应当被认可。在"一物二卖"案中，即便事实表明，原告在个案中有一定盖然性会同意被告主张的替代方案，考虑到被告的故意违约行为，法院也可能拒绝认可这一对被告有利的替代方案，而直接将"若无被告违约，则不会取得高于原告支付数额的价金"作为"应有状况"，得出全部转售获益 2 万元均可被剥夺的结果。而在涉及"专利削梨机器"的"邓克利公司诉中加州罐头厂案"中，法院干脆地认可了被告原本会使用"能够产出一样利润的合法替代机器"，这可能与专利法以激励创新为目标的立法目的、乐见

---

　　① Gergen M P. Causation in disgorgement. Boston University Law Review, 2012(3): 827-857.

市场竞争的优胜劣汰有关:尽管该案被告确实构成了侵权,但如果专利机器和市面上的非专利产品相比并没有实际优势,限制权利人能够获得的赔偿额更契合专利法激励创新的初衷。

无论如何,完全不考虑合法替代方案的做法不仅从因果关系理论上看不正确,而且也未必有利于维护权利人的利益。发生在英国的"塞拉尼斯国际公司诉英国石油化工有限公司案"(Celanese International Corp v. BP Chemicals Ltd)即是典型的例子。① 该案中,被告在甲、乙这两条独立的生产线上使用原告专利技术生产醋酸,证据表明,尽管原告专利技术能提高生产效率、节省生产成本,但被告的甲生产线仍发生亏损,另外的乙生产线产品则产生净利润额 x。因为两条生产线相互独立,法院决定单独考察各生产线产生的不法获益。对于乙生产线上的侵权行为,被告主张其若不侵权而改采合法替代技术,该生产线也能产出接近 x 的净利润 y。但法官拒绝适用"增量法",认为这种方法"将令以不法获益为基础的责任取决于偶然的事件……如果在相同的时期另有发明人独立得出了用于生产相同产品的新发明但未申请专利保护,侵权人就有可能以非侵权的方式生产相同产品……但事实上被告并没有这么做,他通过专利发明取得了利润,应该为此负责"②。可见,该案法院也认为合法替代方案不能成为限制被告责任的理由。然而考虑合法替代方案也并不总是有利于被告,当被告陷于亏损时,不考虑替代方案反而可能会减轻被告的责任。在同一则案件中,既然专利技术能提高生产效率、节省生产成本,那也意味着被告如果不侵权而采取合法替代方案,甲生产线产生的亏损数额很可能会更大,由此被告可以取得"减少亏损"的不法获益。然而正是因为法院拒绝考虑替代方案,其最终得出了被告在甲生产线亏损、没有取

---

① Celanese International Corp v. BP Chemicals Ltd,[1999] RPC 203.

② Celanese International Corp v. BP Chemicals Ltd,[1999] RPC 203.在"总检察长诉布雷克案"(Attorney General v. Blake)中,尼科尔斯法官也主张"被告的费用节省"不能引起以利润为基础的责任,参见 Attorney General v. Blake,[2001] 1 AC 268 (HL)。

得任何不法利益的不当结论。① 财产积极增加与消极增加都是被告的得利，认为"减少亏损"或"费用节省"不属于实际不法获益并无理论依据。②

在我国，多数观点在界定实际不法获益时未考虑被告本可能采取何种合法替代方案的因素，认为侵权行为所生利润相当于"（销售利润－必要成本）×侵权行为的利润贡献率"。③ 引入"利润贡献率"的做法也旨在避免计入与侵权无因果关系的利益，但是按照这一公式，只要侵权人陷于亏损，就当然没有侵权利润赔偿的适用余地。我国最高人民法院曾在裁判中提出，如果侵权部分涉案产品利润极低甚至是负利润，则此种证据不能作为认定赔偿额的依据。④ 但其实即便账簿并无造假之虞，案涉产品利润确实为负，侵权人仍然有可能通过实施侵权行为取得了利益，只是"利润贡献率法"不考虑侵权人在采取非侵权替代方案时的利益状况，忽视了权利人所获利益也可能表现为亏损的减少。

在比较法上，美国法院有时还通过"实质性因素测试"替代因果关系的分析。在商标侵权纠纷中，美国司法实务认为，如果商标侵权是促使消费者购买侵权产品的"实质性因素"，就可以将侵权产品整体的利润视为与商标侵权行为存在因果关系的利润，无需再考虑非侵权因素对营业利润的贡献。⑤ 这种认定方式虽然在操作上较为简易，但是会系统性地高估实际不法获益。

---

① 在澳大利亚的"达特工业公司诉装饰有限公司案"（Dart Industries Inc v. Décor Corp Pty Ltd）中，法官虽然认可"被告采取合法替代方案时本可取得的利益"这种"机会成本"的存在，但认为如果将机会成本纳入考量会使问题变得过于复杂，参见(1993) 179 CLR 101 (HCA) 398。

② 我国有学者认为，不法获益仅能包括直接表现为财产增加的积极获益，这忽视了亏损的减少也属于一种获益。参见张玉东：《"获益剥夺"规范意义的再审视——以〈民法典〉第 1182 条前半段规定为分析对象》，载《现代法学》2022 年第 5 期。

③ 石佳友，郑衍基：《侵权法上的获利返还制度——以〈民法典〉第 1182 条为中心》，载《甘肃政法大学学报》2020 年第 6 期。

④ 参见深圳光峰科技股份有限公司与创造者社区（广州）有限公司等侵害发明专利权纠纷案，最高人民法院(2019)最高法知民终 830、831、832、833、834、851、881、886、888 号民事判决书。

⑤ Samuelson P, Golden J M, Gergen M P. Recalibrating the disgorgement remedy in intellectual property cases. Boston University Law Review, 2020(6)：1999-2083.

综上,应当采用与"差额说"呈镜像关系的"增量法"认定侵害人通过违法行为所实际取得的不法获益,即按照侵权人的"实际利益状况"相较于"应然利益状况"之增量来确定责任数额。在认定侵权人利益的"应有状态"时,应当考察行为人在侵权不发生时本会采取的合法替代方案。在认定该合法替代方案时,应当遵循因果关系规则,同时考虑事实上的因果关系以及法律上的因果关系。

有观点质疑因果关系规则在确定不法获益责任时的可适用性,认为其允许考虑行为人采取合法替代方案时本可取得的利益会得出不妥当的责任数额。① 诚然,在相当一部分案件中,仅除去实际不法获益并不足以起到预防、威慑案涉侵权行为的效果。也正因如此,后文将详细说明,在实践中法院有时会通过不予扣除侵权行为所需成本、不考虑合法替代方案等方式,在事实上令责任范围延及与侵权行为缺乏事实上因果关系的利益。但是否为了实现更大威慑效果而加重责任是另一层面的问题,不宜因此模糊了"实际不法获益"的概念。

二、"返还"与"剥夺"的区分:归还与放弃不法获益的二分

如前所述,按照实际不法获益确定的责任应当恰好能够将侵权人的利益恢复到有如侵权不发生时的应有状况。不过从英美司法实践情况看,不法获益责任形态多样,其数额有时会超过实际不法获益,有时会小于实际不法获益。

以不法获益为基础的各类责任可能有不同名称,最常见的是"返还"(restitution)与"剥夺"(disgorgement),但"返还"与"剥夺"分别指

---

① The Restatement (Third) of Restitution and Unjust Enrichment, § 51 comment f.

向何种含义及其相互关系如何,都存在较大的争议。①

　　越过术语差异而究其实质,对以不法获益为基础的法律效果之分类,目前有两大类观点并存。第一类观点认为,各种不法获益责任并无性质之别,可以形成一个连贯的谱系。此类观点虽然也可能会同时使用"返还"与"剥夺"的概念,但不区分它们的法律性质,认为二者之间仅有责任轻重的差异。② 例如伯克斯即主张以"不法行为获益返还"之名统合各种获益责任。③ 第二类观点则认为,令被告"向原告归还本应归属于原告的获益"与"向原告交出原本并不归属于原告的获益"在性质上有根本区别。师从伯克斯的埃德尔曼就与其老师的意见相左,主张"返还"和"剥夺"规则无法通过统一的法律规则进行统合。④ 按照埃德尔曼的定义,"返还"适用于原被告间存在价值移转的情形,其效果是令被告将该种利益"归还"(give back)给原告,而"剥夺"适用于尽管原被告间未必存在价值移转,但被告仍应向被告"放弃"(give up)其获益的情形。⑤ 与埃德尔曼的意见一致,加拿大最高法院于 2020 年的判决中确立了返还和剥夺的区分,提出"返还是一种法律上的救济措施,其用于应对利益从原告转移至被告的情形,内容是被告被迫归还该项利益。返还区别于剥夺救济措施。剥夺责任完全根据被告不法取得的利益数额计算,不考虑该获益是否对应着被告的受损,准确而

---

　　① 对不法行为获益责任,学说上有时以"返还性赔偿"统称之,也有以"剥夺"概括者。以"不法行为获益返还"(restitution for wrongs)的概念统合各种不法行为获益责任的,参见 Birks P. An Introduction to the Law of Restitution. Oxford:Clarendon Press, 1989:313。以"剥夺"指称各种不法行为的获益责任的,参见 Smith L D. The province of the law of restitution. Canadian Bar Review, 1992(4):672-700。美国《第三次不当得利与返还法重述》将剥夺作为(广义)返还的下位概念,参见 The Restatement (Third) of Restitution and Unjust Enrichment,§ 51(4)。

　　② Attorney General v. Blake [1998] Ch 439 (C)A 457 - 459;Jaggard v. Sawyer [1995] 1 WLR 269 (C)A 281 (Bingham MR)。

　　③ Birks P. An Introduction to the Law of Restitution. Oxford:Clarendon Press, 1989:313。

　　④ Edelman J. Gain-based Damages:Contract, Tort, Equity and Intellectual Property. Oxford:Hart Publishing, 2002:80。

　　⑤ 从埃德尔曼的阐释看,其所说的"价值移转"和不当得利法中"损及他人"的要件意涵一致,只需被告取得原应归属于原告的利益即可。Edelman J. Gain-based Damages:Contract, Tort, Equity and Intellectual Property. Oxford:Hart Publishing, 2002:39。

言是根本不考虑原告是否受有任何损害"①。

伯克斯的另一位学生吉利奥认为,如果某种责任仅旨在归还本应归属于原告的利益,其正当性基础终究在于被告行为损及原告,其本质是"补偿性"的。按吉利奥的理论体系,民法中的侵害型不当得利返还应属"补偿"或"伪返还"(pseudo-restitution)。② 在吉利奥看来,只有既按不法获益确定且能独立于"损及原告"要件的法律效果才是真正的"返还",也就是说唯有埃德尔曼所称"剥夺"在吉利奥的理论体系才属于"返还"。

埃德尔曼与吉利奥学说的差异根植于他们对"赔偿""返还""剥夺"等概念的界定,但他们的观点实质上都以特定的利益是否原本归属于原告为界对不法获益责任进行性质划分。③ "归还本属于原告的利益"和"向原告交出原本不属于原告的利益"是两种不同性质的责任,仅前者直接契合矫正正义理念,不应混为一谈。《第三次不当得利与返还法重述》虽以"(广义)返还"统称各按照获益确定的责任④,但关于"返还范围"的具体规定也显现出了(狭义)返还与剥夺的区分⑤。

考虑到吉利奥对"补偿""返还"等概念的定义偏离我国民事法律体系的习惯用法,这里采取埃德尔曼的命名方式,将"返还"界定为"归还本应归属于权利人的利益","剥夺"界定为"放弃被告的获益,且不以该利益本应归属于权利人为限"。

以专利侵权为例,假设侵权人制造专利产品并销售,此时按照侵权所生实际不法获益确定的责任属于剥夺性责任。其原因在于,实际

① Atlantic Lottery Corp Inc v. Babstock,2020 SCC 19.

② Giglio F. The Foundations of Restitution for Wrongs. Oxford:Hart Publishing,2007:42.

③ Watterson S. Gain-based remedies for civil wrongs in England and Wales//Hondius E,Janssen A. Disgorgement of Profits:Gain-based Remedies throughout the World. Switzerland:Springer,2015:29-69;Cunnington R. The measure and availability of gain-based damages for breach of contract//Saidov D,Cunnington R. Contract Damages:Domestic and International Perspectives. Oxford:Hart Publishing,2008:207-242.

④ The Restatement (Third) of Restitution and Unjust Enrichment,§ 40.

⑤ The Restatement (Third) of Restitution and Unjust Enrichment,§ 40 comment b;§ 51(2).

不法获益是原告权益和侵权人投入的生产要素相结合后的产物,其中包含了原本不归属于原告的利益。可资对比的是,在前述例子中,按照专利许可使用费确定的责任应为返还性责任:专利权人有权独占专属权能覆盖范围内的专利使用利益,侵权人擅自实施专利而获得的专利使用利益应当归属于权利人,按照该使用利益价额(即许可使用费)确定的责任属于返还性责任。使用利益的价格有不同的估算方式,常见的评价方式是参照市场许可费确定。但由于专利未必有现成的市场许可费可供参考,也可能有必要参考侵权人通过侵权所取得的收益,从中分离出由专利贡献的那部分利益,并以之为评价专利使用利益的标准。

再以无权处分他人之物为例,假设侵权人甲未经所有权人乙的同意,出售了乙的笔记本电脑,买受人丙善意取得了该电脑。此时,甲所获得的价款通常反映了电脑本身的价值,按照价款确定的责任通常为返还性责任。但如果甲能够证明,因为其通过自身的努力(如特别高的商谈技巧)才取得了特别高的收益,则按照价款确定的责任属于剥夺性责任。[1]

界定返还和剥夺的概念后,不难发现返还性的不法获益责任与不当得利制度功能一致。如果仅仅希望令侵权人返还本应归属于原告的利益,完全可以通过不当得利制度实现。[2] 而剥夺性的不法获益责任与不当得利制度效果有别,为了表达剥夺性的侵权责任,确有必要承认不法获益与不当得利的区分。

---

[1]　类似见解,参见舍尔迈尔:《德国不当得利法当前存在的问题》,朱晓峰译,载《财经法学》2015年第2期。

[2]　作为例外,在知识产权法领域,返还性赔偿责任与不当得利返还制度的并存在现阶段是可行的,理由详见本书第六章。

本章小结

不当得利制度的发展相对滞后以及不当得利返还和不法获益责任区分论的流行,使英美法更倾向突破完全赔偿原则,接纳按照被告获益确定的赔偿责任。"不法获益"有多种类型,其中按照行为人实际不法获益确定的赔偿责任应当能够恰好将行为人的利益状况恢复至不法行为不发生时的应有状况。

实践中不法获益责任的形态多样,其数额可能大于、小于、等于行为人的实际不法获益。根据行为人所得利益的来源,可以将不法获益责任划分成"返还"和"剥夺"两类,前者指"归还",即行为人将其所取得的、原本应该归属于受害人的利益归还给受害人,后者则指"放弃",即行为人向原告全部或部分交出其所得利益,且不要求该部分利益原本归属于受害人。

英美法中有关返还性、剥夺性赔偿的实践和学说对于认识专利法中的不法获益责任具有重要镜鉴作用,其测试着一个理论上不受不当得利制度限制的不法获益责任制度,可能呈现怎样的面貌、实现怎样的功能。

第六章 专利侵权不法获益责任之一：
返还性的合理许可费赔偿

在英美法中，按照许可费确定赔偿责任的做法由来已久，但其理论基础和法律性质存在争议。本章回溯英美法中有关许可费赔偿的相关司法实践，说明英美司法实践中一般的许可费赔偿以及如今在两大法系均流行的专利侵权合理许可费赔偿均属于返还性的赔偿责任，与不当得利返还制度具有明显的亲缘性。当前合理许可费赔偿规则具体适用中的诸多争议性问题可以类推适用不当得利制度的理论和规则予以化解。

第一节 一般许可费赔偿规则的返还性

一、英美司法实践

在英美法司法实践中可以找到不少按照许可费、租金等财产使用利益的价格确定被告侵权责任或违约责任的判决。此类判决所适用的术语并不统一，包括许可费赔偿、合理许可费、使用者赔偿（user damages）、协商赔偿（negotiating damages）等。为表述便利，下文以"许可费赔偿"统称所有按许可费、租金等按使用费确定的赔偿责任，以"合理许可费"特指知识产权法领域的许可费赔偿。

英美法中,适用许可费赔偿的案件类型多样,其中最为常见的一类是物权侵害案件。例如,早在1896年的"惠特汉姆诉威斯敏斯特布林博煤炭公司案"(Whitwham v. Westminster Brymbo Coal and Coke Co)中,法院就按照使用他人土地的许可费确定了侵权赔偿责任。该案中,被告未经允许在原告土地堆放开采煤矿产生的垃圾,造成原告所有的土地受到损伤。虽然证据表明,原告土地受损而产生的实际损失数额有限,远低于被告向原告事先取得土地使用许可而应支付的费用,林德利(Lindley)法官认为:"如果被告可以为自己的目的而在几年中使用原告的土地,却不必为此付费,而只需对土地损伤负责,如何符合正义?"故法院最终判令被告除了要补偿土地价值的贬损,还应当承担相当于土地许可使用费(wayleave)的赔偿责任。判决认为,该赔偿责任的成立不以土地所有权人原本有意图利用其土地为前提,且无论被告的整体财产数额是否因为其侵权行为而增加,被告总是应当承担相当于土地许可使用费的责任。关于许可赔偿责任的数额,本案判决认为,应当按照合理人为了取得土地使用权而应当支付的费用计算,并可参照当地市场上习惯的许可使用费确定。①

又如,1952年的"斯特兰德电器有限公司诉布里斯福德娱乐有限公司案"(Strand Electric and Engineering Co Ltd v. Brisford Entertainments Ltd),因被告在租赁合同到期后继续占用原告的配电板,原告提起了动产返还之诉,要求被告承担相当于租金的侵权责任。初审判决认为,原告确实因为被告的侵权行为受有不能利用配电板的损失,但由于原告在侵权不发生的情况下也未必能够出租配电板,故原告所遭受的实际损失应当小于配电板的市场租金。上诉审法院判决被告按照配电板市场租金的全额确定赔偿责任。萨默维尔(Somervell)法官认为,本案被告应当承担相当于配电板租金的责任,从而填补本案原告因未能将配电板出租给他人而受有的经济损失,但

---

① Whitwham v. Westminster Brymbo Coal and Coke Co., [1896] 2 Ch 538.

其未进一步回应为何其认为原告所受实际损失的数额相当于全额的市场租金，而无需像初审判决那样因循实际损失的认定思路考虑原告在侵权不发生时本应所处的状况如何、是否确实可能在市场上出租配电板。丹宁勋爵则认为，本案中按照租金确定的赔偿责任"并非基于原告的损失，而源自被告为了自己的目的利用他人财产的事实"，因此本案诉讼"更像是返还之诉，而不是侵权之诉"，本案中的责任成立与否、责任数额与原告是否有自用配电板的计划、是否能够将配电板租给他人无关。①

　　1993 年的"英国国防部诉阿什曼案"（Ministry of Defence v Ashman），空军军官阿什曼及夫人租赁了英国国防部所有的住房。租赁合同约定，阿什曼夫妇可以凭借阿什曼先生的职位享受优惠租金，但租赁合同自夫妇分居起即自动终止。阿什曼夫妇分居后，阿什曼夫人违反了合同约定，仍在原住所滞留了一段时间后才搬入安置居所。国防部以阿什曼夫人违法侵占住房为由起诉。本案三名法官中有两名认为，被告应当基于其使用房屋所取得的利益承担"返还性的侵权责任"。霍夫曼勋爵提出，在被告无权侵占不动产的案件中，原告可以在损失补偿或获利返还之间择一主张，"尽管过去的判例确实没有明确提出侵入不动产的中间收益之诉（mesne profits）是不是一种返还性主张，现在我看不出我们为何不实事求是"。在认定具体责任数额时，法院考虑到了被告原本应当得到及时安置，是因为其无处可去才无奈滞留，故以被告搬入的安置房租金为据得出了远小于国防部房屋市场租金的赔偿额。②

　　1995 年的"因弗鲁吉投资有限公司诉哈克特案"（Inverugie Investments Ltd v Hackett），原告是一间宾馆中共计 30 多套房间的长期承租人，被告无权占用这些房间长达 15 年。由于当时市场需求

---

① Strand Electric and Engineering Co Ltd v. Brisford Entertainments Ltd，[1952] 2 QB 246.
② Ministry of Defence v. Ashman，[1993] 2 EGLR 102.

较低,即使侵权行为不发生,这部分房间也只能租出三到四成,换言之,权利人实际遭受的所失租金利益应当小于被侵占房间的全额市场租金。尽管如此,英国枢密院根据判例法上的"使用者原则"判决被告承担相当于全额租金的责任。该案判决中,劳埃德勋爵认为,本案中的责任并非补偿性责任。在责任的具体性质上,由于劳埃德勋爵认为"返还"是指令被告交出其实际所获的全部不法获益,故其认为根据"使用者原则"认定的责任是一种介于补偿和返还之间的中间状态。①

1999 年的"贝克等人诉北方天然气公司案"(Beck and Others v. Northern Natural Gas Company),被告储存的燃气外溢至原告所有的土地下,不仅节省了存储费用,还多赚取了利润 1200 万美元。原告主张被告应交出全部的利润即 1200 万美元,但法院认为这些利润并非自原告财产中减除而来,于是未判决全数剥夺 1200 万美元的利润,只判决被告承担原告地下存储空间的公平市场租金 200 万美元。②

除了动产、不动产物权侵害,在妨害之诉中也可能适用许可费赔偿。英美法中的妨害之诉可用于保护权利人对其不动产权益的宁静享有。英国法院在"卡尔-桑德斯诉迪克·麦克尼尔联合有限公司案"(Carr-Saunders v. Dick McNeil Associates Ltd)中认可了采光权妨害纠纷中的许可费赔偿。该案中,被告加盖的两层房屋妨碍了原告不动产的采光,法院认为此举虽未直接损伤原告的财产,但已构成妨害行为。法院未要求被告拆除加盖部分,但认为原告受有未能充分享受光照的损失,被告应当承担相应的赔偿责任。在认定赔偿额时,法官认为,被告承担的责任应相当于原告允许被告加盖房屋的许可费。法官认为,按照许可费确定的责任仍承担损害补偿功能,但承认其有别于对实际损失的补偿,在数额认定上可考虑被告因妨害行为所取得的利润。③

同样是妨害案件,英国法院在涉及市场权妨害的"斯托克市议会

---

① Inverugie Investments Ltd v. Hackett,[1995] 1 WLR 713.
② Beck and Others v. Northern Natural Gas Company, 70 F 3d 1018 (10th Cir CA) (1999).
③ Carr-Saunders v. Dick McNeil Associates Ltd,[1986] 1 WLR 922 (C)h.

诉华斯有限公司案"(Stoke-on-Trent City Council v W and J Wass Ltd)中拒绝支持许可费赔偿请求。该案原告作为地方议会享有所谓的"市场权",即在特定辖区开办市场的独占性权利。被告未经允许在该辖区内开办了市场,构成对原告市场权的妨害。法院判决认为,本案与前述采光权妨害案件应予区别,差别在于市场权妨害并未给本案的原告造成任何实际损失,故被告无需承担相当于许可费的责任。由于专利权也在一定程度上赋予了权利人垄断市场的权利,本案中尼科尔斯法官专门讨论了在专利侵权案件中通常可以适用的许可费赔偿规则能否类推适用于市场权妨害。尼科尔斯法官得出了否定的结论,认为法律对市场权的保护限于其对"权利的享有",除非对市场权的妨害造成实际的经济损失,否则赔偿责任不能成立。①

就违约责任而言,英美司法实践将完全赔偿原则视为违约责任的正统,认为违约救济旨在将债权人的利益恢复到有如义务人依约履行的情形②,但也在部分案件中例外地允许按照许可费确定赔偿责任。1974年的"沃瑟姆公园案"是"违约许可费赔偿"的里程碑式案件。该案被告作为开发商违反了限制性协议(restrictive covenant,在英美法中指契据中关于土地使用限制的约定),在协议禁止开发的区域建造了房屋和道路,并由此获取收益。原告作为限制性协议的受益人请求禁令救济。鉴于拆除已建造部分的成本过高,法院没有准予禁令救济,仅要求被告承担赔偿责任。判决认为,尽管被告违约行为未令土地财产价值本身有"丝毫减损",但被告需承担"原告本可合理要求被告支付、作为解除限制性协议的对价之金额",并将该许可费认定为被告违约开发所得总利润的5%。③

1977年的"铁托诉瓦德尔案"(Tito v. Waddell),原被告约定,被告应当通过补种植物来修复曾被开采的土地,但未依约履行。法院认

---

① Stoke-on-Trent City Council v. W & J Wass, [1988] 1 WLR 1406 (C)A.

② Robinson v. Harman, [1848] 1 Exch 850.

③ Wrotham Park Estate Co Ltd v. Parkside Homes Ltd, [1974] 1 WLR 798.

为,由于本案被告不应承担特定履行义务(即被强制履行修复义务),因此无需承担相当于解除修复义务的许可费。①

2003 年的"体验亨德里克斯有限责任公司诉 PPX 公司和查尔平案"(Experience Hendrix LLC v. PPX Enterprises Inc and E Chalpin),法院按照许可费确定了违约责任。该案中,被称为"吉他之神"的音乐人亨德里克斯(Hendrix)在成名前曾与被告有过合约关系,为被告唱片公司的歌手伴奏。亨德里克斯曾与被告发生过合约纠纷,而本案原告作为亨德里克斯的遗产受益人与被告达成了和解协议,和解条件之一是被告不得利用其所有的、录有亨德里克斯吉他伴奏的母带。和解协议生效 20 多年后,被告违反约定许可他人利用了前述母带。原告提起违约之诉,承认其所受实际损失难以计算,但向法院提出了两种以被告获益为基础的责任确定方案,一种是"沃瑟姆公园案"(Wrotham Park)式,根据许可费确定的赔偿,另一种是旨在剥夺全部不法获益的"账目之诉"。该案法院没有准予剥夺被告所得的全部利润,认为被告应承担的"合理补偿"责任应相当于"原告本可以合理主张的、作为允许被告违反和解协议的条件的数额"。法院基于被告所获利润以及被告对其获利付出的技术、劳动上的贡献,最终确定了作为"合理补偿"的"合理费用"。②

2018 年的"莫里斯加纳等诉一步有限公司案",英国最高法院阐释了适用违约许可费赔偿的前提。该案原被告曾共创事业,后来关系破裂,出走方签订了竞业协议和禁止带走客户的协议,后续双方因违反协议发生纠纷。一审法院援引了"沃瑟姆公园案"等判例,认为本案应当适用"协商赔偿",根据"假如原告同意解除禁止性协议时本可能主张的费用"来确定赔偿责任。该案上诉至英国最高法院后,法院提出按照许可费确定赔偿责任的做法早已出现在侵害他人有形财产权

---

① Tito v. Waddell, [1977] 1 Ch 106.

② Experience Hendrix LLC v. PPX Enterprises Inc and E Chalpin, [2003] EWCA Civ 323, [2003] 1 All ER.

和知识产权的案件中，而在违约案件中适用"沃瑟姆公园案"式赔偿的前提仍是违约行为"导致被保护的权利或者有价值的资产被侵害"，其中"有价值的资产"包括由保密协议保护的信息、负担了限制性协议的土地、协议禁止利用的知识产权等。法院认为，本案违反竞业禁止协议和禁止带走客户协议的行为并没有导致有价值的资产被侵害，不应适用"沃瑟姆公园案"式的赔偿规则，债权人所遭受的损失应是债务人违约行为造成的利润损失，应当按照传统实际损失补偿规则进行举证和救济。同时该案判决还指出，"假设协商"只是计算"沃瑟姆公园案"式赔偿责任的方式之一，并不是唯一的正解。①

上述典型案例呈现出一些值得关注的规律。其一，在英美法司法实践中，许可费赔偿的可适用与否、构成要件如何，都与案件类型相关。在被告未经允许利用他人财产的案件中，法院通常会允许适用许可费赔偿。在财产权妨害案件中，许可费赔偿是否可以适用、构成要件存在疑问，有判决将权利人受有实际损失作为适用许可费赔偿的前提。在违约之诉中，许可费赔偿也仅作为一种例外出现。并且，如英国最高法院在"莫里斯加纳等诉一步有限公司案"中提出的，在违约之诉中即便可以适用许可费赔偿，被违反的合同条款往往也旨在保障权利人对于某项"有价值的资产"的支配利益。

其二，在最常适用许可费赔偿的擅自利用他人财产型侵权案件中，尽管裁判者对于许可费赔偿的性质有补偿说、返还说、混合说等不同见解，一些初步共识也已然呈现。一是法院肯定在此类案件中原告无需证明其受有相当于许可费的实际损失，且认为许可费赔偿的适用与被告整体财产的增减情况并不直接相关；二是法院对被告是否存在过错并不关注，更多立足于被告利用原告财产的事实。

对比来看，在被告未经允许利用他人之物的案件中，我国法院完

---

① Morris-Garner and Another v. One Step (Support) Ltd, [2018] UKSC 20. On appeal from [2016] EWCA Civ 180.

全可以适用不当得利制度得出与前述英美法院判决一致的结论,由此已经可以看出英美许可费赔偿规则与民法不当得利制度的相似性。尤其在"贝克等人诉北方天然气公司案"等案件中,法院关注被告所获的利益是不是自原告财产中"减除"而来①,也十分契合民法不当得利制度权益归属理论的思路。

在违约纠纷中,虽然我国司法实践并未接受按"解除合同义务的许可费"确定违约责任的做法,不过在类似"沃瑟姆公园案""莫里斯加纳等诉一步有限公司案"等涉及被告违反合同约定、利用他人财产的案件中,我国法院和英美法院在责任数额认定上也能够达成共识:若适用我国民法,可以认为被告在缺乏合同有效授权的情况下利用了他人的不动产、保密信息等资产,应当返还相当于财产许可使用费的不当得利。

二、理论基础探索

许可费赔偿的理论基础何在,应然适用范围如何? 学者对这些问题有着多样的解读,但大都殊途同归地迈向了"权益归属理论"。

（一）理论纷争

1. 认同许可费赔偿属于不法获益责任的学说

认同引入不法获益责任制度的可行性,且认为许可费赔偿属于不法获益责任的见解中,有一类观点认为,各种不法获益责任间只有程度差异,并无性质之分,均属于剥夺不法获益的手段。例如,英国返还法学说的奠基人戈夫(Goff)与琼斯(Jones)认为,许可费赔偿旨在剥夺被告所取得的不法获益,旨在践行"任何人不应从不法行为中获益"的

---

① Beck and Others v. Northern Natural Gas Company，70 F 3d 1018 (10th Cir CA) (1999).

原则,适用于被告所得不法利益恰好相当于其所节省的许可费的情形。① 弗戈(Virgo)与罗瑟汉姆虽然认为并非所有不法获益均应被剥夺,但也认同凡是在按照不法获益确定赔偿责任的场合,根据许可费确定的责任就是以被告实际不法获益为基础的。② 但未经允许利用他人财产的案件,侵权人所取得的利益往往不限于财产的使用利益,还包括利用财产进一步取得的利润。如果许可费赔偿旨在剥夺被告的实际不法获益,那么其适用范围应该十分狭窄。

另有观点认为,许可费赔偿旨在部分地剥夺行为人的不法获益,例如,伯罗斯认为,许可费赔偿是一种较温和的利润剥夺责任,旨在剥夺被告实际不法获益中的"合理份额"③,坎贝尔(Campbell)与怀利(Wylie)认为,各类不法获益责任的尺度可以在"部分剥夺"到"完全剥夺"间滑动,而许可费赔偿就是部分剥夺不法获益的一种形式。④ 无论认为许可费赔偿是部分还是全部剥夺实际不法获益,其共性在于令许可费赔偿的可适用性以被告取得了实际不法获益、整体财产数额有所增加为前提。这种观点和英美司法实践的现实情况明显不相符:前文在介绍实践状况时已经提到,至少在被告未经允许利用原告财产的侵权案件中,英美法院明确提出了许可费赔偿的适用与被告财产总额是否增加无涉。

多数学者承认各类不法获益责任之间存在性质差异,并无统一的

---

① Goff R, Jones G. The Law of Restitution. 5th ed. London: Sweet & Maxwell, 1998: 36. 在实践中也有持此类观点者,例如有法官在一则涉及侵入他人土地的案件中认为,合理租金就是侵入他人财产的获益,建立在"不法行为人不应从不法行为中获益"的原则上,参见 Edwards v. Lee's Administrators 96 SW 2d 1028 (1936 CA Ken)。

② Virgo G. Principles of the Law of Restitution. Oxford: Oxford University Press, 2015: 432; Rotherham C. The conceptual structure of restitution for wrongs. The Cambridge Law Journal, 2007(1): 172-199.

③ Burrows A. Are 'damages on the Wrotham Park basis' compensatory, restitutionary, or neither? //Saidov D, Cunnington R. Contract Damages: Domestic and International Perspectives. Oxford: Hart Publishing, 2008: 165-185.

④ 参见 Campbell D, Wylie P. Ain't no telling (which circumstances are exceptional). The Cambridge Law Journal, 2003(3): 605-630。此类观点未解释"部分剥夺"的标准,未说明何以部分剥夺不法获益时就可以按照许可费来确定剥夺数额。

理论基础,并对许可费赔偿的特有理论基础作出了不同解读。

其一,埃德尔曼的"不法价值移转说"。该说认为,许可费赔偿旨在恢复原被告间"不法价值移转"的"返还性赔偿",区别于旨在去除实际不法获益的"剥夺性赔偿"。[①] 埃德尔曼所理解的"价值移转"不要求原告财产总额的积极减少,只要求被告取得专属于权利人支配领域的价值。[②] 根据埃德尔曼的理解,在被告未经允许利用他人财产的案件中,之所以能适用许可费赔偿,是因为此时原本应当归属于原告的财产使用利益自原告的"支配领域"移转至被告,被告应当返还使用利益的公平市场价额。[③] 从埃德尔曼对"价值移转"的解读看,其所理解的"返还性赔偿"与不当得利制度均旨在维护权益归属秩序,只不过埃德尔曼所认可的"不法价值移转"范围更为宽广,肯定有些违约行为也会导致原被告间的价值移转。[④] 实际上,埃德尔曼本人也认可其所说的"返还性赔偿"与不当得利制度功能近似,只是因为其采取不当得利与不法获益区分论,所以才认为不法行为所引起的返还性责任无法被不当得利返还制度吸收。[⑤]

其二,温里布的"矫正正义说"。依据矫正正义,一方施加的不正义与另一方承受的不正义彼此规范性地对应。在温里布看来,唯有此种对应性结构才能有力证成私法上的责任,说明为什么原告要从特定被告而非可能更邪恶的第三方那里取得救济,以及为何被告要向原告

[①] Edelman J. Gain-based Damages: Contract, Tort, Equity and Intellectual Property. Oxford: Hart Publishing, 2002: 65-82.

[②] Edelman J. Gain-based Damages: Contract, Tort, Equity and Intellectual Property. Oxford: Hart Publishing, 2002: 66-67. 持类似观点的,参见 Beatson J. The Use And abuse of Unjust Enrichment. Oxford: Clarendon Press, 1991: 208。

[③] Edelman J. Gain-based Damages: Contract, Tort, Equity and Intellectual Property. Oxford: Hart Publishing, 2002: 70.

[④] Edelman J. Gain-based Damages: Contract, Tort, Equity and Intellectual Property. Oxford: Hart Publishing, 2002: 176.

[⑤] Edelman J. Gain-based Damages: Contract, Tort, Equity and Intellectual Property. Oxford: Hart Publishing, 2002: 38.

而非可能更迫切需要相关利益的第三方承担责任。^①

　　基于矫正正义，温里布反对一切的工具主义法律观，反对"任何人不应从不法行为中获益"的原则^②，认为不法获益责任作为一种私法责任必须遵循矫正正义的对应性结构，不受任何外在于双方当事人关系的因素（包括为公共利益而预防不法行为）影响。按照温里布的解读，如果要证成某种不法获益责任，不能仅以被告违法取得利益为依据，还必须论证原告有权取得这部分利益。^③ 因此，在温里布的学说中，是矫正正义和财产权的内容二者共同证成了许可费赔偿责任^④：温里布基于康德权利哲学思想提出，权利是主体意志自由在法律上的体现，权利人基于其意志自由有决定如何转让、使用其财产以获益的权利，他人相应地负有不得使用、出售该财产取得利益的义务^⑤，因此一旦被告违反其义务，利用本应归属于财产权人的获益可能性，就将引起当事人间的不正义，只有将这部分利益的价值复归原告，不正义才能够被矫正。^⑥

　　在温里布基于矫正正义哲学建构的私法体系中，不法获益责任范围终究取决于法律秩序赋予了被侵害权利怎样的权益归属内容。温里布自己也注意到，其结论和大陆法系学者旨在诠释不当得利制度的权益归属理论在结论上是一致的。^⑦

　　其三，达甘基于工具主义哲学的"经济价值维护说"。不同于温里

---

　　① Weinrib E J. The Idea of Private Law. Oxford：Oxford University Press，2012：73；Weinrib E J. Corrective Justice. Oxford：Oxford University Press，2012：19.

　　② Weinrib E J. Corrective Justice. Oxford：Oxford University Press，2012：120-125.

　　③ Weinrib E J. Corrective Justice. Oxford：Oxford University Press，2012：119.

　　④ Weinrib E J. Corrective Justice. Oxford：Oxford University Press，2012：130.

　　⑤ Weinrib E J. The Idea of Private Law. Oxford：Oxford University Press，2012：120-126.

　　⑥ Weinrib E J. Corrective Justice. Oxford：Oxford University Press，2012：125-132. 温里布将利用财产获益的方式分为转让与使用两种，认为当被告无权转让原告财产，就应按转让所得的收益确定获益责任；而当被告无权使用原告财产，责任数额以财产使用利益为准。但无论是按转让所得收益还是使用利益价额确定的责任，其目的都是归还本应归属于原告的利益。

　　⑦ Weinrib E J. Restitutionary damages as corrective justice. Theoretical Inquiries in Law，2000(1)：1-27.

布,达甘自工具主义视角展开的学说体现了法律实证主义的核心主张,即强调法律的价值取向,认为法益归属秩序是开放性的,其形态和演变取决于社会目标。① 达甘认为,诚然私法关系具有对应性,但当事人权利义务关系不可能隔绝公共价值的影响,财产权观念会随财产种类、社会背景、历史时期的变化而变化,像温里布那样从财产权观念直接推导不法获益责任规则,将不法使用他人财产者的责任锁定为使用利益价额是不妥的。② 在达甘看来,责任范围的划定取决于对行为人课以责任的目的,实践中与不法行为相关的获益至少可分为销售额、净利润、公平市场价格等类型,分别承担不同的实用功能。③ 其中,按财产公平市场价格(包括许可费)确定的责任旨在保障被侵害权利"在经济价值上的良好状态",不考虑权利人是否本会愿意在该价格交易、不保障权利人自由意志被尊重。④

2.否认许可费赔偿属于不法获益责任的学说

(1)损害补偿责任说

相当一部分学说不认可不法获益责任的概念,仍然试图从损害补偿的角度来诠释许可费赔偿。

其一,"交易机会损失补偿说"。夏普(Sharpe)和瓦达姆斯(Waddams)认为,利用他人财产的行为剥夺了权利人的交易机会,许可费赔偿旨在补偿交易机会损失。⑤ 这种观点和实践情况并不契合。理论上,原本没有许可意愿的权利人并不享有实际的交易机会损失,

---

① 塔玛纳哈:《法律工具主义:对法治的危害》,陈虎,杨洁译,北京大学出版社 2016 年版,第102-103 页。

② Dagan H. Unjust Enrichment: A Study of Private Law and Public Values. Cambridge: Cambridge University Press, 1997: 35.

③ Dagan H. Unjust Enrichment: A Study of Private Law and Public Values. Cambridge: Cambridge University Press, 1997: 13-14.

④ Dagan H. Unjust Enrichment: A Study of Private Law and Public Values. Cambridge: Cambridge University Press, 1997: 19-20.

⑤ Sharpe R J, Waddams S M. Damages for lost opportunity to bargain. Oxford Journal of Legal Studies, 1982(2): 290-297.

但实践中法院适用许可费赔偿时并不考虑权利人有无交易意愿。

其二，"获益机会损失补偿说"。吉利奥认为许可费赔偿旨在补偿"以被告获益为据计算的原告损失"。这种听上去有些矛盾的论断建立在其对"补偿"与"返还"概念的独特界定上。假设以下两种情况：一是甲将书借给乙，但乙将书据为己有；二是甲将书借给乙，乙虽然归还了书，但因保管不当而损坏了书。按通常理解，甲可在第一种情形下主张书的返还，在第二种情形下主张补偿书破损所致的损失，但吉利奥却认为，前述两种主张本质并无不同，都是甲丧失某种财产利益后想要收回原物或对原物的替代性救济以谋求补偿。① 吉利奥认为，如果被告未经允许使用原告财产或财产性利益，被告就取得了本应归属于原告的"利用其财产的获利潜能"的利益②，因而原告必然受有某种损失。此时被告所受损失虽然应以被告所获利益衡量，但这里以被告获益为据确定的责任终究旨在补偿原告，充其量不过"伪返还"（pseudu-restitutionary）而已。③ 从吉利奥的学说看，其所说的损失不限于"差额说"意义上的损失，而包括权益归属说意义的损失。正因如此，其从补偿损失的角度理解德国民法中的不当得利制度，认为德国法之所以能在损害赔偿法中坚持传统实际损失的概念，是因为量化损失的其他方法被交由不当得利法处理了。④

其三，"支配利益补偿说"。麦金尼斯认为，只要拓展损害的概念，许可费赔偿完全可被解读成补偿性的。其思路是，财产权的支配权

① 在其以不法获益责任为主题的专著中，吉利奥着重阐释了其对"返还"的颠覆性定义，参见 Giglio F. The Foundations of Restitution for Wrongs. Oxford：Hart Publishing，2007：54。吉利奥虽然认可"返还性赔偿责任"，但在他的理解中，真正的"返还性赔偿"旨在剥夺被告的获益。例如，A 因听信 B 关于某房产价值的虚假信息高价购屋，实则 B 与出卖人有协议从价款中取得回扣。这笔回扣并不属于本应归属于 A 的利益，所以 B 取得回扣本身并未造成 A 利益的减损，吉利奥认为此时法院若允许 A 主张 B 交出回扣，就是在判决一种"返还性赔偿"。

② Giglio F. Restitution for wrongs：A structural analysis. Canadian Journal of Law & Jurisprudence，2007(1)：5-34.

③ Giglio F. The Foundations of Restitution for Wrongs. Oxford：Hart Publishing，2007：65.

④ Giglio F. The Foundations of Restitution for Wrongs. Oxford：Hart Publishing，2007：67-69.

(dominium)具有经济价值,一旦支配受到干扰,即便权利人的整体财产数额并未减少,支配权本身的价值也应予补偿,其数额按许可费计算。① 麦金尼斯所说的"支配丧失"不是实际的"支配机会损失",与权利人原本会如何利用其财产、是否受有实际交易机会损失无涉。② 麦金尼斯认可许可费赔偿所补偿的支配利益损失相当于侵害人所取得的利益,其之所以选择从权利人受损而非侵害人获益的角度来理解许可费赔偿,只是因为英国判例法传统上将"使用者原则"定性为补偿规则。③

与麦金尼斯"补偿支配利益损失说"思路近似的还有"补偿选择利益损失说"与"补偿排他权益损失说"。赛努(Senu)认为,按照许可费确定的赔偿责任旨在补偿权利人所受的"选择利益损失",并以一则违约案件作为例子:甲从乙处购买了房产,同时约定甲不得在现有房屋的基础上继续改造,几年后乙发现甲违反了合同约定新建了一层房屋,并出租获利。赛努认为,此时应区分履行利益的经济价值和"有权请求履行"的经济价值,传统违约责任仅着眼于前者(履行利益)而忽略了后者。在赛努看来,本案债权人基于合同享有禁止债务人搭建房屋的"否决权"(veto power),其对是否行使否决权的选择权也是有经济价值的:假如甲预先向乙寻求许可,乙可以选择是否许可,并以此为契机就如何分配出租新建房屋的预期收益与甲进行协商。④ 以英美司法实践为依据,我国学者洪国盛认为,权利人对其财产的支配本身具

---

① McInnes M. Gain, loss and the user principle. Restitution Law Review, 2006(14):76-92.

② 伯罗斯认为麦金尼斯学说指向支配机会损失,进而主张麦金尼斯的理论与其他从机会损失切入的学说存在相同缺陷:权利人即便未丧失支配、缔约等机会,也未必会和被告达成许可交易,机会损失不一定等于许可费,参见 Burrows A. Are 'damages on the Wrotham Park basis' compensatory, restitutionary, or neither? //Saidov D, Cunnington R. Contract Damages:Domestic and International Perspectives. Oxford:Hart Publishing, 2008:165-185。此种批评并不适切。

③ McInnes M. Gain, loss and the user principle. Restitution Law Review, 2006 (14):76-92.

④ Senu J. Negotiating damages and the compensatory principle. Oxford Journal of Legal Studies, 2020(1):110-131.

有经济价值,许可费赔偿旨在补偿排他权益受损所致的经济损失。[1]
至于选择利益损失、排他权益损失的量化,前述两说均认为可以通过
"协商赔偿"方式认定,考察理性人预先协商时本会达成的许可使用费
合意。

　　上述各家学说实质上均认同许可费赔偿旨在维护权益归属的内
容,无非各说通过概念改造放宽了"损失"的含义,认为权利客体被未
经允许使用本身就是一种应予补偿的客观损失(无论表述为支配利益
的损失、选择利益的损失抑或排他权益的损失),并由此将许可费赔偿
定位为损失补偿责任。如果认可许可费赔偿属于返还性责任,就没有
必要再复杂化"损害"的概念。

　　(2)替代权利赔偿说

　　史蒂文斯(Stevens)的学说全盘重塑了损害赔偿法,区分被侵害
权利的替代性赔偿(substitutive damages)和因权利侵害而产生的其
他结果损失。他提出,私法上的金钱赔偿首先应当着力替代被侵害的
原权利,这种替代性赔偿一般以"被侵害权利价值"的客观评价为准,
不旨在补偿权利人的实际损失,也无意剥夺加害人取得的实际不法获
益。根据史蒂文斯的理论,未经允许利用他人财产的案件,按照许可
使用费确定的责任旨在替代"决定谁可以使用财产的权利之价值"。[2]
就这一结论而言,史蒂文斯的意见与主张"许可费赔偿"旨在补偿"支
配利益损失"的观点差异不大,只是麦金尼斯选择拓宽损失概念而史
蒂文斯则开辟了替代性赔偿的概念而已。

　　(3)不当得利返还说

　　这类学说认为,英美法中作为侵权责任存在的许可费赔偿根本是
种谬误,应当废弃许可费赔偿规则,将其归入不当得利返还。例如,贾
菲(Jaffey)认为,私法上的责任除采取"权利—义务违反—次生责任"

---

[1]　洪国盛:《论权益侵害与获利交出》,载《环球法律评论》2022年第2期。

[2]　Stevens R. Torts and Rights. Oxford：Oxford University Press, 2007：79-84.

结构外,还存在不以义务违反为媒介的"权利—原始责任"结构。① 其中,"权利—原始责任"结构的功能在于分配资源归属、界定财产权人的权利范围,从而确保权利人享有其财产上的价值与利益;一旦被告取得来自原告财产的使用利益,权利人无需证明被告违反侵权法上的义务,即可直接基于财产权请求被告承担支付合理使用费的法律责任。② 按照贾菲建构的理论体系,不当得利返还便是一种不以存在义务违反行为为前提的原始责任。③ 贾菲认为,按照许可费确定的责任采取"权利—原始责任"结构,不以义务违反为前提,故其否认"不法获益返还"这一概念,认为所谓的许可费赔偿应被不当得利制度吸收。德国学者克雷布在《不法行为的返还性赔偿之谬误》一文中也提出英美法区分不当得利与返还性赔偿责任是一个错误,主张许可费赔偿实际上是以不当得利返还为基础的,应该用权益归属说来理解,本质上涉及"为何原告应取得这些利益"的问题。④ 克雷布认为,令不当得利和返还性赔偿并存的立法模式根本不是一个请求权竞合问题,而是对同一事实规定了两种法律效果。⑤

(二)隐含共识

前述各家观点中,多数见解认可许可费赔偿有其独立的理论基础,并非旨在全部或部分地剥夺被告实际取得的不法获益。在此基础上,这些学说在多个方面仍然分歧显著:体系定位上,贾菲和克雷布认为,许可费赔偿本质上是不当得利的返还,其他学者则将许可费赔偿定位为侵权或违约赔偿责任的内容;哲学基础上,温里布认为,唯矫正正义才能证成包括许可费赔偿在内的私法责任,达甘则采取工具主义

---

① Jaffey P. Duties and liabilities in private law. Legal Theory, 2006(2): 137-156.

② Jaffey P. Licence fee damages. Restitution Law Review, 2011(21): 95-111

③ Jaffey P. Duties and liabilities in private law. Legal Theory, 2006(2): 137-156.

④ Krebs T. The fallacy of restitution for wrongs//Burrows A, Rodger A. Mapping the Law: Essays in Memory of Peter Birks. Oxford University Press, 2006: 380-399.

⑤ Krebs T. The fallacy of restitution for wrongs//Burrows A, Rodger A. Mapping the Law: Essays in Memory of Peter Birks. Oxford University Press, 2006: 380-399.

视角,认为法律制度必然会受到社会观念和法政策取向的影响,无法仅通过矫正正义诠释;概念体系上,各学说对"损失""补偿""返还""剥夺"等概念的定义大不相同,从而对许可费赔偿究竟属于补偿性责任抑或返还性责任的问题得出了大相径庭的结论。

但如果搁置上述各方面争议,大部分观点对许可费赔偿的认识和大陆法系学者为解读不当得利法而提出的权益归属说整体思路近似。多数学说实质上都将利益归属秩序作为证成许可费赔偿的基础,认为一旦被告破坏了这种秩序而取得了本应属于原告、由原告支配的某种利益,就应当向原告支付此种利益的金钱价值,只不过不同学者对该种利益的性质有不同理解:埃德尔曼、麦金尼斯、赛努等称此种利益为权利人的"支配利益""选择利益""排他利益",吉利奥与温里布认为其代表了"获益的潜在可能性"。① 贾菲提出的"权利—原始责任"结构、史蒂文斯提出的"替代性赔偿"均意在划定财产权边界,同样也着眼于利益归属的分配。克雷布在讨论许可费赔偿时更是明确提到了权益归属说。尽管达甘主张权利根本没有天然的规范性内涵,只是等待被时代和社会填充内容的容器②,其学说也只是说明权益归属秩序会动态变化并影响返还性赔偿的应然适用范围,不影响权益归属理论对返还性赔偿的解释力。

权益归属理论不仅为学说所实质上认可,还能够顺畅地解释英美法系相关司法实践的状况。所有权的使用利益应当归属于权利人无甚争议,相应地,如前所述,未经允许利用他人不动产或动产的案件,许可费赔偿的可适用性也基本没有争议。权益归属内容相对更具争

---

① 有观点认为,按照许可费确定的赔偿责任应以"协商性损害赔偿"方式确定,其数额反映了当事人之间博弈的结果,而并非本属于权利人的利益之经济价值,因此此不能通过权益归属理论来圆满诠释。参见洪国盛:《论权益侵害与获利交出》,载《环球法律评论》2022 年第 2 期。该说有倒因为果之嫌:"协商性损害赔偿"标准和市价赔偿标准一样,均旨在进行价值评估;权利人之所以有机会主张所谓的"协商性损害赔偿",终究仍是因为法秩序将某种利益归属于权利人。

② Coleman J L, Kraus J. Rethinking the theory of legal rights. The Yale Law Journal, 1986 (7): 1335-1371.

议性的案件如采光权妨害纠纷、市场权妨害纠纷、违约纠纷、不正当竞争纠纷等,适用许可费赔偿的情况就明显减少。在市场权妨害案件中,判决书将原告并未受有实际损失作为拒绝适用许可费赔偿的理由,但其真正的原因可能在于市议会的法定"市场权"只是为确保市场秩序,而并不旨在赋予市议会以独占利用市场的利益。[①] 在违约之诉中,适用许可费赔偿的违约案件往往涉及以合同约定将支配该项财产的利益通过契约分配给债权人的情形,法院在此时按照许可债务人利用财产的对价来确定赔偿责任的原理也可通过权益归属理论说明。

综上,英美法中按照许可费、租金等使用利益价额确定的赔偿责任与不当得利返还制度功能趋同,均在于矫正缺乏法律根据的利益流动、维护权益归属秩序。虽然英美法学者对许可费赔偿究竟具有补偿性、返还性还是剥夺性有明显分歧,但这很大程度上是因为英美法未统一界定补偿、返还、剥夺、损失、获益等概念的内涵。如果采取民法对"返还"的通常界定方式,旨在维护权益归属秩序的许可费赔偿应当属于返还性责任,其既有别于实际损失补偿规则,不以权利人所受损害为中心,又有别于剥夺性责任,在数额上可能大于、小于或等于侵权人所实际取得的不法获益。

第二节　专利侵权合理许可费的返还性

按照许可费确定侵权赔偿责任的做法主要见于英美法系国家,在早已有成熟不当得利制度的大陆法系国家,民法通常仍以损害作为确定赔偿责任的基点,将矫正不当利益流动的任务交由不当得利制度承担。然而,十分特殊的是,在两大法系,各知识产权法立法例几乎都允

---

① Krebs T. The fallacy of restitution for wrongs//Burrows A, Rodger A. Mapping the Law: Essays in Memory of Peter Birks. Oxford University Press, 2006: 380-399.

许按照许可费来确定赔偿责任，即学理上所说的"合理许可费赔偿"规则。美国《专利法》第 284 条规定，专利侵权人承担的赔偿责任应当足以补偿受害人，且数额上"不得小于侵权人使用发明的合理许可费"。德国《专利法》第 139 条第 2 款规定，除了按照实际损失来认定赔偿额，损害赔偿的主张也可以根据侵权人"如果获得实施发明的授权本来应该支付的合理报酬计算"。[①] 日本《特许法》第 102 条第 3 款采取推定规则，允许将专利许可使用费推定为损失数额。[②] 我国法律规定亦然，只是《专利法》第七十一条独树一帜地规定了"参照该专利许可使用费的倍数合理确定"赔偿数额。

　　知识产权侵权合理许可费赔偿究竟有着怎样的理论基础，其属于补偿性责任抑或返还性责任，迄今存在争议。在"损害的特别计算方法说"遭遇挑战的背景下，不少观点一方面坚持立足于损害补偿，另一方面又从不当得利返还视角理解合理许可费。如"客观损害说"认为，由于权利人在客观上可以通过许可交易获得收益，无论其是否曾有许可计划，其均在客观上丧失相当于许可费的利益，且其数额与侵害人不当得利相当。[③] "权益侵害说"认为，一旦侵害行为发生就可以认为知识产权人受有损害，其数额相当于侵害人"利用他人知识产权的市场价值"。[④] 以下将论证，专利侵权合理许可费赔偿也属于返还性赔偿责任，而《专利法》中"倍数许可费赔偿"的意涵存在解释余地，但应当认为其等价于比较法上的合理许可费赔偿，以侵权人的不当得利数额为责任认定基础。

---

　　① 中国人民大学知识产权教学与研究中心，中国人民大学知识产权学院：《十二国专利法》，《十二国专利法》翻译组译，清华大学出版社 2013 年版，第 166-167 页。
　　② 中国人民大学知识产权教学与研究中心，中国人民大学知识产权学院：《十二国专利法》，《十二国专利法》翻译组译，清华大学出版社 2013 年版，第 261-262 页。
　　③ 黄芬：《人格权侵权中的许可使用费赔偿研究》，载《社会科学》2020 年第 1 期。
　　④ 缪宇：《作为损害赔偿计算方式的合理许可使用费标准》，载《武汉大学学报（哲学社会科学版）》2019 年第 6 期。

一、比较法中合理许可费赔偿的返还性

如前所述,英美法的许可费赔偿旨在维护利益归属秩序,这支持认为知识产权侵权合理许可费赔偿属于返还性责任[1],具有不当得利返还色彩的理论判断。[2] 美国《专利法》第284条规定,专利侵权人应当承担不小于合理许可费的责任,这也完全支持合理许可费属于返还性赔偿责任的见解:专利侵权行为同时可以构成权益侵害型不当得利,因此侵权人无论如何至少要返还不当得利,若侵权行为人还另行造成损失的,自应赔偿。

一旦肯定专利侵权人合理许可费就是以侵害人不当得利为基础的返还性责任,就无须再借助拟制权利人的许可意愿强行将合理许可费赔偿与"损害"相关联,也无需为了说明合理许可费的补偿性而引入规范性损害、客观损害等概念令"损害"概念复杂化。但在肯定专利侵权合理许可费赔偿制度旨在令侵权人返还其不当得利之前,仍需要回应一些疑问。例如,为了实现预防知识产权侵权的目标,是否有必要使专利侵权合理许可费数额高于一般意义上的许可费赔偿,使其功能不仅限于矫正缺乏法律根据的利益流动?

许多观点认为,如果不调整合理许可费的数额,使其适当高于专利使用利益的价值,无异于在事后给予加害人以利用专利的强制许可,不仅无法达到事先预防侵权行为的效果,反而还激励技术利用人采取"先利用、再付费"的策略。[3] 在"泛达案"中,美国法院担忧,如果

---

[1] Krebs T. The fallacy of restitution for wrongs//Burrows A, Rodger A. Mapping the Law: Essays in Memory of Peter Birks. Oxford University Press, 2006: 380-399; The Restatement (Third) of Restitution and Unjust Enrichment § 42 comment a.

[2] 王泽鉴:《不当得利类型论与不当得利法的发展——建构一个可操作的规范模式(下)》,载《甘肃政法学院学报》2015年第6期。

[3] 张鹏:《日本专利侵权损害赔偿数额计算的理念与制度》,载《知识产权》2017年第6期;和育东:《美国专利侵权救济》,法律出版社2009年版,第193页;徐小奔:《论专利侵权合理许可费赔偿条款的适用》,载《法商研究》2016年第5期;朱冬:《创新政策视野下的知识产权侵权损害赔偿——功能定位与规则调试》,载《网络法律评论》2020年辑刊。

侵权人只需支付正常的、常规的、合法受许人本应支出的许可费,侵权人就只赚不赔。① 类似地,在"弗洛姆森诉 W. 利托板材及供应公司案"(以下简称"弗洛姆森案")中,法院认为,按使用费确定的赔偿额会造成一个印象,即只要专利权人自己不实施专利、无法主张受到利润损失,侵权人明目张胆的侵害行为对侵权人而言有利无害。② 尽管美国联邦巡回法院曾经提出不应区别对待"对于侵权人的合理许可费"与"一般的许可使用费"③,其仍在"麦克斯韦诉 J. 贝克公司案"(Maxwell v. J. Baker,Inc)中以预防侵权为由加重了合理许可费赔偿的数额。④ "孟山都公司诉麦克法林案"(Monsanto Co. v. McFarling)判决的合理许可费赔偿更高达原告通常收取数额的六倍以上。⑤ "瑞泰公司诉凯利公司案"(Rite-Hite Corp. v. Kelley Co.)判决的合理许可费赔偿数额甚至是整个侵权设备所生净利润的 30 多倍。⑥

预防专利侵权的积极意义的确不容忽视,但是为了预防专利侵权行为而一般性地提高专利侵权合理许可费数额的做法未必妥当。首先,认为返还性赔偿会令侵权人稳赚不赔的说法是言过其实的。现实中,知识产权侵权人常常已经为生产销售侵权产品投入成本,侵权人一旦被判侵权,随之而来的停止侵害责任可能会令侵权人面临不菲的沉没成本。在一些纠纷中,停止侵害救济的威慑力已经不容小觑。例如,在"北京德农种业有限公司、河南省农业科学院诉河南金博士种业股份有限公司侵害植物新品种权纠纷案"中,尽管法院认为侵权人存在故意侵权的情形,但仍认为停止侵害判决对侵权人而言过于严苛,提出"德农公司已经取得'郑单 958'品种权人的授权许可,并已支付相

---

① Panduit Corp. v. StahlinBros. Fibre Works, Inc. , 575 F. 2d 1152 (6th Cir. 1978).
② Fromson v. W. Litho Plate & Supply Co. 853 F. 2d 1568 (Fed. Cir. 1988).
③ Mahurkar v. C. R. Bard, Inc. , 79 F. 3d 1572 (Fed. Cir. 1996).
④ Maxwell v. J. Baker, Inc. 86 F. 3d 1098 (Fed. Cir. 1995).
⑤ Monsanto Co. v. McFarling, 488 F. 3d 973 (Fed. Cir. 2007).
⑥ Rite-Hite Corp 56 F. 3d 1538, 1555-1576 (Fed. Cir. 1995).

应的使用费,因培育'郑单958'玉米品种仍需要使用亲本'郑58'植物
新品种权,德农公司为生产'郑单958'花费了大量的人力物力,若禁
止德农公司使用亲本'郑58'生产'郑单958'玉米品种,将造成巨大的
经济损失,通过支付一定的赔偿费能够弥补金博士公司的损失"①。又
如,在"珠海市晶艺玻璃工程有限公司诉广州白云国际机场股份有限
公司、广东省机场管理集团公司、深圳市三鑫特种玻璃技术股份有限
公司专利权侵权纠纷案"中,由于拆除侵权产品的成本很高且会导致
机场正常使用面临障碍,法院最终未支持停止侵害救济,仅判令被告
支付使用专利的合理费用。② 其次,加重非故意专利侵权人的赔偿责
任很可能抵触专利法适度预防侵权、鼓励创新的政策取向。当前各专
利法立法例中的合理许可费赔偿责任常常可以适用于实质上并无过
失的专利侵害行为③,在此背景下一般性地加重无过失侵权人的责任
不仅不公平,且无过失的侵权行为本身是无法被预防的:无过失的行
为人无法合理预见侵权行为的存在,而只有当潜在侵权人能预见其行
为后果时,侵权才有被预防的可能④。即便落实过错归责原则,一般性
地加重过失专利侵权责任的做法仍然存在较大风险:在专利权利边界
模糊的特殊背景下,强调对过失侵权的防范容易导致技术利用人对从
事合法性存疑的行为过于谨慎,令许多有价值的合法技术利用行为被
一并阻遏,不当扩大专利权人的垄断范围,增加专利权的社会成本。

　　而对于确有必要着力预防的、情节严重的故意侵害行为,预防功
能更适宜由具有足够威慑力的惩罚性赔偿制度担当。⑤《专利法》已经

① 参见北京德农种业有限公司、河南省农业科学院诉河南金博士种业股份有限公司侵害植物
新品种权纠纷案,河南省高级人民法院(2015)豫法知民终字第356号民事判决书。
② 参见珠海市晶艺玻璃工程有限公司诉广州白云国际机场股份有限公司、广东省机场管理集
团公司、深圳市三鑫特种玻璃技术股份有限公司专利权侵权纠纷案,广州市中级人民法院(2004)穗
中法民三初字第581号民事判决书。
③ 详见本书第二章。
④ 美国联邦巡回法院尼斯(Nies)法官认为,损害赔偿不应具有预防不知情侵权人的效果,参见
Rite-Hite Corp. v. Kelley Co., 56 F.3d 1538, 1574 (Fed. Cir. 1995).
⑤ 详见本书第七章。

新增了专利侵权惩罚性赔偿制度，能够更为彻底地去除侵权人从不法行为中获得的收益。在惩罚性赔偿制度已经到位的情况下，通过扭曲"许可费"的含义令其承担预防侵权任务的可行性进一步降低，将合理许可费赔偿责任范围限制在不当得利返更符合专利法"适度预防"的政策。[①]

二、我国法中倍数许可费赔偿的返还性

《专利法》第七十一条的规定十分特殊，规定按照专利许可使用费的"合理倍数"来确定赔偿额，这一规定在比较法上并无成例。此前，1984 年出台的《中华人民共和国专利法》第六十条曾规定："对未经专利权人许可，实施其专利的侵权行为，专利权人或者利害关系人可以请求专利管理机关进行处理，也可以直接向人民法院起诉。专利管理机关处理的时候，有权责令侵权人停止侵权行为，并赔偿损失；当事人不服的，可以在收到通知之日起三个月内向人民法院起诉；期满不起诉又不履行的，专利管理机关可以请求人民法院强制执行。"这一规定着重于专利的行政保护，仅明确了行政机关处置专利侵权案件时可以责令侵权人赔偿损失，未规定专利权人可以向法院诉请何种救济。1992 年修正时亦保留了该规定。不过，最高人民法院于 1992 年发布的《关于审理专利纠纷案件若干问题的解答》（法发〔1992〕3 号，现已失效）已经提出可以"以不低于专利许可使用费的合理数额作为损失赔偿额"。后来，2000 年修正的《中华人民共和国专利法》对专利侵权赔偿责任制度作了大幅修改，规定"侵犯专利权的赔偿数额，按照权利人因被侵权所受到的损失或者侵权人因侵权所获得的利益确定；被侵权人的损失或者侵权人获得的利益难以确定的，参照该专利许可使用

---

　　① 关于专利侵权采取适度预防政策的必要性，参见本书第二章。后文将说明，专利效力不稳定、边界模糊的特性导致专利在现实市场中的许可费未必能反映专利技术的客观使用价值，这意味着认定高于现实市场许可费的合理许可费在部分案件中确实是必要的。但无论如何，应当明确此时的合理许可费仍然仅具返还性。

费的倍数合理确定"。2008 年修正时,第六十五条第一款也规定了可以参照专利许可使用费的倍数合理确定赔偿数额。

关于"倍数"的确定,《最高人民法院关于审理专利纠纷案件适用法律问题的若干规定》(法释〔2001〕21 号)第二十一条曾规定,被侵权人的损失或者侵权人获得的利益难以确定,有专利许可使用费可以参照的,人民法院可以根据专利权的类别、侵权人侵权的性质和情节、专利许可使用费的数额、该专利许可的性质、范围、时间等因素,参照该专利许可使用费的一至三倍合理确定赔偿数额。但在后续修订中,这一规定被删去。

一种观点认为,规定"倍数参照"的目的是确保侵权人利益状况较之市场上的合法受许人需付出更大的代价,从而预防侵权行为。[①] 尽管过失侵权人在承担一倍许可费赔偿的情况下确实可能保有一部分不法获益,但如前所述,通过刻意加重责任来预防非故意侵害专利权的行为容易产生过度预防风险,应当谨慎为之。事实上,在 2001 年《最高人民法院关于审理专利纠纷案件适用法律问题的若干规定》出台前,最高人民法院发布的文件已明确提到了一至三倍的规定主要适用于故意侵权。时任最高人民法院副院长曹建明在 2001 年全国法院知识产权审判工作会议上指出:"对故意侵权、侵权情节恶劣、多次侵权等情况,应当按照一倍以上三倍以下的使用费的标准计算赔偿额。对许可使用费本身就很大的,不宜再按倍数计算,要特别注意防止有的当事人采用倒签合同等办法骗取高额赔偿。"[②]2000 年修正的《中华人民共和国专利法》尚未认可惩罚性赔偿,在个案中通过倍数许可费赔偿来威慑故意侵权有一定的合理性,但在现行《专利法》已经明文规

[①]　徐小奔:《知识产权损害赔偿计算中的法律解释问题》,湖北人民出版社 2019 年版,第 91-92 页;郑成思:《中国侵权法理论的误区与进步——写在〈专利法〉再次修订与〈著作权法〉颁布十周年之际》,载《中国工商管理研究》2001 年第 2 期;尹新天:《中国专利法详解》,知识产权出版社 2011 年版,第 735-736 页;朱冬:《创新政策视野下的知识产权侵权损害赔偿——功能定位与规则调试》,载《网络法律评论》2020 年辑刊。

[②]　曹建明:《努力开创知识产权审判工作新局面》,载《科技与法律》2001 年第 2 期。

定惩罚性赔偿制度的情况下，许可费赔偿制度不应该再同时承担惩罚性赔偿的功能。

　　按照国家知识产权局条法司曾经作出的解读，规定"倍数参照"的目的在于确保赔偿额足以填补权利人实际损失，认为"如果仅仅依照许可使用费的一倍来确定赔偿额，则还不足以达到填补专利权人所受损失的程度"[①]。但在现实中，许可交易之所以能够成就，通常是因为权利人和受许人能够通过许可实现双赢，对权利人而言，其同意许可的前提是其可获得的许可费收益足以覆盖允许受许人加入市场竞争带来的利润损失，认为"倍数"许可费才足以填补实际损失的见解缺乏理论依据。[②] 正如有学者已指出的，合理许可费赔偿往往适用于受害人实际损失无法查明的场合，既然实际损失难以确定，那么"在逻辑上，既不能认定合理许可使用费的倍数赔偿接近实际损失，也不能得出合理许可使用费的倍数赔偿能够填补权利人实际损失的结论"[③]。就此而言，主张删去"倍数参照"规定的见解值得赞同。[④]

　　在不修法的情况下，经过解释技术处理，"倍数许可费赔偿"仍可以被理解为单纯的返还性责任。后文在分析合理许可费的具体认定方法时将论证，专利许可交易具有"诉讼驱动"的特点，受制于当事人对潜在诉讼结果的预期，有时可能导致市场中的专利许可费难以充分反映专利技术使用利益的客观价值。这可以作为"倍数"处理的切入点：应当认为，现行法关于"倍数"参照许可费赔偿的规定并非旨在加

---

　　① 国家知识产权局条法司：《新专利法详解》，知识产权出版社 2001 年版，第 340 页。
　　② 还有学者认为，《专利法》中关于"倍数"的规定，可能是考虑到我国法院在认定合理许可费时一般以行业标准费率为基础，而行业标准未必契合个案情况，有时需通过倍数处理来确保权利人得到充分救济。参见徐小奔：《知识产权损害赔偿计算中的法律解释问题》，湖北人民出版社 2019 年版，第 91 页。但是，《专利法》第七十一条第一款的文义并没有要求法院参考行业费率，即使没有"倍数"的规定，法院仍然可以在行业标准许可费不能反映个案专利权客观价值的时候进行系数调整。
　　③ 缪宇：《作为损害赔偿计算方式的合理许可使用费标准》，载《武汉大学学报（哲学社会科学版）》2019 年第 6 期。
　　④ 杨涛：《知识产权许可费赔偿方法的功能、价值准则与体系重构》，载《中国法学》2021 年第 5 期。

重侵害责任,其功能与比较法上的"合理许可费"等价,"倍数"规定仅旨在赋予法院以裁量余地,使其在现实许可费未能客观反映专利的实际使用价值时能够进行必要的调整。因此下文不再区分"合理许可费"与"参照许可费倍数合理认定",统一表述为"合理许可费"这一概念。

第三节　合理许可费赔偿与不当得利返还的竞合

一、合理许可费在知识产权法中兴起的根源

返还性赔偿之所以在英美法司法实践中更常被接受,一方面是因为不当得利和返还法在英美法系发展相对较晚,另一方面是因为伯克斯等研究英美不当得利和返还法的权威学者主张区分不当得利和不法获益。前已述及,伯克斯等学者认为,侵权行为所引起的返还义务应当定位为侵权行为的法律效果,并不认同大陆法系民法学理中"权益侵害型不当得利"的概念。①

在我国民事法律体系早已确立不当得利返还制度且承认"权益侵害型不当得利"的情况下,再在知识产权法体系中引入返还性赔偿是否叠床架屋? 是否如贾菲、克雷布等所说,返还性赔偿根本是个伪命题,合理许可费规则应当被重新编入不当得利法? 根据德国学者的分析,德国知识产权法体系起初之所以引入类推许可的赔偿,原因之一是早期主流见解对于不当得利中的"一方受损"要件认定严格,要求存

---

① Edelman J. Unjust enrichment, restitution, and wrongs. Texas Law Review, 2001(7): 1869-1878; Birks P. Unjust enrichment and wrongful enrichment. Texas Law Review, 2001(7): 1767-1794.

在"差额说"意义上的实际损失。[①] 但是为何在权益归属说已经居于主流后，合理许可费赔偿规则并未在德国的知识产权法体系中被废除？尽管并非存在即合理，知识产权侵权合理许可费赔偿在大陆法系国家同样流行的特殊现象十分值得关注。

知识产权侵权合理许可费赔偿在两大法系兴起的根本原因，应是实际损失补偿规则陷入严重的适用困境。从观念上来说，知识产权侵权所致的损失和一般意义上的损失并无本质区别[②]，但在实际操作层面，要做到恰好将权利人的利益状况恢复到侵害未发生时的"应然状况"确实十分困难。仅就专利权人的所失利润而言，其数额与市场对专利产品的需求大小、原被告产品相互的可替代程度、市场上是否还存在其他的替代产品、权利人自身产能在多大程度上能满足市场需求等因素紧密相关，在计算上相当复杂，举证门槛很高。尽管目前学说和实务上均已经发展出一些估算方法，但仍未摆脱实际损失认定困境。[③]

当实际损失如此难以捉摸，一味坚持将"赔偿"与"损害"捆绑只会导致损害赔偿请求权"空洞化"。寻求替代赔偿标准成为自然的应对策略，各国实定法采取的替代方案主要包括三类：一是按照侵权人实际取得的不法获益确定赔偿责任；二是按照侵权人所取得的使用利益的价额确定赔偿责任；三是由法官裁量确定赔偿责任。

在上述各方案中，按照使用利益价额确定赔偿责任的方案已经是相对最优的选择。首先，其赔偿标准相对清晰。尽管按不当得利确定的赔偿责任与权利人所受损害可能相去甚远，但是相较于缺乏标准、赋予法官几乎无限裁量余地的"法定赔偿"，合理许可费赔偿至少提供了一个明晰的判赔标准，并能在维护权益归属秩序的同时附带起到一

———————

　　①　Krebs T. The fallacy of restitution for wrongs//Burrows A, Rodger A. Mapping the Law: Essays in Memory of Peter Birks. Oxford University Press, 2006：380-399.

　　②　不乏学说认为，"差额说"在知识产权侵权领域根本难以适用，参见杨涛：《知识产权许可费赔偿方法的功能、价值准则与体系重构》，载《中国法学》2021年第5期。

　　③　蒋舸：《知识产权法定赔偿向传统损害赔偿方式的回归》，载《法商研究》2019年第2期。

定的损失补救功能。其次,返还性的合理许可费赔偿更契合"适度预防"的政策目标,与专利权存在"公示失败"困境、专利侵权责任"严格化"倾向更为匹配。如本书第四章已经分析的,专利侵权行为原本就能够引起损害赔偿请求权与不当得利返还请求权的竞合。不当得利返还义务不以得利人有过错为前提,即便个案中的侵权人实际上因专利权"公示失败"问题而难以预见侵权风险,令其承担返还性的赔偿责任也不至于产生责任过苛的问题。因此,相较于剥夺性责任,按照合理许可费来确定的返还性赔偿责任不会加重侵权人的负担,不容易引起"过度预防"的风险。

但是,在不当得利与合理许可费赔偿实质功能一致的情况下,二者究竟处于何种关系,是否仍有必要在知识产权法中保留合理许可费赔偿,的确是值得审慎分析的问题。

二、合理许可费赔偿与不当得利返还的关系

本书第四章已经分析了侵害专利权型不当得利的构成要件和法律后果。尽管合理许可费赔偿与不当得利返还在效果上是一致的,但合理许可费赔偿不具有独立请求权基础的地位而仅是侵权赔偿责任的具体内容,合理许可费赔偿和不当得利返还的构成要件并不一致。

关于损害要件,一般认为,侵权责任法和不当得利法意义上的损害概念有所不同。在侵权诉讼中,受害人应对其所遭受的实际损害数额负举证责任,而侵害型不当得利的成立不要求存在"差额说"意义上的损害,仅要求得利人违反权益归属内容取得本应归属于受损人的利益即可。[1]

关于主观要件,我国知识产权侵权的归责原则迄今存在争议,但目前多数见解并未采取美国专利法的严格责任说,主张知识产权侵权

---

① 程啸:《侵权责任法》,法律出版社 2015 年版,第 217-219 页。

损害赔偿责任的成立原则上与一般侵权责任一样，应以侵害人存在过错为前提。[①] 相形之下，不当得利之债的成立不以得利人有过错为前提并无疑问。

关于违法性要件，不同于损害赔偿责任，不当得利的成立并无得利人行为违法的要求。

合理许可费赔偿的责任人与不当得利返还的义务人也存在差异。在知识产权直接侵权案件，侵权人是直接基于他人智力成果取得利益的人，但在间接侵害知识产权的案件，间接侵权人[②]通常并不直接享受智力成果的使用利益。此时，不当得利返还的义务人与合理许可费赔偿的责任人可能存在差别。例如，当电子商务平台明知或应知平台内经营者销售侵害专利权的产品但未采取删除、屏蔽等必要措施时，应当根据《中华人民共和国电子商务法》第四十五条，与直接实施侵权行为的平台内经营者承担连带责任。但若受害人此时选择主张不当得利的返还，只能对直接在产品中利用专利技术的平台内经营者提出，网络服务提供者并非不当得利返还的义务人。

尽管存在上述区别，在直接侵害专利权的案件中，构成要件之别对于裁判结果影响却并不大。在知识产权侵权纠纷中，我国法院和德国实务上做法近似，都对损害和过错要件认定采取十分宽松的态度，只要权利人能够证明侵害行为已经成立，法院往往即推定权利人受有某种损害、侵害人违反其注意义务。[③] 这种做法具有合理性。就损害要件而言，考虑到合理许可费赔偿不以填平实际损害为宗旨，同时考虑到专利权人普遍难以确切证明实际损害的现实，实有必要对损害要

[①]　吴汉东：《知识产权侵权诉讼中的过错责任推定与赔偿数额认定——以举证责任规则为视角》，载《法学评论》2014 年第 5 期。

[②]　按传统侵权法所采取的概念，间接侵权人应属于共同侵权中的帮助人、教唆人。

[③]　例如东莞大兴拉链厂有限公司、YKK 株式会社侵害发明专利权纠纷案，最高人民法院(2022)最高法知民终 1024 号民事判决书；杭州亮眼健康管理有限公司、苏州宜嘉光电科技有限公司等侵害实用新型专利权纠纷，最高人民法院(2022)最高法民申 718 号裁定书；牟方栋、汕头市唯晟贸易有限公司侵害外观设计专利权纠纷，浙江省高级人民法院(2023)浙民终 534 号民事判决书；等等。

件作宽松解释。此时,损害要件的作用仅在于确认原告作为获赔主体的适格性。就过错要件而言,如本书第二章已经分析的,试图在个案中精准评价专利侵权人是否能够合理预见专利侵害风险在目前是不切实际的。

三、目前保留合理许可费赔偿的合理性依据

有德国学者直言,合理许可费赔偿、不当得利制度的并存是令人惊异的。[①] 的确,从形式体系上来看,由于不当得利之债相较侵权之债成立门槛较低,不要求受损人的整体财产数额减少、不要求得利人过错、不要求得利人行为违法,合理许可费赔偿规则完全可以被不当得利制度吸收。既然《民法典》已建立了较为完整的不当得利制度体系,是否应当废弃知识产权法下的合理许可费赔偿责任?

若跳脱出两项规则的比较而予以整体检视,提起侵权之诉目前对于权利人而言反倒更为有利:其一,前已述及,虽然不当得利和侵权损害赔偿责任构成要件不同,但至少在直接侵害专利权的案件中,二者实际证明难度差异甚微。其二,实定法就专利侵权赔偿责任规定了多种赔偿规则,若权利人选择主张侵权损害赔偿责任,就可以在不变更诉讼请求的情况下尝试多种赔偿路径。在权利人所受损失、侵害人所得利益都不易证明的情况下,权利人很可能希望尝试多种赔偿方案,如按"按照实际损失赔偿—按照许可费赔偿—由法官确定法定赔偿额"的顺序一一尝试。一旦废除了专利法中的合理许可费赔偿规则,权利人若想要按照这样的顺序求偿,便只能在"损害赔偿请求权—不当得利返还请求权—损害赔偿请求权"间来回切换,着实是不切实际的。由此可以看出,当专利侵权损害赔偿因实际损失认定困境而陷入"空洞化"的危机,合理许可费赔偿规则的引入具有实益。

---

① Krebs T. The fallacy of restitution for wrongs//Burrows A, Rodger A. Mapping the Law: Essays in Memory of Peter Birks. Oxford University Press, 2006: 380-399.

综上，虽然合理许可费赔偿规则和不当得利返还规则的并存破坏了私法体系的简洁优美，但在切实突破无形财产侵权实际损失认定难题前，引入合理许可费赔偿对充分救济知识产权人、便捷知识产权侵权纠纷解决确实具有实益。这能够说明为何在已有成熟不当得利法的国家如德国，知识产权侵权合理许可费赔偿规则迄今依然未被废除。当然，一旦摆脱了知识产权侵权所致实际损失认定困境，合理许可费赔偿这一权宜之计也就会走到尽头。

第四节　合理许可费与损失补偿规则的适用关系

《专利法》第七十一条规定应优先适用损失补偿规则和侵权利润赔偿规则，仅当"权利人的损失或者侵权人获得的利益难以确定"时，才能参照该专利许可使用费的倍数合理确定赔偿额。这一顺位规定并不妥当：合理许可费是将"不当得利返还"变形为返还性赔偿的产物，其适用不应以权利人的损失难以确定为前提。此外，法经济分析表明，按所失利润赔偿和按合理许可费赔偿二者间何者更为妥当取决于个案中权利人与侵权人的相对产销效率，而经济分析上看来更妥当的救济路径恰好对应着对专利权人更有利的赔偿方式。[①] 既然如此，允许权利人基于自己的利益状况择一适用，可以避免由法院主动调查原被告产销效率的烦琐，更具可操作性。[②]

在当前的司法实践中，我国法院事实上已经允许知识产权人自行选择赔偿方式。比如在"北京德农种业有限公司、河南省农业科学院诉河南金博士种业股份有限公司侵害植物新品种权纠纷案"中，法院

---

① Cotter T F. Comparative Patent Remedies：A Legal and Economic Analysis. New York：Oxford University Press, 2013：53.

② Cotter T F. Comparative Patent Remedies：A Legal and Economic Analysis. New York：Oxford University Press, 2013：70.

认为"计算赔偿数额时,如果当事人明确了计算方法,除非该计算方法明显不合理,原则上应尊重当事人的选择"。[①] 在未来《专利法》的修正中,建议将实际损失补偿规则、合理许可费赔偿规则置于同一顺位,允许权利人自由选择。

有待进一步讨论的是使用利益返还义务与实际损失补偿责任是否可以并用。英国法律委员会报告和德国专利司法实践均不允许合理许可费与实际损失补偿的并用[②],我国学者中也有持此说者[③]。禁止同时主张合理许可费、实际损失补偿的理由主要在于避免权利人重复受偿。这种担忧有一定道理。如吉利奥所说,使用利益的返还虽然反映被告所得,但也对应着原告遭受的不利益(指不当得利"损及原告"意义上的),民法之所以能够坚持以"差额说"理解实际损失,是因为"被告取得本应归属于原告的利益"这种损及原告的形式被放到不当得利法下处理。鉴于实际损失的补偿和不当得利的返还本质上都立足于原告所失,二者并用的确可能引起重复赔偿。

但是如果不存在重复赔偿之虞,自应允许补偿性赔偿和返还性赔偿的并用。以"文森特诉埃里湖运输公司案"(Vincent v. Lake Erie Transportation Co)为例,该案被告因为风暴而将其船只抛锚于原告码头,给原告码头造成损伤,这时可以用两种方式来处理实际损失补偿与码头使用利益返还的关系:一种是一并适用,即认为权利人可以通过返还性的主张收取其码头的市场租金,并可一同主张码头损伤的损失补偿;另一种是只适用使用利益返还,但把码头受损当作是返还责任认定时的一个考量因素,亦即认为被告取得了"在暴风中以破坏性方式使用码头的利益"。[④] 如果在返还责任认定中已考虑码头受损

[①] 参见北京德农种业有限公司、河南省农业科学院诉河南金博士种业股份有限公司侵害植物新品种权纠纷案,河南省高级人民法院(2015)豫法知民终字第 356 号民事判决书。

[②] Schönknecht M. Determination of patent damages in Germany. International Review of Intellectual Property and Competition Law,2012 (3):309-332.

[③] 李承亮:《多元赔偿责任论》,载《法学评论》2020 年第 5 期。

[④] Jaffey P. The Nature and Scope of Festitution. Oxford:Hart Publishing,2000.

的事实，自然就不应允许权利人再另行主张损失补偿。前述两种适用方式都是可行的。

在专利侵权案件，对同一件侵权产品通常没有一并适用所失利润补偿与使用利益返还的余地。前述抛锚破坏码头的案例之所以可以并用损失补偿和"许可费赔偿"，是因为被告"损坏码头的行为"和"未经允许使用码头的行为"是能够被区分检视的，可以认为前者造成了码头受损，后者令被告取得码头的使用利益（同时令原告失去了本应专属于他的物之使用利益）。但在专利侵权案中，造成原告利润损失的和导致被告受有使用利益的都是同一行为，即被告未经允许利用专利的行为。在现实许可交易中，权利人面对技术利用人的许可申请只能选择要么为了取得许可费收入而同意许可，但要付出可能的利润损失为代价；要么不同意许可，以放弃许可费为代价维持其利润水平。因此，在专利侵权责任认定环节，如果权利人对被告的特定侵权产品主张了合理许可费，就不应再允许权利人对同一个侵权产品主张所失利润，否则会造成重复赔偿。

但需注意的是，不并用所失利润与合理许可费赔偿的规则只是针对同一个侵权产品而言。只要有证据支持，专利权人完全可以主张部分侵权产品夺去了专利产品的销量，从而导致了可得利润损失，同时对另一部分侵权产品主张合理许可费赔偿即使用利益的返还。可以假设以下情形：原告生产一种专利产品，市场上对该专利产品的需求为约 4 万台，且专利技术是引起该产品市场需求的唯一因素，而被告擅自实施原告专利，成为市场上唯一与原告展开直接竞争的主体。假如原告的产能原本可以满足一半市场需求（即 2 万台），但因侵权行为的发生最终只售出 1 万台产品，而被告最终售出了 3 万台。在该案中，鉴于消费者对案涉产品的需求完全为专利技术特征所驱动，且市场上不存在其他竞争者，可以推定原告每售出一台侵权产品都导致原告少售出一台产品。鉴于原告原本最多只能售出 2 万台产品，原告只能主张侵权产品成交量中的 1 万台源自自己减少的销量,而被告剩下 2 万台侵权产品已超出权利人的产销能力,权利人无法主张所失利润,但这不应妨碍权利人主张被告返还在这 2 万台产品上使用专利技术的合理许可费。认为权利人只能基于被告这批侵权产品的整体择一主张所失利润或合理许可费是不妥当的。①

第五节　专利侵权合理许可费的认定方法

假设甲开发了一项专利技术,可用于有效降低计算机的能耗。甲发现乙利用其专利技术生产销售计算机,故起诉并主张参照专利的许可使用费确定赔偿额。甲举证证明,其一,乙每销售一台侵权计算机可取得净利润 1000 元;其二,此前甲曾将专利许可给丙、丁使用,其中丙在支付 5 万元的"入门费"后按净利润的 4% 向甲支付提成,丁未支付入门费,直接按照净利润的 8% 支付许可费。乙则举证证明,其若采取市面上的非侵权替代技术来实现节能效果,仍可取得净利润 800 元/台。对此"节能专利案",法院应如何认定合理许可费?

迄今为止,我国法院在知识产权侵权纠纷中依赖法定赔偿,很少适用合理许可费赔偿等具体赔偿规则。② 尽管《最高人民法院关于知识产权民事诉讼证据的若干规定》(法释〔2020〕12 号)第三十二条列举了合理许可费认定中可参考的因素,北京市高级人民法院等地方法院的文件亦就如何参照许可使用费确定赔偿责任作出了一些指引③,但这些规定尚未确立一个清晰统一的责任标准。

基于前文分析,专利侵权合理许可费赔偿的标准应作如下理解:

---

① 美国司法实践即采取这种思路,允许所失利润赔偿与合理许可费赔偿的并用,参见 Rite-Hite Corp. v. Kelley Co. 56 F. 3d 1538 (Fed. Cir. 1995)。

② 詹映:《我国知识产权侵权损害赔偿司法现状再调查与再思考——基于我国 11984 件知识产权侵权司法判例的深度分析》,载《法律科学(西北政法大学学报)》2020 年第 1 期。

③ 例如,2020 年出台的《北京市高级人民法院关于侵害知识产权及不正当竞争案件确定损害赔偿的指导意见及法定赔偿的裁判标准》。

其一,合理许可费具有返还性,其数额相当于侵害人不当得利的客观价额。其二,合理许可费不以补偿损失为首要功能,其适用不以权利人曾有许可意愿为前提,数额也无需相当于权利人实际遭受的许可费损失,无需相当于"原被告在侵权发生的时点本可能达成的许可费合意"。其三,合理许可费不以威慑侵权为首要功能,无需为突出预防功能而刻意提高责任数额。

可能有观点会认为,实定法既然已经明确可以参照专利的许可使用费确定赔偿责任,剩下的就是如何应用价格评估方法的问题,合理许可费的理论基础和法律性质之争是纯粹的理论问题,对实践影响不大。但如下所述,尽管我国学者已就"假设缔约法""市场比较法"等合理许可费的认定方法展开研究[1],但这些方法的具体应用仍然存在诸多争议,而这些争议归根结底就源自对合理许可费理论基础和法律性质的认识分歧。

一、假设缔约法的应用

(一)假设缔约法的提出

法律纠纷双方对系争资源的需求不同,裁判者必须谋求一个共同立足点,价值评估在司法判决中的重要性即在于此,使此需求与彼需求、此物与彼物得以被定量评价并相互比较。[2] 价格评估实践中最常用的标准是公平市场价格(fair market value),其相当于自愿且有能力的买家和同样自愿、有能力的卖家在双方都合理认识交易相关信息的

---

① 杨涛:《知识产权许可费赔偿方法的功能、价值准则与体系重构》,载《中国法学》2021年第5期;梁志文:《知识产权侵权损害赔偿计算方法的制度重构》,载《法治研究》2023年第2期;张鹏:《专利侵权损害赔偿制度研究——基本原理与法律适用》,知识产权出版社2017年版,第222页。

② Weinrib E J. Restitutionary damages as corrective justice. Theoretical Inquiries in Law, 2000(1): 1-27.

条件下,在开放且不受限的市场公平交易中所达成的价格合意。① 其他可能的评价标准还有很多,如按照成本评价(按竞争者通过合法手段取得或产出类似成果的成本来估价)②、按对特定当事人的使用价值评价(反映该投资者个人投资需求和期望基础上的投资价值)等。

各种价格评估方法中,公平市场价格标准因其客观性、便捷性,为司法实践所青睐。《民法典》第一千一百八十四条明文采纳了市场价格标准,规定"侵害他人财产的,财产损失按照损失发生时的市场价格或者其他合理方式计算"。但是,不同于大规模生产销售的商品,专利的许可交易次数往往较少,导致没有现成的市场许可费可供法官参考,带来了司法定价的难题。比如本节开头设想的"节能专利案",系争专利仅被许可两次,每次约定的许可费用也不一致。早在1933年,卡多佐大法官就曾提出,专利作为一种"独特财产"经常缺乏可参考的市场价格。③ 按照美国联邦最高法院的理解,"已确立的许可费"(established royalty)的构成需同时具备下述要件:其一,在侵权发生前已支付或被担保支付;其二,被足够数量的受许人支付,从而表明定价的合理性及受许人对该价格的普遍认可;其三,在许可发放的地区内价格统一;其四,并非受许人在诉讼威胁下或者根据和解协议作出的支付;其五,是受许人为具有可比性的权利或为具有可比性的专利实施活动而支付。④ 要悉数满足这一系列条件十分困难。

在专利侵权合理许可费的认定中,若无现成的公平市场价格可供参考,法院只能够诉诸其他的估价方法。一种常见的应对方式是采取假设缔约法(hypothetical negotiation,也称假设协商法、虚拟协商法等),即将系争财产看作双方平等、自愿交易的客体,推测交易双方可

① 参见 American Institute of Certified Public Accountants. International glossary of business valuation terms, https://us. aicpa. org/content/dam/aicpa/interestareas/forensicandvaluation/membership/downloadabledocuments/intl-glossary-of-bv-terms. pdf,最后访问于2024年4月1日。

② The Restatement (Third) of Restitution and Unjust Enrichment,§ 42 illustration 5.

③ Sinclair Refining Co. v. Jenkins Petroleum Process Co. 289 U. S. 689 (1933).

④ Rude v. Wescott, 130 U. S. 152 (1889).

能达成的价格合意并以之作为认定合理许可费的依据。① 此种做法不仅见于知识产权侵权案件,也被适用于涉及许可费赔偿的各类案件。比如前文已经介绍过的"沃瑟姆公园案",当债务人违反合同约定利用了债权人的财产,法院同样借助假设缔约的思路来认定"债权人解除限制性契约、许可债务人利用财产的对价"。不过,假设缔约法的具体应用方法仍然有待明确。

(二)实践之争及其化解

在现实许可交易中,由于专利权的边界模糊且有被宣告无效的可能性,许可交易双方有时并不能肯定潜在受许人的产品是否确实落入了专利权的排他范围。不过在诉讼中,假设缔约法势必是在法院认定专利侵权成立后才出场。因此,一般认为假设缔约法的基本思路是在假定交易双方都"已知专利有效、可执行且被侵害"的前提下,考察双方在侵权发生前那一刻自愿进行谈判时能够达成怎样的许可费合意。② 在此基础上,假设缔约法的具体操作中还有不少悬而未决的争议问题。

1. 主观价格说抑或客观价格说之争

假设缔约法操作中的争议之一在于假想的当事人是谁。以前文提到的"节能专利案"为例,假想的当事人是否就甲与乙二人? 一种观点认为,应当假设许可交易是在市场上典型的、不特定的交易者之间展开,无需考虑个案中原被告的特征。另一种观点认为,"缔约"应在个案原告和被告之间展开,有必要探求个案当事人的个性化特征。在现实许可交易中,价格合意与特定的潜在受许人可以通过利用发明专利取得何种预期收益、交易双方在市场上的相对谈判地位等因素有关,因此如何界定假设许可交易的当事人将显著影响认定结果。

假设缔约的当事人之争也可以表达为合理许可费认定的客观价

---

① Lucent Techs., Inc. v. Gateway, Inc., 580 F. 3d 1301, 1324 (Fed. Cir. 2009).

② Lucent Technologies Inc. v. Gateway Inc., et al, 580 F. 3d 1301 (Fed. Cir. 2009).

格标准说与主观价格标准说之争。如果假想的当事人是抽象的市场参与者,所确定的合理许可费应当反映系争利益的客观价格;如果假想的当事人是个案双方,所确定的赔偿额相当于个案当事人本可达成的许可费合意,可能偏离客观市场价格。①

在不当得利制度下,通说根据客观市场价格确定得利人的价额偿还义务②,不过就专利侵权合理许可费赔偿而言,实务和学说中仍然存在主观价格说和客观价格说的争议。日本旧《特许法》采取客观标准,规定应按照"通常的"许可使用费确定赔偿额。日本法院在适用该规定时,经常参考日本特许厅公布的、为政府所有的专利之许可费或者行业标准许可费③,有时甚至一律依 3% 的许可费率确定。④ 这种做法被诟病未考虑涉案专利技术的具体许可使用形态(独占使用抑或一般许可)、技术新颖程度等个案事实。⑤ 1998 年修正的日本《特许法》将合理许可费条款中"通常"这一定语删去,被认为是促使日本法院考虑个案情况、认可高于行业标准价格的合理许可费之契机。⑥ 有日本学者因此认为,除了专利发明本身的价值,个案当事人间的各种情况如"当事人双方的业务关系""侵权人通过侵权实际所得利润"等,都应予以考虑。⑦ 由此,有学者认为,日本专利法经历了合理许可费标准的转向,除非特定个案事由将会引起严重不公(如一方滥用市场地位等),否则个案中当事人的情况都应被纳入考量。⑧

美国法院认为,经过大量市场交易反复验证的"已确立许可费"是

---

① 譬如在英国的一则判决中,法院即提到原被告间原本就土地使用本可达成的合意为 6000 英镑,而公平市场价格为 2000 英镑,参见 Bracewell v. Appleby, [1975] Ch 408。

② 刘言浩:《不当得利法的形成与展开》,法律出版社 2013 年版,第 397 页。

③ 张鹏:《日本专利侵权损害赔偿数额计算的理念与制度》,载《知识产权》2017 年第 6 期。

④ 徐小奔:《论专利侵权合理许可费赔偿条款的适用》,载《法商研究》2016 年第 5 期。

⑤ 徐小奔:《论专利侵权合理许可费赔偿条款的适用》,载《法商研究》2016 年第 5 期。

⑥ 张鹏:《日本专利侵权损害赔偿数额计算的理念与制度》,载《知识产权》2017 年第 6 期。

⑦ 杉本进介:《特许法 102 条 3 项の法的意味》,高林龙编:《知的财产侵害と损害赔偿》,成文堂 2011 年版,第 76 页。转引自徐小奔:《论专利侵权合理许可费赔偿条款的适用》,载《法商研究》2016 年第 5 期。

⑧ 徐小奔:《论专利侵权合理许可费赔偿条款的适用》,载《法商研究》2016 年第 5 期。

认定合理许可费的最佳依据,似乎指向了客观市场价格标准[①],但在缺乏已确立许可费而不得不应用假设缔约法的情况下,美国法院却没有再坚定地采取客观价格标准说。一个鲜明的例证是,美国联邦巡回法院在判决中一方面指出假设缔约的目的在于确定公平市场价格,不应当因为个案侵权人的获利能力较低就降低责任数额;另一方面又提出合理许可费的认定结果必须反映"双方当事人的特性"。[②] 这种矛盾的表述令人困惑。

在学说中也有观点支持主观价格说。该种观点认为,提出虽然合理许可费、不当得利均是按知识产权的许可使用费确定,但前者作为损害赔偿规则系以"损害"为中心,旨在令权利人的利益状况恢复至未侵权时的状态,数额相当于个案当事人本可能达成的许可费合意,后者作为返还性义务以被告得利为中心,应以知识产权价值的市场客观评价为据。

假设缔约当事人是谁的争议根本上就源自合理许可费理论基础、法律性质认识的分歧。一旦肯定合理许可费赔偿具有返还性、本质上即是根据侵权人所受不当得利确定的责任,应当认为合理许可费与不当得利返还价额义务认定标准一致,同样反映专利使用利

---

① 参见 Rude v. Westcott, 130 U. S. 152 (1889); Nickson Indus. , Inc. v. Rol Mfg. Co. , 847 F. 2d 795, 798 (Fed. Cir. 1988)。许多学者亦对此持赞同意见,参见 Bensen E E, White D M. Using apportionment to rein in the georgia-pacific factors. Science and Technology Law Review, 2008 (9): 1-46; Gajarsa A J, Lee W F, Melamed A D. Breaking the georgia-pacific habit: A practical proposal to bring simplicity and structure to reasonable royalty damages determinations. Texas Intellectual Property Law Journal, 2018(2): 51-111。

② 参见 Aqua Shield v. Inter Pool Cover Team, et al. 774 F. 3d 766 (Fed. Cir. 2014)。类似的矛盾表述也可参见 Laser Dynamics, Inc. v. Quanta Computer, Inc. , 694 F. 3d 51, 76 (Fed. Cir. 2012)。

益的客观价格。① 从法政策上来说,采取客观市场价格标准也有助于调和当事人对系争财产价值评价的分歧②,减小得出不公正认定结果的风险③,且更契合知识产权法鼓励创新、开发高质量智力成果的立法目的④。

主观价格标准说混淆了合理许可费赔偿和实际损失补偿规则的关系。探求“原被告在侵权发生的时点本可达成怎样的合意”,试图将原告的利益状况恢复到有如侵害事故不发生时的应有状态,体现的是实际损失补偿的逻辑。但如果权利人能够证明其本应取得但未取得的许可费,就应当可以直接通过主张实际损失补偿来救济其所失利益,合理许可费赔偿要能适用于权利人未能证明实际所失许可费的情形。此时若又回到实际损失补偿规则的思路下试图探求“原被告本可能达成的合意”,无异于缘木求鱼,反而又陷入“如果个案中的权利人原本没有计划作出许可,何以本可达成许可合意”的问题。

主观标准说将“原被告本可达成何种合意”作为合理许可费赔偿的基准,还会令合理许可费认定不当地受潜在受许人个人产销能力的影响。在现实许可交易中,潜在受许人愿意支付的许可费上限,通常取决于其预期能够通过利用专利获得的利润增量。因此,双方无法达成合意的一种主要情形是潜在受许人利用智力成果的效率较低,导致其能够负担的许可费小于权利人愿意接受的许可费。使用系争技术

---

① 有学者参考英美司法实践中的违约许可费赔偿,认为许可费赔偿数额应当反映双方当事人的博弈。参见洪国盛:《论权益侵害与获利交出》,载《环球法律评论》2022 年第 2 期。这种观点忽略了侵权许可费赔偿与违约许可费赔偿的差异。在英美司法实践中,法院准予适用违约许可费赔偿的案件,基本涉及债务人被合同禁止利用某项财产的情形。在这样的案件中,许可费所维护的、权利人对财产的支配权利益并非源自财产权本身,而是来自合同约定,因此许可费赔偿反映双方当事人解除合同约定的对价而非财产使用利益的价格。

② 在法经济学经典的卡-梅框架下,旨在保护权利经济价值的责任规则以及以外部、客观价值标准促进利益交换。参见 Calabresi G, Melamed A D. Property rules, liability rules, and inalienability: One view of the cathedral. Harvard Law Review, 1972(6): 1089-1128。

③ McInnes M. Gain, loss and the user principle. Restitution Law Review, 2006(14): 76-92.

④ 杨涛:《知识产权许可费赔偿方法的功能、价值准则与体系重构》,载《中国法学》2021 年第 5 期。

是侵害人主动选择的结果，若以被告个人产销能力不足为由令原告被迫接受低于市场一般水平的许可费，就不足以矫正权益归属秩序，对权利人有失公允。正如英国有法院曾在判决中提出的，假设缔约法旨在引导法院关注被侵害权利的商业价值，其具有拟制性，是实用正义的体现，法院应该得出一个合理定价，其数额不应取决于个案中被告是否实际取得了净利润。①

　　在英美法系有关一般许可费赔偿的学说和司法实践中，多数观点也认同采取客观价值标准②，仅在例外情况下基于衡平原则才允许"主观贬值"。③ 专利侵权合理许可费赔偿与一般的返还性赔偿责任在认定标准上应无不同，同样应当相当于侵害人不当得利的客观价格。当有市场许可费可供参考且其数额能够反映专利使用利益的客观价值时④，即应优先参考之。当然，不同于一般的财产，专利使用利益在多数情况下确实缺乏可以直接参考的客观市场价格，为此法院只能退而求其次地基于个案侵权行为人取得的销售利润等因素考察智力成果使用价值，由此得出的合理许可费数额不可避免地带有个案色彩。但这与合理许可费认定采取客观标准、在理想状态下应当尽可能客观反映系争专利相较现有技术的进步性并不矛盾，并不等于要就此放弃客观价格标准。

---

　　① Experience Hendrix LLC v. PPX Enterprises Inc and E Chalpin［2003］EWCA Civ 323（C）A.

　　② Edelman J. Gain-based Damages：Contract，Tort，Equity and Intellectual Property. Oxford：Hart Publishing，2002：70-71；Dagan H. Unjust Enrichment：A Study of Private Law and Public Values. Cambridge：Cambridge University Press，1997：71.

　　③ 例如"英国国防部诉阿什曼案"，阿什曼先生是一名军人，与其妻子曾以优惠的租金承租英国国防部提供的寓所。租约规定如果阿什曼夫妇分居，租房合同即终止。在阿什曼夫妇分居后，阿什曼夫人未及时搬离。法院考虑到阿什曼夫人是因为未被及时安置才滞留原地，故作出了对弱势的阿什曼夫人一方相对有利的判决，最终以低于市价的安置房租金确定赔偿额。学者将该案作为例外允许被告主张主观贬值的例子，参见 Edelman J. Gain-based Damages：Contract，Tort，Equity and Intellectual Property. Oxford：Hart Publishing，2002：71；Burrows A. The Law of Restitution. 3rd ed. Oxford：Oxford University Press，2011：626-627；Virgo G. Principles of the Law of Restitution. Oxford：Oxford University Press，2015：64。

　　④ 后文将详细说明，专利权边界模糊且专利许可交易具有"诉讼驱动"的特点，导致了现实市场中达成的许可费合意常常未能充分反映专利使用利益的客观价值。

假设缔约法旨在提供一个思维框架,引导裁判者梳理各项证据,从而尽可能公平合理地确定返还金额,其目的并非竭力回溯"个案中原被告本可达成的许可费合意"。因此在假设缔约时不需要严格遵循现实缔约的逻辑,一方面可以考虑非个案的事实(如所涉行业通常的利润分配方案、其他技术利用人使用系争专利时通常可取得的收益等),另一方面不应考虑个案中侵权人经营能力格外低(从而导致其能接受的许可费格外低)、权利人谈判技巧格外突出(从而导致其可以取得格外高的许可费)等虽然会影响现实交易情况但不能反映专利技术客观价值的因素。《最高人民法院关于审理专利纠纷案件适用法律问题的若干规定》第十五条规定,当"专利许可使用费明显不合理"时,法院可以不适用合理许可费赔偿,有其合理性。

有学者认为,以不当得利返还理解合理许可费之不妥之处在于不当得利法仅保护法益市场价值的"客观性",会令合理许可费认定发生"平均化倾向"。[①] 如果按照这种逻辑,《民法典》侵权编采用市价赔偿标准也有"平均主义"、无法充分赔偿个案权利人所受损失之嫌。实际上,客观价格标准并不等于"平均主义",客观标准说下的合理许可费数额仍然应当尽可能反映案涉专利使用利益的价值,而非行业的平均状况。日本实务中,合理许可费的"平均化倾向"是日本法院广泛参考行业平均定价标准确定合理许可费的结果,不足以说明客观价格标准的内在缺陷。

2.假设缔约考量因素之争

许可合同是当事人意思自治的体现,现实中交易双方考虑的事项十分复杂,计费方式多样(可能是预先确定一个定额,可能是根据受许人的收益提成,可能是"入门费+提成"形式),支付方式也不同(一次性或分期)。在假设缔约时,在考量因素的设置方面应当在何种程度

---

① 张鹏:《日本专利侵权损害赔偿数额计算的理念与制度》,载《知识产权》2017 年第 6 期,第 87-98 页。

上还原现实许可交易，存在不小的疑问。在假设缔约的考量因素选取上，我国学说多主张参考美国司法实践经验。但从美国相关判决来看，法院对于哪些类型、何时发生的事实应当影响合理许可费的认定还有很大争议。

（1）类型选取："乔治-太平洋"测试的局限及其完善

20 世纪 70 年代，"乔治-太平洋公司诉美国胶合板公司案"（Georgia-Pacific Corp. v. United States Plywood Corp）判决罗列了足足 15 项认定合理许可费的考量因素[①]，涵盖了现实许可交易当事人会考虑的诸多内容，如权利人以往许可系争专利的收费情况、专利技术的使用会给使用人带来怎样的利益、行业内在许可费计算方面有无商业惯例、受许人拟如何利用专利等。

"乔治-太平洋"因素具体包括：①专利权人许可系争专利曾取得的许可费，且该许可费能够或倾向于构成已确立的许可费；②受许人为使用与系争专利相似的其他专利所支付的费用；③许可的性质（该许可是独占抑或非独占，许可地域大小，在产品出售对象上是否有所限制等）；④许可人为保持其专利垄断而已经采用的策略（如不向他人进行许可或者仅在特殊条件下进行许可的策略）；⑤许可人与受许人间的商业关系，如他们是不是同行业、同地区的竞争者；⑥使用专利在促进其他衍生产品销售上的效应；⑦专利的期限以及许可的期限；⑧使用专利生产产品的已确立利润率、产品的商业成功程度以及流行程度；⑨如果存在被用于实现与专利类似效果的旧模型或者设施，考虑专利财产相比之下的功用或者优势；⑩专利发明的性质，许可人使用专利的商业实施例的性质，专利给使用者带去的利益；⑪侵权人使用发明的程度及任何表明使用价值的可能证据；⑫在该案所涉行业或者类似行业中，是否存在许可系争发明或者类似发明的习惯计费方式

---

① Georgia-Pacific Corp. v. United States Plywood Corp., 318 F. Supp. 1116 (S. D. N. Y. 1970), mod. and aff'd, 446 F. 2d 295 (2d Cir. 1971)

（如按照利润或者销售价格的特定抽成比例确定许可费）；⑬可实现的利润中应该归因于发明（而非基于无关发明的因素如生产工序、商业风险或侵权人自己添加的特征）的部分；⑭有资质的专家的证词；⑮如果许可方（如专利权人）和被许可方（如侵权人）合理且自愿地试图达成协议，则双方在侵权开始时将同意的金额。①

　　"乔治-太平洋"因素不仅迄今被广泛适用于美国司法实践，也常常为我国学者所引介。② 然而，仅仅引入这一套因素并不足以应对合理许可费认定的实践需要。该案判决的主要问题在于，其虽然尽力全面地复刻现实许可交易的情境，但本身没有确立一以贯之的认定原理和认定规则来统合数目众多的考量因素，使裁判者有机会任意地操纵不同因素的排列组合，作出不可复制、不可检验、不可证伪的认定。③ 因此，美国联邦巡回法院质疑该案判决走马观花地复述诸多考量因素是否具有指导意义④，波斯纳法官亦怀疑是否真的有可能通过综合衡量十余项因素得出任何理性的评价结果⑤。

　　假设缔约的目的在于评估专利的使用利益价值，并非精准还原现实交易的场景。在"乔治-太平洋"测试提出后，司法实践中已出现了简化合理许可费认定考量因素的努力。"泛达案"的判决将"乔治-太

---

　　① Georgia-Pacific Corp. v. United States Plywood Corp., 318 F. Supp. 1116 (S. D. N. Y. 1970), mod. and aff'd, 446 F. 2d 295 (2d Cir. 1971).

　　② 蒋舸：《论知识产权许可费损失的计算》，载《东南法学》2020 年第 1 期；和育东：《美国专利侵权救济》，法律出版社 2009 年版，第 190-191 页；朱理：《专利侵权损害赔偿计算分摊原则的经济分析》，载《现代法学》2017 年第 5 期；张玉敏，杨晓玲：《美国专利侵权诉讼中损害赔偿金计算及对我国的借鉴意义》，载《法律适用》2014 年第 8 期；阮开欣：《解读美国专利侵权损害赔偿计算中的合理许可费方法》，载《中国发明与专利》2012 年第 7 期。

　　③ Sidak J G. Bargaining power and patent damages. Stanford Technology Law Review, 2015 (1): 1-31; Seaman C B. Reconsidering the georgia-pacific standard for reasonable royalty patent damages. Brigham Young University Law Review, 2010(5): 1661-1728; Contreras J L, Eixenberger M A. Model jury instructions for reasonable royalty patent damages. Jurimetrics, 2016(1): 1-24; Durie D J, Lemley M A. A structured approach to calculating reasonable royalties. Lewis and Clark Law Review, 2010(2): 627-651.

　　④ Ericsson, Inc. v. D-Link Sys., Inc., 773 F. 3d 1201, 1230 (Fed. Cir. 2014).

　　⑤ Apple Inc. v. Motorola, Inc., 869 F. Supp. 2d 901, 911 (N. D. Ill. 2012) (Posner, J.), aff'd in part, rev'd in part, vacated in part, and remanded, 757 F. 3d 1286 (Fed. Cir. 2014).

平洋"测试提及的因素归纳为三项：一是"系争财产是什么"，二是"被告在何种程度上占用了该项财产"，三是"系争财产相较其他事物具有何种优势，从而展现出怎样的实用性和商业价值"。① 美国联邦巡回法院律师协会出台的《专利陪审员指示范本》也将假设缔约的考量因素简化为三项：一是系争专利技术方案对被指侵权产品的价值有何贡献；二是系争专利以外的因素对被指侵权产品的价值有何贡献；三是具有可比性的现实许可合同中的许可费条款。学说中，迪里（Durie）与莱姆利认为"乔治-太平洋"因素可以归结成三个基本问题：一是专利发明相较现有技术的边际贡献是什么；二是侵权人作出的哪些投入是成就前述贡献所必需的，它们的相对价值是什么；三是是否存在其他确凿证据表明市场选择了不同于根据前两项因素所得数额的价格。②

上述各简化方案的思路基本一致，都将考察的重点放在了发明所能创造的经济价值上——更准确地说，是发明相较于现有技术所能创造的边际经济利益。在没有现成市场许可费可供参考的情况下，使用人能够通过实施系争技术方案取得怎样的经济效益的确是考察专利使用价值的关键证据。现实许可交易中，无论当事人采取何种计费方式，受许人预期可以通过实施系争专利而多取得的收益应当能够反映其所愿意负担的许可费上限，因此现实中关于许可费的磋商也可以看成是交易双方就如何分配预期利润进行谈判、以期实现"双赢"的过程。③ 正因如此，"乔治-太平洋"因素⑥（"使用专利在促进其他衍生产品销售上的效应"）、因素⑧（"使用专利生产产品的已确立利润率、产

① Panduit Corp. v. Stahlin Bros. Fibre Works，575 F. 2d 11159 (6th Cir. 1978).

② Durie D J，Lemley M A. A structured approach to calculating reasonable royalties. Lewis and Clark Law Review，2010(2)：627-651.

③ Sidak J G. Bargaining power and patent damages. Stanford Technology Law Review，2015 (1)：1-31；Durie D J，Lemley M A. A structured approach to calculating reasonable royalties. Lewis and Clark Law Review，2010(2)：627-651；Lemley M A，Shapiro C. Patent holdup and royalty stacking. Texas Law Review，2006(7)：1991-2049.

品的商业成功程度以及流行程度")、因素⑪("侵权人使用发明的程度及任何表明使用价值的可能证据")均着眼于专利技术能够贡献的经济利益。①

在衡量发明所能创造的经济利益时,上述各简化方案均注意到落实"分摊原则"(apportionment principle)的必要性,强调合理许可费的认定应以系争专利技术相较现有技术边际贡献为据,不应计入非侵权因素贡献的利润。② 例如,某计算机的节能特性或许是创造消费者需求的重要因素,但一般不是唯一因素,因此若侵权部件仅涉及摄像头部分,就不应将整个产品带来的收益作为确定合理许可费的基础。"乔治-太平洋"因素⑨("如果存在被用于实现与专利类似效果的旧模型或者设施,考虑系争专利相比之下的功用或者优势")和因素⑬("可实现的利润中应该归因于发明的部分")即蕴含了价值分摊的思想。

基于达成许可费合意的机理,莱姆利与夏皮罗提出了认定合理许可费的统一公式,即"合理许可费=受许人通过利用专利技术可以多赚取的利润数额×许可人相对于受许人相对议价能力比率"。③

莱姆利和夏皮罗的公式符合现实缔约的逻辑,问题在于,认定合理许可费时是否必须遵循现实缔约的逻辑,是否有必要考虑原被告之间的相对议价能力? 有的观点肯定考察原被告相对议价能力的必要性,并专门撰文考察了该因素的评价方法④,但也有观点认为相对议价能力因素的认定很难通过证据验证,会给合理许可费认定带来过多的

---

① Georgia-Pacific Corp. v. United States Plywood Corp., 318 F. Supp. 1116 (S. D. N. Y. 1970), mod. and aff'd, 446 F. 2d 295 (2d Cir. 1971). 考虑被告所获利润来确定许可费赔偿在专利法以外也很常见。例如"沃瑟姆公园案",被告违反了限制性协议建造房屋,法院仅判决被告承担相当于取得"解禁许可"的费用,并将数额定为被告开发不动产所获利润的5%,参见 Wrotham Park Estate Co v. Parkside Homes [1974] 1 WLR 798。

② Bensen E E, White D M. Using apportionment to rein in the georgia-pacific factors. Science and Technology Law Review, 2008(9): 1-46.

③ Lemley M A, Shapiro C. Patent holdup and royalty stacking. Texas Law Review, 2006 (7): 1991-2049.

④ Sidak J G. Bargaining power and patent damages. Stanford Technology Law Review, 2015 (1): 1-31.

不确定性[①]。

即便不考虑可操作性的问题，在合理许可费认定时也无需考虑相对议价能力因素：合理许可费属于返还性赔偿责任，假设缔约的目的在于确定发明使用利益的客观价值而非权利人实际遭受的所失许可费利益（"假如侵权不发生，原被告原本可能达成怎样的合意"）。双方的市场地位、谈判技巧、经营规划等因素以及这些因素影响下的相对议价能力与专利发明使用利益的客观价值无涉，不应作为认定合理许可费时的考量因素。且假如真的要考虑议价能力，那么就会得出大公司比小公司更具议价能力、因此大公司侵权时应该承担较低合理许可费赔偿的结果，这样的结论是否公正也值得怀疑。

综上，在缺乏现成市场许可费可供参考的情况下，可以参酌能够取得的现实许可交易合同，应用下述合理许可费赔偿认定公式：假设当事人利用专利技术时所能获得利润为 P，利用市场上客观存在的次好替代技术时能取得利润 P'，权利人的合理提成比例为 a％，则合理许可费数额相当于（P－P'）×a％。在合理比例 a％ 的认定方面，应当优先参考具有可比性的现实许可交易合同，也可以参考同行业统计平均提成率等数据[②]，在缺乏证据的情况下也可以由法官酌定，但无需反映个案中原被告的相对议价能力。

另需补充说明的是，尽管所谓的"分析法"（analytical approach）常常被认为是独立于假设缔约法的一种认定方法，但其本质上只是假设缔约法的一种体现。"分析法"在司法实践中的应用始于"TWM 制造公司诉杜拉公司案"（TWM Manufacturing Co. v. Dura Corp），该案法院委托认定合理许可费的特别主事官（special master）没有全面考

[①]　Cotter T F. Comparative Patent Remedies: A Legal and Economic Analysis. New York: Oxford University Press, 2013: 136.

[②]　例如，国家知识产权局所发布的 2022 年专利实施许可统计数据显示，在无入门费的专利许可合同中，专用设备制造业的平均提成率为 10.4％，计算机、通信和其他电子设备制造业的平均提成率为 19.6％。参见国家知识产权局：《2022 年度专利实施许可统计数据》，https://www.gov.cn/zhengce/zhengceku/202309/P020230925431015628793.pdf，最后访问于 2023 年 12 月 1 日。

量各项"乔治-太平洋"因素,而是重点关注专利发明创造的经济效益,在分别认定了"侵权人实施系争专利时可取得的利润率"(约37%～42%)和"行业标准利润率"(约 6.56%～12.50%)后,将二者的差额(约30%)作为认定合理许可费率的依据。① "分析法"注意到了专利技术的价值源自其相较现有技术的进步性,但是存在两方面容易遭到诟病之处:其一,为体现专利技术相较现有技术的进步性、充分落实"分摊原则",应当优先采取的比较对象是利用次好替代技术的利润率而不是行业利润率;其二,合理许可费赔偿并非旨在剥夺侵权人因侵权所取得的全部利润,不应将专利技术贡献的全部利润增量都作为认定合理许可费用的基础。"分析法"的整体思想并没有超越假设缔约法,无非其没有全面考察"乔治-太平洋"因素、着重考察专利贡献的增量利润而已。一旦将其中的"扣除行业利润率"修正为"扣除次好替代技术的利润率",适用"分析法"所认定的就是假设缔约时潜在受许人愿意支付的许可费上限。②

(2)时点选取:"事前模式"与"事后模式"之争

我国学者对假设缔约时点问题尚未予以充分关注。在美国司法实践中,"缔约"时点多被定位在"侵权刚发生的当时"③或"侵权发生前的即刻"④。既然假定双方对被告的整个使用行为进行许可交易,在侵权开始前的即刻假设缔约是符合直觉的做法。不过,避免将"缔约"时点置于侵权开始后的真正目的是把与发明本身价值无关的"锁定成本"排除出去。如果潜在受许人在参与许可价格协商前已为生产产品投入了资本与人力,那么其在谈判中不仅会考虑专利技术本身的价值,还会考虑许可交易失败的风险:一旦许可交易失败而法院认定其

---

① TWM Manufacturing Co. v. Dura Corp, 31 USPQ 525, 526 (E.D. Mich. 1985).

② Glick M A, Mangum D G. The economics of reasonable royalty damages: The limited, proper role of the so-called analytical method. The John Marshall Law Review, 2015(1): 1-38.

③ Rite-Hite Corp. v. Kelley Co. 56 F. 3d 1538 (Fed. Cir. 1995).

④ Lucent Technologies, Inc. v. Gateway, Inc. , 580 F. 3d 1301 (Fed. Cir. 2009).

产品侵权，潜在受许人若要改采合法替代技术可能产生较高的转换成本；当潜在受许人因转换成本过高而不得不退出市场，既有投入就成为沉没成本。因此在现实许可交易中，如果潜在受许人是在开始实施发明后才与权利人交易，潜在受许人愿意支出的许可费即非以技术利用本身价值为限，而会受到潜在转换成本与沉没成本（统称"锁定成本"）的影响。① 明确假设缔约时点在侵权发生以前，有利于引导事实认定者排除"锁定成本"对认定结果的影响。

当"缔约"时点被设置在侵权发生前的即刻，侵权发生后的情事（以下简称"后侵权情事"）能否影响责任认定就成为实践中的争议问题。按照现实缔约的逻辑，当事人在缔约时点对以后的事实无法未卜先知。在美国司法实践中，多数判决遵循了现实缔约的逻辑，否定"后侵权情事"相关证据的可采性。例如，在"朗讯科技诉盖特威公司案"（Lucent Techs. , Inc. v. Gateway, Inc）中，美国联邦巡回法院就认为，"假设缔约旨在尽可能地恢复事前交易的情境并描述结果"②。在"莱尔斯诉壳牌勘探与生产有限公司案"（Riles v. Shell Exploration and Production）中，美国联邦巡回法院认为，合理许可费认定必须按照侵权发生时的时点认定，不能进行事后评价。③ 这些判决所代表的

---

① Lee W F, Melamed A D. Breaking the vicious cycle of patent damages. Cornell Law Review, 2015(2): 385-466. 不仅如此，如果专利是标准必要专利，学者还认为有必要放到其成为标准之前。因为涉及标准专利的场合，"锁定成本"在被告实施专利前就已经发生了。标准必要专利的许可费往往不仅反映专利技术的价值，还有其标准的价值、为形成标准而协调各方的成本等，参见 GajarsaA J, Lee W F, Melamed A D. Breaking the georgia-pacific habit: A practical proposal to bring simplicity and structure to reasonable royalty damages determinations. Texas Intellectual Property Law Journal, 2018(2): 51-111; Siebrasse N V, Cotter T F. A new framework for determining reasonable royalties in patent litigation. Florida Law Review, 2016(4): 929-999。

② Lucent Techs. , Inc. v. Gateway, Inc. , 580 F. 3d 1301, 1325 (Fed. Cir. 2009).

③ Riles v. Shell Exploration and Production, 298 F. 3d(Fed. Cir. 2002).

"事前(ex ante)模式"也获得了不少学者的赞同。[①]

　　"事前模式"的第一个表现是将使用专利发明的预期收益而非现实收益作为合理许可费认定的证据。美国联邦巡回法院在"林德曼机械制造有限公司和美国起重机与井架公司案"(Lindemann Maschinenfabrik GmbH v. Am. Hoist & Derrick Co.)中提出,高于侵权人预期利润的合理许可费会是怪诞的。[②] "互动电影公司诉无限影业公司案"(Interactive Pictures Corp. v. Infinite Pictures),被告以预期利润从未实现为由主张专家证人基于预期而非实际收益计算合理许可费的做法不妥[③],法院最终在"预期"与"现实"间选择前者,认为"利润预期是被告在假设缔约时所知的信息,被告未实现预期利润的事实与其在假设缔约时的心理状态无关,未实现预期利润不表明该预期严重超额或纯属猜测"[④]。也就是说,该案法院认为,仅考虑"缔约时所知信息"是假设缔约的题中应有之义,且"当事人预期"固有的不确定性无损其作为合理许可费认定基础的资格。[⑤] 按照"事前模式"的思路,仅当交易习惯支持采取提成式浮动许可费时,才能考虑使用人的实际收益,但此时"后侵权情事"的引入仍然是为了模拟当事人的浮动许可费"合意",并非法院主动考虑"后侵权情事"的结果。

　　"事前模式"的第二个表现是原则上不考虑侵权开始后的价格波

---

　　① Sidak J G. How relevant is Justice Cardozo's "book of wisdom" to patent damages? Science and Technology Law Review, 2016(2): 246-291;Gajarsa A J, Lee W F, Melamed A D. Breaking the georgia-pacific habit: A practical proposal to bring simplicity and structure to reasonable royalty damages determinations. Texas Intellectual Property Law Journal, 2018(2): 51-111; Lee W F, Melamed A D. Breaking the vicious cycle of patent damages. Cornell Law Review, 2015(2): 385-466.

　　② Lindemann Maschinenfabrik GmbH v. Am. Hoist & Derrick Co., 895 F. 2d 1403, 1408 (Fed. Cir. 1990).

　　③ Interactive Pictures Corp. v. Infinite Pictures, Inc., 274 F. 3d 1371, 1373 (Fed. Cir. 2001).

　　④ Interactive Pictures Corp. v. Infinite Pictures, Inc., 274 F. 3d 1371, 1373 (Fed. Cir. 2001).

　　⑤ 类似见解,参见 Aqua Shield v. Inter Pool Cover Team, 774 F. 3d 766, 770 (Fed. Cir. 2014)。

动。例如"英特格拉生命科学有限公司诉默克集团案"（Integra Lifesciences I, Ltd. v. Merck KGaA），专利药品试验成功、通过监管部门认证等事实会提高专利的市场价值，法院以这些事实出现在侵权发生时点以后为由，拒绝在合理许可费认定中予以考虑。[①]

在"事前模式"的操作中，要估计当事人在侵权发生时点有着怎样的预期无疑是很困难的，于是实践中出现了缓和"事前模式"的判决。美国联邦巡回法院在 1988 年"弗洛姆森案"中援引了卡多佐大法官在"辛克莱炼油公司诉詹金斯石油加工公司案"（以下简称"辛克莱案"）所提出的"智慧之书"规则，首次在专利侵权案件中肯定当事人于侵权发生当时还不能预见的"后侵权情事"也可作为认定合理许可费的证据。[②]

在"辛克莱案"中，答辩人曾将其石油裂化装置租借给申诉人，约定申诉人对装置的任何改进成果都应归属于答辩人。在合同订立的当时，装置因存在泄漏问题而未能显现商用价值，其后申诉人一方改进装置并取得专利但未依约将专利转让给答辩人。该案的一大争议在于申诉人使用系争专利实际取得的利润等证据是否应予开示。按当时美国法的见解，法院应当基于违约行为发生当时的财产价值认定财产性损害，而该案申诉人未及时转让改进成果的那一刻已经构成违约。最终联邦最高法院例外地支持开示违约时点后的证据。卡多佐大法官认为，专利是种独特的、经常找不到可供参考市价的财产，而"违约时点的可知信息可能稀少不全，使虚拟买方出价过低"，而违约发生后的专利使用的实际情况作为一种客观存在的经验可以"修正不准确的预言"，是"法院不可忽视的智慧之书"，且"法律从未关上这部智慧之书，使我们不得一探究竟"。卡多佐强调，"智慧之书"规则不是为了让违约方"为义务违反时还未存在的价值买单"，而只是令涉案专

---

① Integra Lifesciences I, Ltd. v. Merck KGaA, 331 F. 3d 860, 869-70 (Fed. Cir. 2003).

② Fromson v. Western Litho Plate Supply Co., 853 F. 2d 1568 (Fed. Cir. 1988).

利自始至终固有的价值显现出来而已。①

"弗洛姆森案"援引了卡多佐的判决,肯定了"后侵权情事"可以予以考虑,但并未进一步言明应在何种限度内予以考虑。② 按照联邦巡回法院的见解,"后侵权情事"只能作为"当事人预期"的"补充"而非"修正",仅在当事人预期相关证据不充分或相互冲突时才可以参考,且其作用仅以推测"缔约"当时的市场状况和当事人预期为限。③ 美国联邦巡回法院律师协会《专利陪审员指示范本》也提道:"尽管侵权人取得的实际利润可能辅助判断缔约时当事人的预期利润,但不应以实际利润作为增减合理许可费的理由。"④对"预期"的强调表明美国联邦巡回法院仍采取了"事前模式"。⑤

不同于"事前模式",也有部分判决以对权利人有利为限允许引入"后侵权情事"。例如"高莱特公司诉沃尔玛案"(Golight, Inc. v. Wal-Mart Stores, Inc)判决认可了超过被告预期增量利润的合理许可费,认为尽管预期利润可以表明侵权人本可能愿意支付的许可费,但是侵权人愿意支付何种许可费也并非认定赔偿额的标准。⑥ "霍尼韦尔国际公司诉汉密尔顿桑斯特兰德公司案"(Honeywell Int'l, Inc. v. Hamilton Sunstrand Corp)的证据表明,被告通过系争专利(可用于喷

---

① Sinclair Refining Co. v. Jenkins Petroleum Process Co. 289 U. S. 689 (1933).

② Fromson v. W. Litho Plate & Supply Co. 853 F. 2d 1568 (Fed. Cir. 1988).

③ TWM Mfg. Co. , Inc. v. Dura Corp. , 789 F. 2d 895, 899,229 U. S. P. Q. 525 (Fed. Cir. 1986); Rite-Hite Corp. v. Kelley Co. , 56 F. 3d 1538, 1577 (Fed. Cir. 1995) (Nies, J. , dissenting); ActiveVideo Networks, Inc. v. Verizon Commc'ns, Inc. , 694 F. 3d 1312 (Fed. Cir. 2012).

④ Federal Circuit Bar Association, Model Patent Jury Instruction, § B. 6 Reasonably Royalty-Definition.

⑤ 在当事人预期和现实有较大差异的情况下,法院是否会允许以"后侵权情事"估计"预期"存在相当不确定性,故实务中双方都会试图去单独截取对其有利的"后侵权情事"证据,从而有操纵结果的余地,参见 The Sedona Conference. The Sedona principles, third edition: Best practices, recommendations & principles for addressing electronic document production, https://thesedonaconference. org/sites/default/files/publications/The％20Sedona％20Principles％20Third％20Edition. 19TSCJ1. pdf,最后访问于 2023 年 12 月 1 日。

⑥ Golight, Inc. v. Wal-Mart Stores, Inc, 355 F. 3d 1338 (Fed. Cir. 2004). 该案被告的预期利润是 8 美元/件,认定的合理许可费则超过 30 美元/件。

气机引擎)可取得的收益在侵权开始一段时间后受"9·11"事件影响暴增，法院未排除此"后侵权情事"证据，提出引入该证据有助于"避免不成熟的价值评价"，并能"将侵权产品成功与否的风险分配给侵权人"。① 在"哈里斯公司诉爱立信公司案"（Harris Corp. v. Ericsson Inc.）中，联邦巡回法院通过假定双方在侵权期间的某个时点进行了"续约"而在事实上实现了分段计费，把侵权发生以后的经济环境变化反映在了赔偿额中②，这种做法在实质上放弃了"事前模式"。

　　"后侵权情事"能否予以考虑的争议，根本上也源自对合理许可费性质认识的分歧。"事前模式"不引入"后侵权情事"，是把权利人实际逸失的许可费收益作为标准，考察"双方在侵权发生当时本可达成的合意"。若明确合理许可费旨在令被告返还专利使用利益的客观价值，就没有理由纠结于被告在侵权发生当时的"可预期获益"。与其将合理许可费的认定建立在不精确的"预期"上，不如像卡多佐法官提出"智慧之书"规则已提到的那样以专利技术被商业化后的市场反应来修正"不准确的预言"。例如，如果侵权发生期间出现了某项替代技术，应该考虑该技术对于专利使用价值的影响。③

　　"事前模式"的支持者认为，按照"后侵权情事"确定合理许可费可引起"结果偏见"④，这一说法是站不住脚的。关于后见之明偏见（hindsight bias），英国学者阿蒂亚举过这样的一个例子：几十年前，尽

---

　　①　Honeywell Int'l, Inc. v. Hamilton Sunstrand Corp. , 278 F. Supp. 2d 459, 470(D. Del. 2005).

　　②　Harris Corp. v. Ericsson Inc. , 417 F. 3d 1241, 1257-1258 (Fed. Cir·2005).

　　③　例如，假设在侵权发生时，市场上尚无可获取的非侵权替代技术，将侵权利润预估为 x 元；侵权发生后，因非侵权替代技术客观存在，被告使用专利所实际取得的增量利润降为 0 元。如不考虑"后侵权情事"，假设原被告议价地位相当，原被告本可能达成 x/2 元的许可费合意以平分预期利润，但既然"非侵权替代技术"存在已表明系争专利相对公共领域的技术并无任何优越之处，为权利人提供 x/2 元救济有违专利法激励创新的目的。

　　④　例如 Gajarsa A J, Lee W F, Melamed A D. Breaking the georgia-pacific habit: A practical proposal to bring simplicity and structure to reasonable royalty damages determinations. Texas Intellectual Property Law Journal, 2018(2)：51-111；Lee W F, Melamed A D. Breaking the vicious cycle of patent damages. Cornell Law Review, 2015(2)：385-466。

管已有科学文献记录了一些化学制品如石棉对健康的危害,但当时工厂主大多对此知识并不了解,并未采取措施保护工人安全。不少后来的判决认为,当时的工厂主存在过失,但这一认定是受了"后见之明"的影响,对过去的行为人有失公平。① 知识产权法学者也注意到,随着科学技术的发展,人们对于某项技术价值的评价自然会降低,专利侵权诉讼的周期往往较长,以当前的眼光去评价过去一段时间的专利价值是不妥当的。但这里的关键在于,用于证明专利价值的证据不应与侵权发生时期差距过大。以"避免后见之明"为由认为"后侵权情事"一概不应予以考虑的观点不具说服力。

还有观点认为,如果考虑"后侵权情事",意味着如果潜在侵权人不经允许就直接使用专利技术,最终就可以按照实际获益情况付费,不必承受事先寻求许可时因为预期过高而支付虚高许可费的风险。② 但是被告的实际获益也可能高于"预期",按照实际获益计算同时意味着侵权人失去因为双方预期偏低而支付偏低许可费的利益。因此,考虑"后侵权情事"并非一边倒地有利于侵权人,本身应不至于出现鼓励侵权的问题。

至于引入"后侵权情事"不合乎现实缔约逻辑的问题,正如"弗洛姆森案"判决提到的,假设缔约法不是对现实缔约的回溯,其本身就包含了幻想性与灵活性——"幻想性,是因为它要求法院把对峙的当事人想象成自愿谈判者;灵活性,是因为虽说假定在侵权发生的当时缔约,但是却允许甚至要求法院考虑该时点以后发生的,假设缔约双方在'缔约'当时根本不可能知道或者预见到的事实"③。

总之,在专利侵权合理许可费认定时,应当允许考虑发生在侵权

---

① 阿蒂亚:《"中彩"的损害赔偿》,李利敏、李昊译,北京大学出版社 2012 年版,第 27 页。

② Gajarsa A J, Lee W F, Melamed A D. Breaking the georgia-pacific habit: A practical proposal to bring simplicity and structure to reasonable royalty damages determinations. Texas Intellectual Property Law Journal, 2018(2): 51-111.

③ Fromson v. W. Litho Plate & Supply Co., 853 F. 2d (Fed. Cir. 1988).

时点以后的情事,采取事前、事后模式混合说:一方面,应当将假设缔约的时点置于侵权发生之前的即刻,从而排除沉没成本、转换成本的影响;另一方面,应当假设"缔约"双方能够"未卜先知",已经知道侵权发生期间到审判时点以前所有与专利使用价值相关的因素。[①] 此外,鉴于专利侵权合理许可费的返还仅具有维护利益归属之功能,而不具有特别保护权利人利益之意涵,应该以客观、公平、合理的市场价值标准认定责任,而没有必要刻意作出对权利人有利的认定,故引入"后侵权情事"不应以对权利人有利为限。

(三)具体应用方法

如前所述,以假设缔约法认定合理许可费时,可以采取的公式为:合理许可费(R)=[利用专利技术可得的利润(P)-利用次好替代技术可得的利润(P')]×权利人应分享的合理比例(a%)。在认定公式所需的各项参数时应当采取客观标准说,尽管可以将个案侵权人的获益情况、权利人此前许可交易的情况纳入考量,但没有必要受制于个案当事人的情况。同时,应当可以考虑"后侵权情事",无需受制于现实缔约的逻辑。

假设缔约法的具体操作流程如下。

1. 步骤一:确定增量利润

在适用假设缔约法认定专利使用利益的价值时,首先应当确定实施专利能够在客观上给技术利用人带来怎样的收益。此时,有必要贯彻"分摊原则",避免将非侵权因素所贡献的利润考量在内。[②]

贯彻"分摊原则"的必要性已是我国司法实践的共识,《最高人民法院关于审理侵犯专利权纠纷案件应用法律若干问题的解释》(法释

---

① Siebrasse N V, Cotter T F. A new framework for determining reasonable royalties in patent litigation. Florida Law Review, 2016(4):929-999.

② 早在1854年,美国联邦最高法院已注意到利润分摊问题,认为陪审团指引提出"无论专利技术覆盖整件机器还是仅仅改进既有机器,适用相同的赔偿额规则"是一个严重错误,参见 Seymour v. McCormick, 57 U. S. 480, 491 (1854)。

〔2009〕21 号)第十六条已经体现了分摊思想,要求在认定赔偿额时扣除"因其他权利所产生的利益"。《北京市高级人民法院关于侵害知识产权及不正当竞争案件确定损害赔偿的指导意见及法定赔偿的裁判标准》亦规定,"确定权利人的实际损失和侵权人的获利,应当运用证据规则,采取优势证据标准,考虑知识产权的市场价值、贡献率等合理因素"。

如何践行"分摊原则"是专利侵权诉讼中的难题,学说中甚至有以"技术分摊的不可能性"概括者。[①] 但仅从理念上来说,由于新技术的价值寓于其相对旧技术的进步性,在其他条件不变的情况下,专利技术相较次好替代技术能多产生的经济效益一般可以反映专利技术贡献的价值。[②] 例如,如果技术利用人使用市场上的次好替代技术通常可以取得 100 元/件的利润,在利用专利技术后可取得的利润上升到了 120 元/件,20 元/件的利润增量便是由专利技术所贡献的那部分利益。

在证据的选取上,为了客观评价系争专利使用利益的价值,在确定专利技术所贡献的增量利润时不应仅将视野局限于个案,而应当考虑技术利用人实施系争专利时通常可取得怎样的收益。不过鉴于其他使用人的营业情况往往未对外公开(甚至可能存在没有其他使用人的情况),应当允许将个案当事人通过侵权行为实际取得的增量利润推定为专利技术通常可贡献的增量利润。原告或被告若认为个案中被告的获益存在畸高或畸低的问题,应当举证证明对其有利的主张,法院可以据此调整认定结果。

较有疑问的是如何确定"次好替代方案"。本书第五章已经提到,在以"差额说"认定实际损失、以"增量法"认定实际不法获益时,为了落实因果关系规则,也有必要考虑被告原本会采取的"非侵权替代方案"。就实际损失的认定而言,如果被告能够证明权利人的可得利

---

① 和育东:《美国专利侵权救济》,法律出版社 2009 年版,第 190-191 页。

② Durie D J, Lemley M A. A structured approach to calculating reasonable royalties. Lewis and Clark Law Review, 2010(2):627-651; Cotter T F. Comparative Patent Remedies: A Legal and Economic Analysis. New York:Oxford University Press,2013:128-129.

润在被告使用非侵权替代技术时仍会下降，就能够说明相应部分的利润下降与专利侵权缺乏因果关系，而是市场不景气、权利人自身经营策略失当等因素所致。① 同理，如果侵权人在采取次好替代方案时也能取得相当的利润，这部分利润的取得与侵权行为缺乏因果关系。

从不同目的出发，应予考察的"次好非侵权替代方案"存在区别。在为认定权利人的所失利润而确定可考虑的非侵权替代方案时，应当遵循因果关系规则，考察"被告若不实施侵权行为（而采取其原本可能采取的非侵权替代方案），权利人本应处于何种利益状态"。遵循此思路，在认定权利人的实际所失利润时，被告在侵权不发生时"最可能采取的替代方案"应是一种"根据被告自身资源、文化、能力、策略判断的，被告所知的、可能选择的、对其最有利的技术"②。同理，在适用"增量法"认定侵权人的实际不法获益时，这一结论依然适用。例如，加拿大联邦上诉法院曾提出，在认定侵权人的实际不法获益时，若侵权人以合法替代方案抗辩，其须证明假如其不采取侵权行为则"本可且本会"（could and would）采取某种非侵权替代产品。③ 据此，即便市场上客观存在某种可获取的替代技术，只要该技术不为被告所知或者难以为被告所用，被告就不能据此抗辩。又如，"谷物加工公司诉美国玉米制品公司案"（Grain Processing Corp. v. American Maize Products Co），美国联邦巡回法院提出，为了认定权利人的所失利润，可考虑的非侵权替代方案应当满足下述标准：其一，用于实施该替代方案的原材料应当可以为被告所获取；其二，该非侵权替代方案在侵权发生时期已经存在且为相关领域所周知；其三，被告有用于实施该非侵权替

---

① 例如，在加拿大的一则案例中，被告使用了原告的保密信息，但证据表明如果被告不使用该保密信息，也能在 12 个月以内开发出足以与原告竞争的产品，因此法院认为权利人有权取得的赔偿不高于权利人本可凭借前述时间上的领先优势（即 12 个月）可取得的全部利益，参见 Cadbury Schweppes Inc. v. F. B. I. Foods Ltd [1999] 1 S. C. R. 142。

② Siebrasse N V, Stack A J. Damages calculations in intellectual property cases in Canada. Canadian Intellectual Property Review, 2009(24): 153-168.

③ Apotex Inc v. Merck & Co, Inc, 2015 FCA 171.

代方案的所有必要设备、技术和经验。^① 这一认定方案也关注替代技术对于个案被告的可获取性、可应用性。

合理许可费反映侵害人不当得利的客观价额,其数额不应受制于被告个人的主观认识和生产能力。^② 因此,在为认定合理许可费而考虑次好替代方案时,应当秉持客观标准,着眼于侵权发生时期在市场上客观存在、公开可获取的、为同领域一般技术人员所周知的技术方案,而非根据被告个人的认知能力、生产条件认定。以"谷物加工公司诉美国玉米制品公司案"为例,该案原告持有一件与麦芽糊精相关的方法专利,被告在 1979 年至 1991 年先后通过使用四种不同方法生产麦芽糊精,在最初使用的两种生产方法被法院认定侵犯原告专利权后,被告尝试独立开发替代方案,最终其使用的第四种生产方法被认定为不再侵害专利权。尽管被告是到 1991 年才独立地研发出了非侵权替代方案,但证据表明该种方法并不新颖,早在 1979 年 10 月就已经是市场上"容易获取"的合法替代方案^③,只不过被告对该种替代方案的存在缺乏认知。在为认定权利人所失利润、侵权人实际不法获益而考察"若被告不侵权,则本会采取何种替代方案时",应当考虑被告的认知局限,但在认定合理许可费时就无须考虑被告的认识状况,应当直接将市场上客观存在的次好替代方案纳入考量。

不同于前文提出的认定方法,我国法院目前多数采用"销售额×

---

① Grain Processing Corp. v. American Maize Products Co., 185 F. 3d 1341 (Fed. Cir. 1999).

② 例如,在"节能专利案"中,假设厂家利用专利技术生产销售计算机可取得的净利润为 1000 元/台,改采非侵权替代技术 A 时净利润会降低到 800 元/台。假如被告不熟悉业务而未了解到次好替代技术的存在,其若不侵权就将完全放弃节能功能,只能取得净利润 400 元/台,那么该案中与侵权存在事实上因果关系的利润达 600 元/台(1000 元/台－400 元/台)。尽管如此,以 A 为次好替代技术计算增量利润(200 元/台)才能反映专利在客观上相较于现有技术的进步性。可见,作为合理许可费认定基础的增量利润与被告实际不法获益不尽相同。

③ 该案中,因为该替代方案的存在,法院判决最终认为,在侵权存续期间,被告早就可以采取合法替代方案取得同水平的利润,原告并未受有实际的利润损失,参见 Grain Processing Corp. v. American Maize Products Co., 185 F. 3d 1341 (Fed. Cir. 1999)。这一认定结果事实上不符合因果关系认定的原理。

利润率×专利贡献率"的方法认定专利技术所贡献的利润。例如,《北京市高级人民法院关于侵害知识产权民事案件适用惩罚性赔偿审理指南》规定:"确定知识产权对商业价值的贡献度,可以根据案件具体情况,综合考虑以下因素:(1)权利客体的创造性、独创性、显著性或者价值性;(2)权利客体的创作研发成本及市场价格情况;(3)权利人商品与同类商品的市场价格、销售数量、利润比较情况;(4)侵权商品的生产经营成本、市场价格、单位利润等情况;(5)侵权内容分别占权利客体、侵权客体的数量比例或者重要程度情况。"在"无锡国威陶瓷电器有限公司、蒋国屏与常熟市林芝电热器件有限公司、苏宁易购集团股份有限公司侵害实用新型专利权纠纷"中,法院考虑了系争技术方案的有益效果以及非专利部分的贡献,将其利润贡献率酌定为50%。① 着眼于"专利贡献率"的认定路径也体现了"分摊原则"的思想,但在科学性上不如考虑非侵权替代方案的认定方法。例如,假设侵权人的侵权产品销路不佳以致亏损 1 万元,但若侵权人使用非侵权替代技术时亏损将更为严重,达 10 万元,此时侵权人因侵权所取得的利益实为 9 万元。若按照"销售额×利润率×专利贡献率"处理,就会得出侵权人陷于亏损,未能通过侵权行为取得净利润的不当结论。不过在难以确定"次好非侵权替代技术"及其所能产生的收益时,"销售额×利润率×专利贡献率"的公式仍不失为可行的权宜之计。

2. 步骤二:分配增量利润

在确定增量利润后,应当如何进一步在原被告间分配? 首先应当优先参考的是具有可比性的现实许可交易。如果没有现实许可交易可供参考,则应当允许考虑诉诸行业平均数据、交易习惯和经验法则。过去美国司法实践曾经认可一种经验法则,将使用专利所生增量利润的 25% 作为合理许可费,后来美国联邦巡回法院明确否定这种做法,

---

① 参见无锡国威陶瓷电器有限公司、蒋国屏与常熟市林芝电热器件有限公司、苏宁易购集团股份有限公司侵害实用新型专利权纠纷案,最高人民法院(2018)最高法民再 111 号民事判决书。

认为25%的分配比率欠缺实证数据支持。[①] 但是,如果某种分配比例确实能为特定行业习惯所支持,应当可以作为分配依据。

此外,也可以考虑认可"纳什谈判解"的可适用性。根据数学家纳什(Nash)提出的"纳什谈判解",如果当事人高度理性、可准确比较其对不同事物的需求程度、有相同程度的谈判技术、对双方的偏好完全了解并都希望从交易中得到最大化利益,那么双方会将交易产生的剩余平分。[②] 美国联邦巡回法院曾在判决中否定了这一方法的可适用性,认为这与个案间欠缺充分联系。[③] 但是假设缔约法中的诸多基本假设同样也是不现实的(如双方自愿缔约、双方都合理获知交易相关信息等)。专利侵权所致的损失、利益通常难以确切量化,在缺乏其他证据可供参考的情况下,如果适用"纳什谈判解"得出的结论不违背公平、合理认定使用利益价格的要求,应当也并无不可。[④]

3.举证责任的分配

如上所述,适用假设缔约法时应当着眼于技术利用人利用系争专利时通常可取得的增量利润,但是为了降低司法成本,侵权人的实际获利情况可以推定为技术利用人使用该专利时的通常获利水平。在此基础上,个案中首先应由权利人就侵权人利用系争专利取得利润的实际情况加以举证;权利人若认为侵权人所取得的利润过低,不足以反映专利技术的使用利益客观价值的,应当进一步举证,通过自己或其他技术利用人实施专利的收益情况证明其主张。在我国司法实践中,最高人民法院曾经在判决中提出,侵权人官方网站、宣传册上呈现

---

① Uniloc USA, Inc. v. Microsoft Corp., 632 F. 3d 1315 (Fed. Cir. 2011).

② 关于"纳什谈判解"在专利侵权赔偿额认定中的应用,参见 Sidak J G. Bargaining power and patent damages. Stanford Technology Law Review, 2015(1): 1-31。

③ VirnetX, Inc. v. Cisco Sys., Inc., 767 F. 3d 1308 (Fed. Cir. 2014).

④ Cotter T F. Patent damages heuristics. Texas Intellectual Property Law Journal, 2018(2): 16-21.

的数据可以作为认定侵权人所获收益的基础。① 从降低权利人举证难度、降低查明事实的成本等目的出发，这种认定思路可资赞同。如果侵权人承认宣传数据存在水分，在诉讼中主张更低的实际获利数额，应当举证证明。

权利人已就侵权人的实际获利情况完成举证后，如果被告试图提起"次好替代技术抗辩"，应当证明侵权当时市场上已经存在功能近似的替代技术，以及技术利用人可以通过"次好非侵权替代技术"获取怎样的收益。例外地，若证据表明侵权人所获利润很低甚至陷于亏损而权利人主张实施专利技术方案将令侵权人亏损数额减小的，应当负举证义务。在为认定合理许可费而考察合法替代技术时，应当着眼于市场上客观存在的替代技术，无需受制于侵权人在侵权发生时的主观认知。

确定技术利用人可通过实施专利获取的增量利润后，该利润应当如何在原告、被告间分配，合理比例首先由权利人举证证明。侵权人认为该比例不合理的，亦应举证证明。合理比例难以查明的，可以由法院根据个案情况酌定适当的比例。

以本节开头提到的"节能专利案"为例，既然无证据表明乙所得利润（1000 元/台）特别高或特别低，且乙已证明其可以通过采取次好替代技术获得 800 元/台的利润，可以推定技术利用人可通过专利技术取得增量利润 200 元/台。在此基础上，可以参考甲与丙之间的许可协议、甲与丁之间的许可协议、所属行业的平均许可费率等酌定权利人应分享的合理比例 a％，最终认定合理许可费为 200×a％/台。

---

① 参见福州百益百利自动化科技有限公司与上海点挂建筑技术有限公司、张某某侵害实用新型专利权纠纷案，最高人民法院（2021）最高法知民终 1066 号民事判决书。本案中，侵权行为人在其宣传册、官方网站中对相关工程案例进行展示，专利权人主张据此确定侵权行为规模，最高人民法院对这种主张予以支持。

二、市场比较法

(一)市场比较法的提出

市场比较法也称市场法,是认定合理许可费的另一常用方法,其基本思路是在市场上寻找与待评价对象具有可比性的交易参考物,并以可比参考物的价格为基础,个案评估对象与参照物之间的差异,通过对比分析与差异量化调整,得到被评估对象的价值。[①] 美国联邦巡回法院认为,"现实中关于专利技术许可的合同一般在合理许可费认定中具有高度的证明力,其最能明显地反映专利技术在市场上的经济价值"[②]。的确,现实许可交易合同的受许人一般已将可能的替代技术纳入考量,故现实许可合意往往能够反映专利技术相对于现有技术的进步性。[③] 市场比较法不仅可以作为独立认定方法,同时也是假设缔约时的重要考量因素。前文已经介绍的"乔治-太平洋"测试即将可比许可交易列为假设缔约考量因素的前两项。[④]

在我国,合理许可费的司法认定主要采取市场比较法。《最高人民法院关于审理专利纠纷案件适用法律问题的若干规定》第十五条将"有专利许可使用费可以参照"作为适用许可费赔偿的前提,实践中法院往往据此认为,仅当存在可供参考的现实许可交易时,才有参照许可费确定赔偿额的余地。例如,在"海兆邦电力器材有限公司与山东中泰阳光电气科技有限公司、上海亭颖电力技术有限公司侵害发明专利权纠纷案"中,法院就以缺乏可供参考的现实许可费为由直接适用

---

① 王景、高燕梅:《知识产权损害赔偿评估》,知识产权出版社 2016 年版,第 72 页。

② Laser Dynamics, Inc. v. Quanta Computer, Inc. , 694 F. 3d 51, 79 (Fed. Cir. 2012).

③ Hasbrouck M J. Protecting the gates of reasonable royalty: A damages framework for patent infringement cases. John Marshall Review of Intellectual Property Law, 2011(1): 192-216; Jarosz J C, Chapman M J. The hypothetical negotiation and reasonable royalty damages: The tail wagging the dog. Stanford Technology Law Review, 2012(3): 769-819.

④ Georgia-Pacific Corp. v. United States Plywood Corp. , 318 F. Supp. 1116, 1120-21 (S. D. N. Y. 1970).

了法定赔偿。① 有学说因此认为，市场比较法是我国专利侵权合理许可费认定的法定方法。②

在市场比较法的应用中，重中之重是分析拟参考许可合同是否具有充分的可比性。美国司法实践对现实许可合同的可比性提出了较高的要求，仅声明技术或者许可交易之间宽泛或模糊的可比性是不充分的。③

从司法判决看，美国法院在可比性分析时主要关注下述方面。

其一，技术的可比性。在"朗讯科技诉盖特威公司案"中，美国联邦巡回法院认为，原告提交的现实许可交易合同中只有四个与系争技术同属于和个人电脑相关的技术，其余许可合同不具有可比性，不应作为认定合理许可费的证据。④

其二，交易环境的可比性。和解协议中的许可费合意是否可以参考在学说中存在争议⑤，不过美国法院通常否定和解协议的参考价值，认为当事人往往会为了避免诉讼而愿意支付高出正常水平的许可费⑥。在少数案件中法院允许参考和解协议，但仍赋予市场许可交易合同以更高证明力。⑦ 较少有争议的是，如果拟参考的专利属于标准必要专利，认定合理许可费时仅考虑专利技术本身的价值，而应去除

---

①　参见海兆邦电力器材有限公司与山东中泰阳光电气科技有限公司、上海亭颖电力技术有限公司侵害发明专利权纠纷案，上海知识产权法院(2015)沪知民初字第 272 号民事判决书。

②　例如，党晓林：《我国专利侵权损害赔偿数额计算方式之探讨》，载《知识产权》2017 年第 10 期；范晓波：《知识产权的价值与侵权损害赔偿》，知识产权出版社 2016 年版，第 140 页。

③　Lucent Technologies v. Gateway, 580 F. 3d 1301 (Fed. Cir. 2009).

④　Lucent Techs., Inc. v. Gateway, Inc., 580 F. 3d 1301, 1327-1331 (Fed. Cir. 2009). 类似的判决，还可参见 ResQNet.com v. Lansa, Inc., 594 F. 3d 860, 869-872 (Fed. Cir. 2010).

⑤　Chapman M J. Using settlement licenses in reasonable royalty determinations. The Intellectual Property Law Review, 2008(3): 313-357.

⑥　Mahurkar Double Lumen Hemodialysis Catheter Patent Litig., 831 F. Supp. 1354, 1379 (N. D. Ill. 1993).

⑦　ResQNet.com v. Lansa, Inc, 594 F. 3d 860 (Fed. Cir. 2010)；LaserDynamics v. Quanta Computer, 694 F. 3d (Fed. Cir. 2012).

标准的价值。^① 另外,如果拟参考的许可合同缔结于有利害关系的双方,这种许可不能反映专利许可的公平合理价格。

其三,计费方式的可比性。专利许可交易的主要计费方式包括浮动计价和定额计价。合同约定浮动许可费时,最终受许人要支付的费用根据受许人实际销售情况浮动确定;约定定额许可费时,双方会预先确定一个价额,受许人完全自担实际产销收益好坏带来的利益与风险。美国法院有时会因为计费方式有别而拒绝参考原告提出的既有许可合同证据。^②

在资产评估领域,我国学者就许可交易的可比性提出下述要点。第一类是技术上的可比性,这具体包括多个面向。^③ 一是技术领域的可比性,考察拟参考的交易所涉及的技术是否与被侵害专利的发明属于相同或者相似的技术领域。二是技术内容上的可比性。即便是同一领域的技术,也需进一步考察其具体内容是否相似。三是技术效果的可比性,即考察相关技术是否旨在解决相似的技术问题,是否能够产出质量相似的产品或者实现相近的经济指标。四是使用规模的可比性。假设在拟参考的许可交易下受许人的整个产品都以特定专利技术为核心,而在专利侵权案件中该项专利技术只是侵权产品中的微小一部分,那么拟参考许可交易是否具有充分的参考价值就值得谨慎分析。五是技术条件的可比性,主要指实施专利所需的配套技术支持。六是解决技术问题的可比性。第二类是时间上的可比性。如果拟参考许可合同成立时间与侵权行为发生时间相隔过远,往往应否定其参考价值。第三类是使用环境与交易条件可比性。一些许可交易并非在公开市场中以普通的交易方式进行,如司法执行、拍卖中的许

---

① Commonwealth Scientific & Industrial Research Organisation v. Cisco Systems, Inc. 809 F. 3d 1295, 1304 (Fed. Cir. 2015).

② ePlus, Inc. v. Lawson Software, Inc. , 764 F. Supp. 2d 807, 814 (E.D. Va. 2011).

③ 王景,高燕梅:《知识产权损害赔偿评估》,知识产权出版社 2016 年版,第 72-75 页。

可交易、行业或系统内部交易等，通常不具有可比性。①

我国法院在应用市场比较法时，不仅重视拟参考许可交易的真实性，也已强调可比性分析。《最高人民法院关于知识产权民事诉讼证据的若干规定》（法释〔2020〕12号）第三十二条规定："当事人主张参照知识产权许可使用费的合理倍数确定赔偿数额的，人民法院可以考量下列因素对许可使用费证据进行审核认定：（一）许可使用费是否实际支付及支付方式，许可使用合同是否实际履行或者备案；（二）许可使用的权利内容、方式、范围、期限；（三）被许可人与许可人是否存在利害关系；（四）行业许可的通常标准。"在"东莞市旺城智能科技有限公司、施香英等侵害外观设计专利权纠纷案"中，法院认为，该案权利人虽然提交了《专利实施许可合同书》，但并未提供证据证明相关许可使用费已经实际支付，因此未认可该证据的真实性。② 在"会山与漯河燎原机械制造有限公司侵害实用新型专利权纠纷申请案"中，法院在判断现实许可的参考价值时，考虑了正常许可与侵权实施之间在实施方式、时间、规模、利润等方面的可比性。③ 在"华纪平、合肥安迪健身用品有限责任公司与山西新和机械设备有限公司侵犯专利权纠纷案"及"上海帅佳电子科技有限公司、慈溪市西贝乐电器有限公司与山东九阳小家电有限公司、王旭宁及济南正铭商贸有限公司发明专利侵权纠纷案"中，法院认为，如果许可合同的交易双方存在利害关系，就不

---

① 王景、高燕梅：《知识产权损害赔偿评估》，知识产权出版社2016年版，第72-75页。

② 参见东莞市旺城智能科技有限公司、施香英等侵害外观设计专利权纠纷，广东省高级人民法院粤民终3287号民事判决书。

③ 参见会山与漯河燎原机械制造有限公司侵害实用新型专利权纠纷案，最高人民法院（2013）民申字第2239号民事裁定书。

能代表市场上公平交易会得出的价格,对其参考价值应予否定。① 在"北京酷能量科技有限公司、东莞市机乐堂电子科技有限公司等侵害实用新型专利权纠纷"中,最高人民法院认为,和解协议约定的许可费很可能包含了有关损失补偿的考量,因此一般不能直接参考和解协议确定许可费赔偿。②

(二)实践之争及其化解

作为资产评估中的常规方法,市场比较法的运用可能被认为是很简明的,但从比较法上的经验看,市场比较法的具体应用方法仍然有较大争议。基于合理许可费赔偿的性质以及专利权、专利许可、专利侵权各自的特点,以市场比较法来认定合理许可费时必须注意市场许可交易机制与合理许可费认定的差异,而指出这些特点是法学的任务。

合理许可费与现实许可费的关系是国内外知识产权侵权纠纷司法实践中的又一重大争议问题。如果经过考察许可使用内容、范围、方式、期限、计费方式、交易环境、交易时间等方面的可比性,发现存在具有可比性的现实许可交易,甚至存在着已经确立的市场许可费,合理许可费赔偿额的认定是否就应当受制于现实许可费的数额?

我国司法实践中的多数观点主张合理许可费数额应适当高于市场许可费。《最高人民法院关于当前经济形势下知识产权审判服务大局若干问题的意见》(法发〔2009〕23号)要求"体现侵权赔偿金适当高于正常许可费的精神",《北京市高级人民法院关于侵害知识产权及不

---

① 参见华纪平、合肥安迪健身用品有限责任公司与山西新和机械设备有限公司侵犯专利权纠纷案,最高人民法院(2003)民三终字第7号民事判决书;上海帅佳电子科技有限公司、慈溪市西贝乐电器有限公司与山东九阳小家电有限公司、王旭宁及济南正铭商贸有限公司发明专利侵权纠纷案,山东省高级人民法院(2007)鲁民三终字第38号民事判决书。但也有学者提出,我国法院在适用市场法认定专利侵权合理许可费时,仍然存在不审查许可交易双方是否具有利害关系、不审查拟许可交易合同价格的合理性、参照与个案关联性不强的许可合同等问题。参见范晓波:《知识产权的价值与侵权损害赔偿》,知识产权出版社2016年版,第146页。

② 参见北京酷能量科技有限公司、东莞市机乐堂电子科技有限公司等侵害实用新型专利权纠纷案,最高人民法院(2021)最高法知民终374号民事判决书。

正当竞争案件确定损害赔偿的指导意见及法定赔偿的裁判标准》亦认为，合理的许可使用费"一般不低于可比较的合理许可使用费"。在"江苏省高科种业科技有限公司诉南通市粮棉原种场植物新品种追偿权纠纷案"中，法院认为，为加大对植物新品种的司法保护力度，应在参考现实许可费的基础上酌情提高使用费的数额。① 比较法上，美国法院经常支持高于现实许可费的合理许可费②，而日本有法院则认为，如果证据表明原告曾经许可第三人以与被告侵权使用行为相同或近似的方式利用相同知识产权，合理许可费就应根据现实许可费确定。③

现实许可费和合理许可费究竟处于何种关系？要回答这一问题，关键仍在于明确合理许可费的法律性质。合理许可费属于返还性赔偿责任，其数额并非相当于"假如侵权人不侵权而曾寻求许可，在侵权发生当时的现实市场中本应支付多少许可费"。因此，如果现实市场环境中形成的许可合同未能反映发明创造的客观价值，就没有必要令合理许可费受制于现实许可费。

一般来说，财产的市场租金能够反映其客观的使用价值，但是专利许可交易较为特殊，专利权边界模糊的特点以及专利许可"诉讼驱动性"特征共同决定了现实市场中的许可费合意未必能够反映专利技术的客观价值。具体而言，由于有体物能够在物理上被占有，有意使用他人之物者为了取得物的占有和使用利益往往有动力向权利人取得许可。相比之下，专利权等无形财产不具天然的独占性，如果没有被诉的可能性，可以想见相当一部分使用人不会愿意事先取得许可。由此，无形财产的许可交易不仅会反映交易双方对于智力成果本身使

---

① 参见江苏省高科种业科技有限公司诉南通市粮棉原种场植物新品种追偿权纠纷案，江苏省高级人民法院(2017)苏民终 58 号民事判决书。

② Love B J. The Misuse of reasonable royalty damages as a patent infringement deterrent. Missouri Law Review，2009(4)：909-910.

③ Takenaka T. Harmonizing patent infringement damages：A lesson from Japanese experiences//und Pyrmont W P W, Adelman M J, Brauneis R, et al. Patents and Technological Progress in a Globalized World：Liber Amicorum Joseph Straus. Berlin：Springer. 2009：463-480 .

用利益价值的理解,还受制于双方对于潜在诉讼结果的预期。[1] 例如,假设甲预计能够通过利用 A 技术方案多取得利润 10 万元,但担忧该项技术已经落入了乙所持有专利权的覆盖范围,故考虑向乙申请许可。由于专利权效力不稳定且边界模糊,A 技术方案落入乙专利权保护范围的概率仅为 50%,则甲愿意向乙支出的许可费上限仅为 5 万元。尽管类似场景在其他财产侵害案件中也会出现,但因为专利权边界特别模糊、效力特别不稳定[2],该现象在专利侵权领域特别突出,专利许可交易可谓天然地"寄生于潜在诉讼上"[3]。

在上述例子中,假设后来丙也使用了 A 技术方案但未取得乙的许可,被法院认定为构成侵权,乙在诉讼中提供了其与甲之间的许可合同作为认定合理许可费的证据。试想,若法院在认定丙应承担的合理许可费时受制于甲、乙之间的许可费合意,将责任数额认定为 5 万元,那么所认定的数额便会低于专利的客观使用价值,从而陷入以下的恶性循环:现实许可交易反映双方对潜在诉讼结果之预期→法院在确定合理许可费时参考现实许可费,以至合理许可费未能反映专利技术的客观价值→受司法定价结果的影响,后来的潜在受许人愿意支付的许可费降低。这样的恶性循环可能导致专利权人无法收回其创新成本,失去创新动力。[4]

按照法经济学所作的分析,如果直接根据市场许可费确定合理许可费,表面上会令诉讼的认定结果与诉讼外的市场交易价格相符,实则会令权利人承受"双重折扣"风险:以上述乙、丙之间的诉讼为例,由于法院认定 A 技术方案落入乙专利权保护范围的概率约为 50%,如

---

[1]　Love B J. The Misuse of reasonable royalty damages as a patent infringement deterrent. Missouri Law Review, 2009(4):909-910.

[2]　Lemley M A, Shapiro C. Probabilistic patents. The Journal of Economic Perspectives, 2005(2):75-98.

[3]　Love B J. The Misuse of reasonable royalty damages as a patent infringement deterrent. Missouri Law Review, 2009(4):909-910.

[4]　Lee W F, Melamed A D. Breaking the vicious cycle of patent damages. Cornell Law Review, 2015(2):385-466.

果直接根据 5 万元的标准来确定合理许可费，综合来看权利人乙取得救济的期望值仅为 2.5 万元（10×50％×50％）。前文在探讨假设缔约法时已经提到，美国法院在假设交易时，会假定当事人双方信息对称且均已明确受许人行为已落入知识产权排他范围[①]，这一做法也是为了预先排除了潜在诉讼预期对合理许可费数额的影响，避免"双重折扣问题"。[②]

　　综上，如果现实市场环境中形成的许可合同未能充分反映智力成果的客观价值，自然应当认可高于现实市场许可费的合理许可费。在市场比较法的应用中，假设待参考许可协议规定许可费为 r，而许可交易双方认为法院判决侵权成立的概率仅 θ％，在不考虑其他因素的情况下，合理许可费 R 应该是 r 的 1/（θ％）倍。例如，如果 θ％ 是 50％，那么合理许可费数额应是 r 的两倍。前文提出《专利法》的"倍数参照许可费赔偿"仍可以解释为返还性赔偿的原理也正在于此。当然，现实许可合同中的许可费合意究竟在何种程度上受到诉讼结果预期的影响确实很难量化[③]，但在知识产权侵权案件中，为了避免深陷于对法定赔偿的依赖，有必要接受合理许可费、侵权所生利润、实际损失无不难以精确计算的现实，允许采取一些估算的方法。在参照现实许可费认定合理许可费时，可以通过下述方法对参数 θ％ 进行估计：一是参考专家证人的辅助评价，二是从赔偿精确性与效率性均衡的角度出发，参照专利侵权案件的平均胜诉概率来确定 θ％〔美国实证数据所算得的 1/（θ％）在 3 至 4 之间〕。[④]

　　无论如何，R＝r×1/（θ％）的计算公式至少提供了一种参照现实

---

　　① Rite Hite Corp. v. Kelley Co., 56 F.3d 1538, 1554 (Fed. Cir. 1995).

　　② Siebrasse N V, Cotter T F. A new framework for determining reasonable royalties in patent litigation. Florida Law Review, 2016(4): 929-999; Love B J. The Misuse of reasonable royalty damages as a patent infringement deterrent. Missouri Law Review, 2009(4): 909-910.

　　③ Love B J. The misuse of reasonable royalty damages as a patent infringement deterrent. Missouri Law Review, 2009(4): 909-910.

　　④ Siebrasse N V, Cotter T F. A new framework for determining reasonable royalties in patent litigation. Florida Law Review, 2016(4): 929-999.

许可费认定合理许可费的理论依据和量化标准,且其能够提示法院,在市场比较法操作中除了要比较技术、时间、环境等方面的可比性,还要注意专利权效力不稳定、边界模糊对现实许可交易的影响。尤其是若系争专利曾经被大规模侵权或者被法院错判为无效时,更应当认识到该专利的市场许可费是不应被直接参考的。早在 1916 年,汉德法官就提出,当专利曾被法院错判为无效,受到判决影响的市场许可费数额不应被作为赔偿额。[①] 尽管当时美国法院也缺乏准确评估 θ% 的能力,但是前述判决至少没有直接使用过低的市场许可费,从而避免了赔偿额明显不足以反映侵权人不当得利的问题。2010 年美国联邦巡回法院的一则判决也曾提到,若大规模侵权曾造成市场对专利效力与价值的普遍怀疑,则当时的市场价格不足为信。[②] 加州地区法院也曾提到,产业中公然侵权行为"导致整个产业对原告的专利欠缺尊重",是提高合理许可费认定的理由。[③]

但同时也应当明确,认定高于现实许可费的合理许可费,其目的是客观评价智力成果的使用价值,而不是为了刻意加重责任以加强对专利侵权的威慑效果。因此,我国现行的司法解释不加区分地认为"侵权赔偿金应当适当高于正常许可费"并不妥当。

本章小结

包括专利侵权合理许可费赔偿在内,按照许可费确定的赔偿责任属于返还责任,与不当得利返还制度具有亲缘性。返还性的许可费赔

---

① Consol. Rubber Tire Co. v. Diamond Rubber Co. of N. Y. , 226 F. 455, 459 (S. D. N. Y. 1915), aff'd, 232 F. 475 (2d Cir. 1916)

② ResQNet. com, Inc. v. Lansa, Inc. , 594 F. 3d 860, 872, 93 U. S. P. Q. 2d 1553 (Fed. Cir. 2010).

③ Maxwell v. Angel-etts of Cal. , No. CV9910516DT(AJWX), 2001 WL 34133507 (C. D. Cal. July 9, 2001).

偿之所以在英美法系国家得到了更广泛的发展空间，这与不当得利法在英美法中发展较晚、造成制度"留白"关系密切。

在已经具备成熟不当得利制度的法域，通常并无返还性赔偿责任的发展空间，但知识产权法领域是个例外：无形财产侵权所致实际损害难以认定的困境，使知识产权侵权损害赔偿请求权面临"空洞化"危机，按照合理许可费确定赔偿责任的规则应运而生，形成了一种十分特殊的侵权救济路径：一方面，合理许可费被引入的初衷确实是为了提供一种替代实际损失补偿规则的救济方案；另一方面，合理许可费赔偿已经不再以损害为中心，实质上是以侵害人不当得利为基础的返还性赔偿责任。

合理许可费赔偿不是独立的请求权基础，其适用以侵权责任成立要件的满足为前提。但合理许可费赔偿的返还性本质决定了不管立法者引入该制度的初衷是什么，其实际能够发挥的首要功能就在于矫正缺乏法律根据的利益流动，而损害补偿功能仅是其附带效应。在为认定合理许可费而应用"假设缔约法""市场比较法"等方法时，始终应立足于合理许可费的返还性，明确其数额相当于侵害人所得专利使用利益的客观价值，避免生搬硬套实际损失补偿的逻辑。

第七章　专利侵权不法获益责任之二：
剥夺性的侵权利润赔偿

专利法中,按照侵权人因侵权所获利益确定赔偿额的责任在效果上不限于令侵权人返还原本应当归属于权利人的利益,因此属于剥夺性的不法获益责任。[①] 在论证剥夺责任的正当性时,有观点赞成"任何人不得通过不法行为获益"原则,认为允许不法行为人保留不法获益违背了基本的道德准则、背离了正义的趣旨。[②] 如果真是这样,支持剥夺加害人不法获益的情况本应相当广泛。然而,从实践状况看,"任何人不得从不法行为中获益"这一说法在司法判决中仅具有修辞上的意义,用于表达法官对个案中违法行为的批判立场,从来没有成为一个真正具有拘束力的法律规范。在相当一部分案件中,法院事实上准予不法行为人保留部分甚至全部的不法获益。那么,为何"任何人不得通过不法行为获益"原则从来没有成为现实呢？剥夺责任的正当性基础究竟何在？专利侵权是否应当触发剥夺责任？应当如何建构和适用专利侵权利润赔偿制度？本章以英美法相关实务和学说为镜鉴,尝

---

　　① 　假设侵权人通过实施专利取得了利润 1 万元,若其不侵权而使用其先前采用的旧技术则只能取得利润 0.5 万元,此时与侵权行为存在事实上因果关系的利润为 0.5 万元。这 0.5 万元的取得与专利的利用存在因果关系,但仍然是专利技术结合侵权人的人力、物力投入共同得到的产物,不完全是本应归属于权利人的利益,以这 0.5 万元为据确定的责任应属于剥夺责任,而并非仅旨在维护权益归属秩序的返还性责任。

　　② 　徐银波:《论侵权行为形态的嬗变与赔偿理念的现代化——兼论〈侵权责任法〉第 20 条的适用》,载《私法研究》2015 年第 1 期。有观点认为,支持利润剥夺的判决立足于"任何人不得从不法行为中获益"这一基本原则,如陈凌云:《论英美合同法之违约获益赔偿责任》,载《环球法律评论》2010 年第 3 期。

试系统回应这一系列问题。

第一节　英美法中的剥夺责任："任何人不得通过不法行为获益"？

一、英美司法实践中的剥夺责任

前文已经提到，英美法司法实践中可能据以实现利润剥夺的诉讼形式多样，主要包括账目之诉、返还金钱之利的诉讼、侵权之诉等。[①]本章第三节、第四节将专门就专利侵权纠纷中的剥夺责任予以讨论，本节主要着眼于知识产权侵权领域以外的剥夺责任实践。

（一）违反衡平义务的剥夺责任

英美法中，违反信义义务（也译为受托义务）、保密义务等衡平义务者常常面临剥夺责任。[②]为了避免产生利益冲突、确保受托人为委托人的利益行事，受托人信义义务的内容本身就包含了严格的禁止得利义务（no-profit rule）[③]，受托人因违反信义义务而取得的利益一概被认为是可剥夺的，无需考虑原本信义义务的受益人是否意欲取得或能够取得该利益。[④]故尽管受托人收受的贿赂或回扣原本不归属于委托人，但委托人却仍得主张剥夺之。例如，当一名受贿的英国军官帮助违法运输者避开了检查，法院判决其将所得的贿赂金交给其雇主即

---

① Hondius E, Janssen A. Original questionnaire//Hondius E, Janssen A. Disgorgement of Profits: Gain-based Remedies throughout the World. Switzerland: Springer, 2015: 3-10.

② Keech v. Sandford (1728) Sel Cas T King 61, 25 ER 223; Boardman v. Phipps [1967] 2 AC 46 (HL).

③ Regal (Hastings) Ltd v. Gulliver [1967] AC 134n, 386 (Lord Russell); Boardman v. Phipps [1967] 2 AC 46; Regal (Hastings) Ltd v. Gulliver [1967] AC 134.

④ Warman International Ltd v. Dwyer (1995) 182 CLR 544, 558.

英国政府。① 又如,在一则涉及代理人违反信义义务抽取回扣的案件中,代理人被判向委托人交出其取得的回扣。② 即便受托人诚实行为、并无主观过错,只要其客观上违反了信义义务,法院就将支持剥夺责任,受托人有无过错仅能影响法院判决的剥夺范围。③ 按照英国法院见解,帮助他人违反信义义务而取得利润的人,其所获利润也可能应予剥夺,但一般以该帮助人"不诚实"为前提,且法院对是否允许剥夺还会进行进一步的个案裁量。④

在判决剥夺不法获益时,法院有时会考虑受托人自己的技能和付出的劳动等因素,对总利润进行一定的衡平扣除(equitable allowance)。⑤ 关于此种扣除的理解,主要存在两种路径。一种理解认为,衡平扣除体现了"应得赏罚"(desert)原则,即受托人应当有权因自己付出的劳务取得报酬,如果不进行相应扣除会导致委托人不当得利。另一种理解立足于因果关系规则,认为被告自己的技术和劳务所生的利润与义务违反缺乏因果关系,不应予以剥夺。⑥ 澳大利亚高等法院在判决中采纳了后者,并在讨论衡平扣除时提出"如果有相当一部分利润增长来自受托人的技术、努力、财产和资源,来自受托人所引介的资本和承担的风险(只要这些风险并非由委托人所遭受的)",可以认为相关部分的利润增长"是因为受托人技术、努力、财产和资源"的产物。⑦

法院是否准予衡平扣除,视个案情况而定,法院会根据被告主观

---

① Reading v. Attorney General, [1951] AC 507.

② Daraydan Holdings Ltd v. Solland International Ltd, [2005] Ch 119.

③ Warman International Ltd v. Dwyer (1995) 182 CLR 544, 558.

④ Watterson S. Gain-based remedies for civil wrongs in England and Wales//Hondius E, Janssen A. Disgorgement of Profits: Gain-based Remedies throughout the World. Switzerland: Springer, 2015: 29-69.

⑤ Boardman v. Phipps [1967] 2 AC 46.

⑥ Virgo G. Principles of the Law of Restitution. Oxford: Oxford University Press, 2015: 508-509.

⑦ Warman International Ltd v. Dwyer (1995) 128 ALR 201, 212.

心态、原告利益重要程度等因素作出裁量。在英美判例法中，可以看到一些判决准予的剥夺范围明显已经延伸至与义务违反缺乏因果关系的利润。例如，在"斯奈普诉美国案"（Snepp v. United States）中，美国中央情报局与工作人员斯奈普约定任何涉及雇主的出版物必须先经过审查，斯奈普违反约定擅自出版了一本著作，违反了其对雇主的信义义务。尽管证据表明斯奈普事实上并未在文中披露任何保密信息，换言之，即便其已经遵循了事先提交审查的义务，也很可能可以出版本书并获得当前的利益，从因果关系规则来看，违约方并未因为违反信义义务而多取得利益①，美国联邦最高法院最终在该案中基于推定信托（constructive trust）规则拟制斯奈普为受托人，从而实现了对其所得全部出版利润的剥夺。

在剥夺责任的论证方面，"斯奈普诉美国案"判决理由着重强调斯奈普职业的特殊性，主张本案判决的法律责任应当足以吓阻信义义务违反以维护敏感信息的安全。② 类似的，英国一则涉及信托义务违反的案件，法院认为"即便被告采取合法行为也会得到该利益"仍不足以否定剥夺责任。③ 可见在信义义务违反案件中，剥夺范围有时并不受因果关系规则限制，即便是被告依靠自己的技术和劳动取得的那部分利润也同样可能被剥夺。

对违反保密义务的案件，法院在适用剥夺责任时采取了个案裁量的进路，不仅以被告主观恶性决定是否剥夺利润，还会考虑保密信息的重要性、被告不法利润的大小以及个案中适当的威慑强度等。④ 有时法院会以"不合比例"为由拒绝剥夺违反保密义务所生的利润⑤，更

---

① Snepp v. United States, 444 U. S. 507 (1980), 518-521.
② Snepp v. United States, 444 U. S. 507 (1980), 510, 515-516.
③ Murad v Al-Saraj, [2005] EWCA Civ 959.
④ Walsh v Shanahan, [2013] EWCA Civ 411.
⑤ Walsh v Shanahan, [2013] EWCA Civ 411.

多情况下法院仅按照利用保密信息的许可费确定赔偿责任。①

(二)违反合同义务的剥夺责任

利润剥夺在违约案件中属于例外。② 在"沃瑟姆公园案"中,尽管被告故意违反当事人间有关禁止利用某片土地的约定,法院仍仅判决被告支付合理的许可使用费(约等于被告所得总利润的 5%)。③

在"总检察长诉布雷克案"中,英国上议院才首次明确肯定违约案件也可以适用剥夺责任。该案被告、英国情报部门前工作人员布雷克因泄露情报入狱,在越狱成功并逃离英国后于 1990 年出版了一部回忆录《别无选择》。该书的出版违反了布雷克与英国政府的契约,上诉审的争点之一在于本案违约责任是否可包括被告所得出版利润的剥夺。法院判决准予剥夺出版利润,且没有考虑布雷克为写书投入的时间、努力和技巧而作任何扣除。④

在探讨违约获益的可剥夺性时,尼科尔斯法官认为,当"其他救济不充分时",可以在"在特别情况下"基于账目之诉剥夺违约行为所生的利益,并主张个案法院应当综合考量合同标的、被违反条款的目的、违约行为的背景与后果以及主张救济的背景等因素决定是否予以剥夺。此外,尼科尔斯法官认为,尚无明确规则系统规定剥夺违约利润的条件,"一个有用但不全面的指导原则是考察原告是否有禁止被告获利行为的合法利益"⑤。

根据"总检察长诉布雷克案"的判决,违约利润是否应予剥夺的考量因素包括"其他救济是否充分"以及"权利人是否有禁止被告获利的

---

① Watterson S. Gain-based remedies for civil wrongs in England and Wales//Hondius E, Janssen A. Disgorgement of Profits: Gain-based Remedies throughout the World. Switzerland: Springer, 2015: 29-69.

② Watterson S. Gain-based remedies for civil wrongs in England and Wales//Hondius E, Janssen A. Disgorgement of Profits: Gain-based Remedies throughout the World. Switzerland: Springer, 2015: 29-69.

③ Wrotham Park Estate Co Ltd v. Parkside Homes Ltd, [1974] 1 WLR 798.

④ Attorney General v. Blake [2001] 1 AC 268.

⑤ Attorney General v. Blake [2001] 1 AC 268.

合法利益"。2020 年,加拿大最高法院在判决中也采纳了相同的规则。[①] 有关"其他救济是否充分"的要求应是源自"衡平救济以普通法上的救济不充分为前提"的传统观念,有疑问的是何谓"权利人有禁止被告获利的合法利益"。对此,尼科尔斯法官有意保持沉默,在判决书中提出"试图进一步细化是困难且不明智的"[②]。

从"总检察长诉布雷克案"判决的具体裁判理由看,预防不法行为的特别必要性很可能是法院判定"权利人有禁止被告获利的合法利益"的考量因素之一:法院考虑到了布雷克曾经的特殊身份,决定通过剥夺不法获益"威慑令敏感信息处于泄露风险的人"。[③] 另外,从尼科尔斯法官所援引的、其认为可以适用剥夺责任的违约案件看,其认为在债权人本可主张衡平救济(主要包括特定履行和禁令救济)或合同带有信托关系色彩时,"合法利益"标准更可能被满足。

(三)侵害他人权益的剥夺责任

英国法院仅在少数例外情况下准予通过账目之诉剥夺侵权行为所生的利润,但并未确立具体的适用范围。[④] 对未经允许使用他人不动产的侵权案件,法院通常只要求侵权人按照土地许可使用费、房屋市场租金来承担赔偿责任。例如,1999 年的"贝克等人诉北方天然气公司案",被告储存的燃气外溢至原告所有的土地下,从而既节省了存储土地的费用,还因此多赚取利润 1200 万美元,但是法院仅要求被告支付利用原告土地的租金 200 万美元。[⑤]

但也有认可剥夺责任的判决。例如"爱德华诉李之管理人案"(Edward v. Lee's Administrator),爱德华在其所有的土地上找到一

---

① Atlantic Lottery Corp Inc v. Babstock, 2020 SCC 19.

② Attorney General v. Blake [2001] 1 AC 268.

③ Attorney General v. Blake [2001] 1 AC 268.

④ Forsyth-Grant v. Allen [2008] EWCA Civ 505, [2008] 2 EGLR 16; Devenish Nutrition Ltd v. Sanofi-Aventis SA[2008] EWCA Civ 1086, [2009] Ch 390.

⑤ Beck and Others v. Northern Natural Gas Company, 70 F 3d 1018 (10th Cir CA) (1999).

个洞穴入口,发现洞穴内风景独特,于是开发成景点收取门票并建造了旅馆等附属营业设施。由于洞穴景点有三分之一的面积延伸到邻人李的土地下,爱德华的行为构成侵入他人土地。在实际损失认定方面,由于进入洞穴的唯一入口在侵权人所有的土地上,法院认为权利人对于其土地之下的洞穴原本就没有自行利用的可能性,因此侵权行为并未引起任何权利人的实际经济损失。法院最终按照侵权人通过侵权所取得的利益认定了赔偿责任。在确定责任时,法院从侵权人所取得的总利润中扣除了非侵权部分产生的收益(即旅馆产生的收益和非侵权部分土地产生的收益),相当于"(总收益—旅馆收益)×侵权部分土地占总景点的面积比"。①

在"利文斯通诉拉瓦德斯煤炭公司案"中(Livingstone v. Rawyards Coal Cmpany),原告所有的一小片土地之下藏有煤矿,但起初其与被告煤炭公司都误解了煤矿的归属,以为煤矿属于被告。原告在得知煤矿真实归属后即诉被告补偿损失、交出所挖掘煤炭之价值。由于原告土地面积过小,其自行钻井取煤的成本将远高于收益,事实上并无可行性,故法院认为,原告未受有相当于煤炭价值的损失②,但法院认为,如果侵权行为人存在着"恶意或险恶之用心",土地所有权人将有权主张相当于侵权人所获煤炭价值的赔偿。③

就动产财产权侵害而言,"鸡蛋清洗机案"("奥尔韦尔诉奈伊和尼森案",Olwell v. Nye and Nissen)是美国法院支持剥夺利润的一个经典案例,在不法获益责任制度研究中被频频提及。④ 该案原告将其鸡蛋包装厂整体转让给被告,但没有转让鸡蛋清洗机,被告未经允许取

---

① Edward v. Lee's Administrator, 96 SW 2d 1028 (Ken Ct App).

② 法院认为本案中的实际损失相当于土地所有权人本可取得的、许可煤矿公司挖煤的对价,以及挖煤对土地造成的损伤,这实质上体现了不当得利返还理念。

③ Livingstone v. Rawyards Coal Co (1880) 5 App Cas 25.

④ Farnsworth E A. Your loss or my gain? The dilemma of the disgorgement principle in breach of contract. The Yale Law Journal, 1985(6): 1339-1393; Gilboa M. Linking gains to wrongs. Canadian Journal of Law & Jurisprudence, 2022(2): 365-383.

出清洗机使用,构成侵权。由于原告对机器本无使用计划,法院认为,原告并未因被告擅用清洗机的侵权行为受有实际损失,但本案中可以按照被告因侵权所实际节省的费用来计算侵权责任。法院认为,被告若不实施侵权行为就将手洗鸡蛋并多支出人工费 900 美元,这 900 美元便是被告通过侵权行为取得的利益,被告应当予以"返还"。① 法院此时所说的"返还"已超过本应归属于原告的、被告所获的财产使用利益价值(即鸡蛋清洗机的市场租金),按照本书的界定方式已经属于剥夺责任。

(四)不正当竞争中的剥夺责任

在"德维尼什营养有限公司诉赛诺菲安万特公司(法国)案"[Devenish Nutrition Ltd v. Sanofi-Aventis SA (France)],被告曾和同业竞争者通过垄断协议提高维生素的价格。曾以偏高价格从被告处进货的原告主张损害赔偿。法院认为,高价批发可能造成的损失已经被分散给顾客,所以原告已无损害可言。原告于是主张按照被告取得的利润确定赔偿责任,但法院以原告未遭受损害、未发生"补偿性赔偿不充分"为由未支持原告请求。②

二、美国《第三次返还法与不当得利法重述》中的剥夺责任

在英美法系国家,美国的法律重述对返还法的发展起到了举足轻重的作用。法律重述由美国法律学会(American Law Institute)这一由法官、法学教授和律师创立的团体编写,旨在梳理普通法上的基本原则,消除美国各州普通法中的不确定性。法律重述是"权威但非官方"的法律渊源:尽管重述没有法定的拘束力,但其对美国司法实践和

---

① Olwell v. Nye and Nissen 173 P. 2d 652 (1946).
② Devenish Nutrition Ltd v. Sanofi-Aventis SA (France)〔2008〕EWCA Civ 1086,〔2009〕Ch 390.

学说发展影响深远,在现实判决中被频繁援用。

第一批重述是在 1930 年至 1940 年发布的,包括 1932 年的合同法重述、1934 年的冲突法重述、1935 年的信托法重述、1939 年的侵权法重述和 1944 年的财产法重述等。1937 年,第一部《返还法重述:准合同和推定信托》出版。其整合了普通法上源远流长却未成体系的准合同制度以及一系列衡平原则,提出在普通法中除了合同和侵权之债,尚有返还之债这一重要债的类型,可谓提出了美国私法上的一个重大发现。按照莱科克的说法:"返还法重述论证了三大洞见:一是看上去多种多样的规则有着同样的目的,二是这些规则可以以'返还'之名被统合在一个法律规则体系下,三是这些规则支持了一个基本原则即不当得利必须被剥夺。"①

在后来的很长一段时间里,返还法在美国又遭到了冷遇。《第三次返还法与不当得利法重述》历经 15 年的准备于 2011 年发布,被认为是返还法在美国恢复生机的契机。《第三次返还法与不当得利法重述》使用广义的不当得利和返还概念,认为无论相关利益是否原本应归属于原告都可构成不当得利。② 相应地,其所说的(广义)返还实际上已经涵盖了剥夺责任。③

重述认为,剥夺的目的是"在除去违法获益的同时尽可能避免课以惩罚"④。重述所提及的、可能触发剥夺责任的民事不法行为主要包括违约(第 39 条),侵入或侵占财产以及其他类似的、干扰有形财产利

---

① Laycock D. Scope and significance of restitution. Texas Law Review,1988(5):1277-1293. 莱科克对于返还、剥夺的用法与本书不同。如下文所述,美国返还法重述采用了"大返还"概念,以广义返还统合了剥夺责任。

② 但《第三次返还法与不当得利法重述》第 44(3)条规定,在行为人干扰他人受保护权益时,有若干可以限制(广义)返还的场合,包括(a)法院会拒绝禁止干扰行为时;(b)会引起原告"不适当的意外之财"或其他不公平状况时;(c)干扰行为所生利益难以测算时;(d)会与法律规定的其他责任或者惩罚相冲突时。The Restatement (Third) of Restitution and Unjust Enrichment §44.

③ 重述明确指出"返还"不限于归还原本属于原告的利益。The Restatement (Third) of Restitution and Unjust Enrichment § 1 comment c.

④ The Restatement (Third) of Restitution and Unjust Enrichment,§ 51.

益的不法行为(第 40 条)，挪用他人的金融资产(第 41 条)，知识产权侵害(即"挪用或侵害他人基于任何思想、表达、信息、形象或标志受保护的权利"，第 42 条)以及信义义务的违反(第 43 条)。

　　成立要件方面，《第三次返还法与不当得利法重述》的立场和前文提到的司法实践见解不同，其不再将"普通法救济的不充分"作为剥夺责任的适用前提。[①] 这一做法使返还和剥夺责任无需再受制于衡平法传统的枷锁。重述认为，返还和剥夺并非当然属于衡平法的内容，仅基于"普通法救济的不充分"就拒绝支持返还请求是错误的。[②] 和实践立场一致的是，重述也关注责任人的主观心态。尽管其第 3 条仅泛泛地提出"没有人被允许从其自己的不法行为中获益"，但实际上除了违反信义义务的情形，重述原则上仅认可对知情(conscious)的不法行为人适用剥夺责任。这是因为重述认为，剥夺责任的目的在于通过"除去故意不法行为的获利可能性"起到预防效果[③]，而不知情受益或者不知情侵权(如无辜的侵入或者侵占)行为缺乏预防的可行性和必要性[④]。例如，假设某酒厂将他人价值 50 美元的玉米做成了价值 500 美元的酒，重述认为，如果该酒厂是故意行窃，玉米的所有权人可以对制成的酒本身进行财产性的主张，但如果酒厂是不知情的，所有权人只能要求被告支付 50 美元价金。[⑤]

　　责任范围方面，重述认为，可以根据被告的主观恶性程度对剥夺的具体范围进行调整[⑥]，但应当避免令剥夺责任不必要地"带有不可接受的惩罚性"[⑦]。于是重述限制了剥夺责任的严苛程度，原则上仅认可剥夺与不法行为存在因果关系的实际不法获益，肯定法院应当对行为

---

① The Restatement (Third) of Restitution and Unjust Enrichment. § 3 comment c；§4(2).
② The Restatement (Third) of Restitution and Unjust Enrichment. § 4 comment c.
③ The Restatement (Third) of Restitution and Unjust Enrichment. § 51 comment e.
④ The Restatement (Third) of Restitution and Unjust Enrichment. § 3 comment a.
⑤ The Restatement (Third) of Restitution and Unjust Enrichment. § 40 illustration 14.
⑥ The Restatement (Third) of Restitution and Unjust Enrichment. § 42 comment g.
⑦ The Restatement (Third) of Restitution and Unjust Enrichment. § 51 comment f.

人所付出的必要成本进行扣除,以免令责任因超过被告的实际不法
获益。[①]

三、小结

英美司法实践已在多种类型的案件中认可剥夺责任的适用。剥
夺责任在信义义务违反案件中的适用尤其广泛,而且不以被告故意违
反义务为前提。在侵权、违约、违反竞争法义务的案件中,剥夺责任均
仅能作为例外出现。在这些类型的案件中,适用剥夺责任的门槛较
高,除了主观故意要件的要求,法院往往还会提出"其他救济不充分"
和"原告有禁止被告获益的特别利益"等其他要件,但是何谓"其他救
济不充分"以及"原告有禁止被告获益的特别利益"仍然有待进一步阐
明。[②] 整体来看,在剥夺责任的适用中,英美法院并不单一考察被告的
主观状态,还要综合其他因素决定是否按照不法获益确定责任。

责任范围方面,不少判决主张全面剥夺与不法行为存在因果关系
的实际不法获益,美国《第三次返还法与不当得利法重述》更是明确采
取实际不法获益剥夺说。但是何谓"实际不法获益"、应如何认定之,
实践尚未形成统一见解。本书第五章已经提到,更为合理的界定方式
是认为"实际不法获益"的剥夺应当能够将侵害人的利益恢复到有如
侵权行为不发生时的状况。换言之,实际不法获益的数额应相当于
"侵权人实施侵权行为后取得的利润"相较"侵权人不侵权而采取合法
替代方案时本应取得的利润"之增量。实践中确实有法院判决采取
"增量法"的思路,如美国法院对"鸡蛋清洗机案"的判决就根据"被告
侵权使用鸡蛋清洗机时取得的利益"减去"被告采取替代方案(手洗)
时可取得的利益"所得的数额确定了被告的实际不法获益。[③] 但在其

---

① The Restatement (Third) of Restitution and Unjust Enrichment. § 51 comment h.
② Virgo G. Principles of the Law of Restitution. Oxford: Oxford University Press, 2015:
427.
③ Olwell v. Nye and Nissen 173 P. 2d 652 (1946).

他的许多案件中,法院没有采纳"增量法",而是通过"利润总额－扣除非侵权部分所生利润"或"总利润×侵权部分利润贡献率"估算与不法行为存在因果关系的那部分利益。尽管"衡平扣除法"和"利润贡献率法"均得到了部分学者的赞同①,这两种方法严格来说不符合因果关系规则,其认定结果可能与实际的不法获益数额存在相当差距。特别是在侵权人陷于亏损的情况下,通过"衡平扣除法"与"利润贡献率法"均忽略了侵权人的实际获益可能反映为亏损幅度的减小。

此外,实践中也有不少判决准予剥夺与不法行为缺乏因果关系的利益。② 在美国、英国发生的两件"情报部门工作人员出书案",法院都没有准予扣除违约方所支出的任何成本,也没有考虑违约方自身劳动对所得利润的贡献,明显把与义务违反无关的利润也计入了责任范围。此种剥夺责任会使行为人的利益状况比侵害不发生时更差,已经带有惩罚性赔偿的色彩。

迄今为止,英美法院并未就剥夺责任的成立要件和责任范围形成统一的规则。如后文将进一步分析的,这种欠缺统一规则的现状不完全是剥夺制度实践不成熟的结果,而与剥夺责任的功能定位要求其具有裁量性有关。

第二节　剥夺责任的理论基础："预防功能论"及其所面临的挑战

在当事人之间存在信托关系时,受托人原本即负有禁止得利义务,要求受托人交出违反信托义务而取得的利益因此是当然之理。我国有学说自此出发,认为知识产权侵权纠纷中原被告之间也存在"拟

---

① Virgo G. Principles of the Law of Restitution. Oxford: Oxford University Press, 2015.

② Barnett K. Accounting for Profit for Breach of Contract: Theory and Practice. Oxford: Bloomsbury Publishing, 2012: 197.

制信托关系"的余地,因此才可以适用侵权利润赔偿。① 问题在于,为何可以在被侵权人、侵权人之间拟制出信托关系,令侵权人处于类似受托人的地位? 即便可以采取"拟制信托说",也尚有必要进一步说明拟制的理论基础。

在不同场合,剥夺责任可能有着不同的理论基础。就侵权责任而言,如下文将详述的,由于矫正正义的传统解读不支持剥夺责任,多数见解认为剥夺责任和传统私法上的赔偿责任性质不同,不仅着眼于原告权利的保障,还着眼于预防不法行为的公共目的。

一、对矫正正义的传统解读不支持剥夺责任

在亚里士多德的矫正正义观下,不正义实施方的获益与不正义承受方的受损之间形成牵连关系(synallagma),法官的任务是取走一方所得超过中庸(mean)的部分,将这部分利益交给所得不足以达到中庸的另一方②,从而恢复损与益的中庸,使正义得以重现。矫正正义着眼于受损方和受益方双方的结构恰好契合民事诉讼涉及原被告双方的格局,主流见解迄今通过矫正正义诠释民事责任的哲学基础。③

通过矫正正义解读私法的学者温里布批评"任何人不得从不法行为中获益"这一主张,认为任何基于法政策出发的观点(无论是"惩罚不法行为"抑或"预防未来不法行为")都仅单方面地考虑令被告承担责任的理由,未能阐释原告何以有权获得被告所取得的利益。在温里布看来,在由双方当事人构成的私法关系中,被告应当承担何种责任只能通过原告所享有权利的内涵来阐释。就损失补偿而言,侵权人之所以应当补偿权利人遭受的某种损失,是因为该损失是侵权人所制造

---

① 和育东:《非法获利赔偿制度的正当性及适用范围》,载《法学》2018 年第 8 期。

② Giglio F. The Foundations of Restitution for Wrongs. Oxford: Hart Publishing, 2007: 151.

③ Giglio F. The Foundations of Restitution for Wrongs. Oxford: Hart Publishing, 2007: 176.

的"不合理风险的实在化",而原告有权不被暴露在此种不合理风险中;同理,按照不法获益确定的责任也应在一开始就书写在原告的权利中。① 基于康德哲学,温里布认为,财产权是意志自由在法律上的体现,违背权利人的意志而利用他人财产者取得了本应归属于财产权人的获益可能性,应当返还"使用财产所实现的利益"。②

尽管温里布所说的"使用财产所实现的利益"在字面上可以解释为包含"使用财产取得的利润"③,但其私法理念已经决定了他所肯定的不法获益责任仅限于返还在法秩序中本就归属于原告的利益。温里布对"鸡蛋清洗机案"的理解能够提供印证:当被告侵权占用原告的鸡蛋清洗机,法院根据被告相较不侵权时节省的费用(相当于雇人手洗鸡蛋的费用900美元)认定被告因侵权行为实际获益④,但温里布认为,赔偿责任应当限于鸡蛋清洗机的租金,理由在于被告是否本会手洗鸡蛋和原告权利无关,被告并不对原告负有手洗鸡蛋的义务,节省了手洗鸡蛋的费用只是被告违反其义务而进一步取得的"间接利益",将这一部分利益也归于原告就超出了矫正正义的范畴。⑤ 可见温里布所说的"使用财产实现的利益"并不能包含与侵权存在事实上因果关系的全部利益。

温里布的确提到了"剥夺"责任,认为无权处分他人之物者获得的交易机会本该归属于原告,故矫正正义支持权利人"剥夺"无权处分人取得的销售额。⑥ 在未经允许处分他人财产获益时,财产和获益主要通过交易上的关系相连,被告贡献几乎可忽略不计⑦,此时的确可以认

---

① Weinrib E J. Corrective Justice. Oxford: Oxford University Press, 2012: 120-125.
② Weinrib E J. Corrective Justice. Oxford: Oxford University Press, 2012: 120-125.
③ 有观点据此认为温里布认可了实际不法获益的剥夺制度,例如 Giglio F. The Foundations of Restitution for Wrongs. Oxford: Hart Publishing, 2007: 189-192。
④ Olwell v. Nye and Nissen, 173 P. 2d 652 (1946).
⑤ Weinrib E J. Corrective Justice. Oxford: Oxford University Press, 2012: 132-134.
⑥ Weinrib E J. Corrective Justice. Oxford: Oxford University Press, 2012: 125-132.
⑦ Dagan H. Unjust Enrichment: A Study of Private Law and Public Values. Cambridge: Cambridge University Press, 1997: 79.

为相关交易机会归属于权利人①。但温里布在此所说的"剥夺无权处分的收益"实为返还性责任,即"返还本应归属于权利人的、原利益的代偿"。

温里布的结论与经院哲学对矫正正义的理解一致。以圣托马斯(St. Thomas)的思想为代表,经院哲学在解释亚里士多德的思想时认为体现矫正正义观的"返还"仅指得利人归还本应属于受损方的利益。② 剥夺责任已经超出了"物归原主"的意涵,不以被剥夺的利益本属于原告为要件,因此难以获得这种矫正正义观的支持。

也有少数学说对矫正正义作出了非传统的解读,主张矫正正义能够支持剥夺责任。吉利奥认为,如果某种责任只能令权利人取得本应归属于自己的利益,说明该责任的目的终究是补偿权利人的所失,因此不当得利返还在吉利奥看来不过是一种"伪返还",即"补偿",而一般意义上的剥夺才应被称为"返还"。吉利奥认为,经院哲学认为矫正正义下的"返还"仅指"归还"的观点虽然对损害赔偿法产生了深远影响,但其曲解了亚里士多德的本意。③ 根据吉利奥的考证,亚里士多德原本是在规范性和隐喻性的意义上使用"获益",这种利益不一定可以通过金钱评价,如打伤他人者无须因此获得收入也仍受有规范性利益(哪怕仅表现为加害人的心理满足)。④ 与此种规范性的"获益"概念相应,即便受害人没有失去本应归属于他的利益,不法行为仍会在受害人与加害人之间造成一方规范性受损、一方规范性受益的牵连关系,从而足以证明受害人有权要求加害人向自己交出不法获益。⑤ 根据吉利奥的观念,实现矫正正义的方式既可以是通过损失补偿将受害人的

---

① 英美法的追及(tracing)制度就采取这种"交易上关联"与"因果关系上关联"的区分,只有前者是可追及对象。例如,如果被告侵占原告财产并出卖,原告被允许追及至被告取得的销售额。参见 Smith L. Restitution: The heart of corrective justice. Texas Law Review, 2001(7): 215-215; Jaffey P. The Nature and Scope of Restitution. Oxford: Hart Publishing, 2000: 370.

② Giglio F. The Foundations of Restitution for Wrongs. Oxford: Hart Publishing, 2007: 166.

③ Giglio F. The Foundations of Restitution for Wrongs. Oxford: Hart Publishing, 2007: 147-150.

④ Giglio F. The Foundations of Restitution for Wrongs. Oxford: Hart Publishing, 2007: 151.

⑤ Giglio F. The Foundations of Restitution for Wrongs. Oxford: Hart Publishing, 2007: 151.

利益恢复到其应有状况，也可以是通过剥夺实际不法获益将加害人的利益恢复到其应有状况，矫正正义本身并不天然地偏向前者，只不过法律经常因为法政策上的原因允许不法行为人保有其获益。[①] 然而，吉利奥的学说对于何时应当"基于政策不予剥夺"的范围未予讨论，没能解答"民事剥夺责任为何迄今是种例外"的问题，也未能提供足以支撑剥夺责任制度的完整理论体系。

二、预防功能论的提出及其面临的若干追问

对矫正正义的传统解读不支持不法获益剥夺责任，使剥夺责任与惩罚性赔偿一样容易被认为是私法中的"异端"。不少观点跳脱出私法关系，尝试从预防不法行为以促进公共利益的角度来证成剥夺责任的正当性。[②]

传统的损失补偿责任也具有抑制侵权行为的功能，但其预防功能只是补偿功能的附带效果。在侵权人因侵权取得的收益大于权利人所受实际损失的场合，单纯的补偿性赔偿责任不足以除去侵权人的收益，逐利的侵权行为者仍然有动力实施侵权行为。因此，不少观点建议在必要的场合引入以预防为宗旨的剥夺性责任，如美国《第三次返还法与不当得利法重述》即认为剥夺责任旨在通过"除去故意不法行为的获利可能性"以达到预防不法行为的效果。[③] 然而，预防功能论在流行的同时也面临多方面的挑战。

（一）适用范围之争：何种行为应被着重预防？

预防功能论下，不法获益剥夺必要性的问题转化为预防必要性的问题。何时有必要通过剥夺不法获益来实现预防不法行为的效果？

---

① 不法获益剥夺是否能以分配正义为基础？这一路径也很难走通，因为分配正义不能说明为什么是原告而不是其他可能更迫切需要该利益者可主张这部分利益，参见 Giglio F. The Foundations of Restitution for Wrongs. Oxford：Hart Publishing，2007：166。

② Birks P. An Introduction to the Law of Restitution. Oxford：Clarendon Press，1989：322-323.

③ The Restatement（Third）of Restitution and Unjust Enrichment，§ 51 comment e.

学说对此分歧显著。

1. 促进性制度维护说

杰克曼(Jackman)认为,涉及财产权保护、信托关系、保密关系以及部分合同关系的法律制度属于特别值得被维护的所谓"促进性制度"(facilitative institutions),而故意违反这些制度的行为是对法律制度本身的挑战和侵害,应当通过剥夺责任予以有力的预防。[①] 据此,个案中是否应当承认不法获益责任,首先应当考虑该案是否涉及"促进性制度",然后考虑何种义务的履行是为保障该制度目的实现所需要的。[②]

杰克曼界定"促进性制度"范围的理论基础不甚明确。何以财产制度属于促进性制度,而关于健康权、隐私权等人身权益的制度就不属于促进性制度?[③] 即便搁置何谓"促进性制度"的问题,杰克曼的学说也仍有不少疑点。例如,在损害补偿等其他救济途径足以遏制义务违反行为时剥夺责任是否仍然必要?[④] 又如,公权力机关没收被告的不法获益似乎同样也能够起到维护"促进性制度"的功效,为何有必要令原告取得被告的不法获益?[⑤]

2. 支配利益保障说

在达甘基于工具主义立场建构的不法获益责任体系中,按照不同标准确定的不法获益责任发挥着不同的作用,体现不同的社会价值。[⑥] 其中,根据实际不法获益确定的责任旨在预防未经允许利用他人资源的行为,从而保障权利人对其资源的支配;剥夺范围超出实际不法获

① Jackman I M. Restitution for wrongs. The Cambridge Law Journal, 1989(2): 302-321.

② Jackman I M. Restitution for wrongs. The Cambridge Law Journal, 1989(2): 302-321.

③ Giglio F. The Foundations of Restitution for Wrongs. Oxford: Hart Publishing, 2007: 201-202.

④ Rotherham C. Deterrence as a justification for awarding accounts of profits. Oxford Journal of Legal Studies, 2012(3): 537-562.

⑤ Giglio F. The Foundations of Restitution for Wrongs. Oxford: Hart Publishing, 2007: 201-202.

⑥ Dagan H. Unjust Enrichment: A Study of Private Law and Public Values. Cambridge: Cambridge University Press, 1997: 36-38.

益的责任（如销售额的剥夺）会使被告的利益状况比不法行为不发生时的应有状况更差，不仅具有保障"支配"的功能，还有惩罚和谴责被告的意图。①

达甘对权利"支配"利益保障的理解立足于卡拉布雷西（Calabresi）与梅拉米德（Melamed）提出的财产规则与责任规则区分框架：财产规则是指他人必须事先寻求权利人的同意才能使用权利人的资源，责任规则指他人可以通过支付客观确定的价金来替代事先取得许可。② 达甘认为，一旦特定社会背景下的法秩序选择通过财产规则保护特定的权利，就意味着相关制度意图促进的"善"（good）在于保障权利人对其个人资源的支配，此时给予权利人的救济不能被降格为责任规则式的"特定水平的经济福利"。③

何种情况下权利人对其资源的支配利益应当得到保障？ 不同于温里布，达甘认为，私法制度必然要受特定社会精神（ethos）的影响。如果一个社会更为强调实用主义，法律就会更倾向维持权利的经济价值，多适用责任规则及公平市场价值标准；如果一个社会更为强调个人主义的价值观，法律将倾向于强调权利人对财产的支配，更普遍地认可剥夺性的责任；假若社会强调利他的集体观念，法律很可能根本不认可任何按被告获益确定的责任，而只要求被告补偿权利人所受的实际损失。④ 达甘注意到，在美国法承认的各类民事权利中，人格权、身体完整权、不动产或动产物权的支配利益得到了最高程度的承认，合同权利的支配利益仅受到较低限度的承认，而著作权、专利权以及

---

① Dagan H. Unjust Enrichment: A Study of Private Law and Public Values. Cambridge: Cambridge University Press, 1997: 18-19.

② Calabresi G, Melamed A D. Property rules, liability rules, and inalienability: One view of the cathedral. Harvard Law Review, 1972(6): 1089-1128.

③ Dagan H. Unjust Enrichment: A Study of Private Law and Public Values. Cambridge: Cambridge University Press, 1997: 14-15.

④ Dagan H. Unjust Enrichment: A Study of Private Law and Public Values. Cambridge: Cambridge University Press, 1997: 22.

人格权中可商业化的部分则处于中间地带。^① 对此现象,达甘试图以新黑格尔主义"财产作为人格"理论予以解释,认为社会在何种程度上强调权利人对特定资源的支配主要取决于该资源是否和人格关系紧密:如果资源仅仅被认为是一种和人格关系不大的、有经济价值的资产,法律就不强调支配利益的保障^②,比如美国专利法之所以不承认专利侵权的利润剥夺救济,就是因为专利与人格的关联相对较弱,法律不保障专利权人对于其发明的支配利益而只保障专利权经济价值的完整^③。"财产作为人格"理论亦被达甘援引用于解释剥夺责任的主观要件:之所以侵害商业秘密权益时的剥夺责任适用门槛较高,往往以被告采取了不正当手段为前提,是因为此类权益与人格权关联减弱;涉及与人格关联紧密的利益时,被告如何行为、是否具有主观故意可能就不被考虑了。^④

　　达甘的理论体系将社会价值考量引入了不法获益责任的研究,对实定法和司法实践中的剥夺责任层次具有一定的解释力。但是,面对复杂的不法获益责任实证法体系,私法规范和社会公共价值之间的关系是否像达甘所设想的那样简单直观不无疑问。例如,达甘认为法律之所以通常不干预第三人对合同的干扰是因为合同与人格的联系较弱,这一结论令人费解。合同债权与人格之间的关联是否真的较弱本身尚存疑问,且合同关系是一种涉及债务人、债权人双方人格的法律关系,能否仅从债权人人格与债权的关系理解合同权利保护强度值得怀疑。此外,债权效力逊色于物权的原因与合同只拘束双方、公示程度较低等因素也密切相关,不应单纯以合同债权与人格权的关联程度

---

①　Dagan H. Unjust Enrichment: A Study of Private Law and Public Values. Cambridge: Cambridge University Press, 1997: 36-40.

②　Dagan H. Unjust Enrichment: A Study of Private Law and Public Values. Cambridge: Cambridge University Press, 1997: 36-40.

③　Dagan H. Unjust Enrichment: A Study of Private Law and Public Values. Cambridge: Cambridge University Press, 1997: 87-89.

④　Dagan H. Unjust Enrichment: A Study of Private Law and Public Values. Cambridge: Cambridge University Press, 1997: 108.

来说明。在批判温里布等学者的形式主义法律观念的同时，达甘自己建构的理论体系似乎也出现了形式主义和还原主义（reductionism）的问题。①

3. 补偿性赔偿不充分说

埃德尔曼认为，在"补偿性赔偿不充分"的情况下可以通过剥夺责任预防不法行为。司法实践中，"补偿性赔偿不充分"常被认为是适用剥夺的要件，但何谓"补偿充分"的意涵相当模糊②，埃德尔曼在学说中将"补偿性赔偿不充分"的情形分为两类，其中第一类是被告恶意为获益而从事不法行为。③ 在此，埃德尔曼援引了英国法院关于"经计算的不法行为"可予惩罚的见解。详言之，"鲁克斯诉巴纳德案"（Rookes v. Barnard）判决确立了可以适用惩罚性赔偿的若干情形，其中一种惩罚对象被描述为"经算计的不法行为"，即不法行为人在预期不法获益会高于潜在的补偿性赔偿责任时有意识地为了利益而选择实施不法行为。④ "布鲁姆诉卡塞尔公司案"（Broome v. Cassell & Co）判决则进一步说明"经算计的不法行为"有两个要件，一是被告知道或轻率地忽视了其行为的不法性，二是被告从事该行为是因为其预期可取得的实际利益会超过给原告造成的实际损失。⑤ 埃德尔曼认为，剥夺责任相比较于惩罚性赔偿在预防"经算计的不法行为"方面有其独立的意义：惩罚性赔偿在去除不法获益方面像是一把"钝器"，可能受制于不确定性过高的诟病，但是可以确保强力的威慑作用；而剥夺不法获益则是一把"锐器"，相对来说标准明确，不容易出现不确定性过高的问题以

---

① Rotherham C. Unjust enrichment and the autonomy of law: Private law as public morality, The Modern Law Review, 1998(4): 580-588.

② Virgo G. Principles of the Law of Restitution. Oxford: Oxford University Press, 2015: 448.

③ Edelman J. Gain-based Damages: Contract, Tort, Equity and Intellectual Property. Oxford: Hart Publishing, 2002: 17.

④ Rookes v. Barnard[1964] AC 1129, 1226-1227 (per Lord Devlin).

⑤ Broome v. Cassell & Co [1972] AC 1027 (HL).

及过度威慑的副作用。①

埃德尔曼所说"补偿性赔偿不充分"的第二类情形是特定制度要求对权利加以特别严密的保护。② 当特别值得保护的权利被侵害时,即便被告仅具有过失甚至无过失,剥夺责任仍然可能是正当的。根据埃德尔曼的观察,实践中对应此类情形的判决主要有两种,一种涉及对信义义务的违反,另一种涉及对财产权的侵害。对于前者,埃德尔曼持赞成态度,认为信赖的脆弱性与易被滥用性使信托关系的确值得被高度保护,因此即便是不知情地违反信义义务者也应当被剥夺因义务违反而取得的利益。但对于后者,埃德尔曼认为,知识产权等财产权的存在有时不容易被义务人了解,财产权是否值得被如此高度保护值得商榷。③

综上,埃德尔曼将"被告故意为获益而实施侵害"和"原告的利益有特别保护必要性"作为"补偿不充分"的标准。这表明其理论中的"补偿不充分"实际上指向预防的必要性。④

4.综合判定说

埃德尔曼认为故意不法行为均可以触发剥夺责任的见解与实践情况并不一致,在不少涉及故意欺诈⑤、故意妨害市场权⑥、故意违约⑦等行为的案件,法院仍未认可剥夺责任。罗瑟汉姆反对单纯按照主观心态决定是否课以剥夺责任,认为故意行为在个案中的可谴责程度、

---

① Edelman J. Gain-based Damages: Contract, Tort, Equity and Intellectual Property. Oxford: Hart Publishing, 2002: 17.

② Edelman J. Gain-based Damages: Contract, Tort, Equity and Intellectual Property. Oxford: Hart Publishing, 2002: 84-86.

③ Edelman J. Gain-based Damages: Contract, Tort, Equity and Intellectual Property. Oxford: Hart Publishing, 2002: 84-86.

④ Edelman J. Gain-based Damages: Contract, Tort, Equity and Intellectual Property. Oxford: Hart Publishing, 2002: 84-86.

⑤ Halifax Building Society v. Thomas, [1996] Ch 217.

⑥ Stoke-on-Trent City Council v. W & J Wass Ltd, [1988] 1 WLR 1406 (C)A.

⑦ Surrey County Council v. Bredero Homes Ltd, [1993] 1 WLR 1361 (C)A.

被预防的必要程度存在明显差异。例如,行为人明知损害后果会发生但追求之或放任之就足以构成故意行为,但一个故意侵害竞争对手知识产权的公司和一个为了抄近道而故意从他人土地上穿越的人①的可责难性存在差异。② 又如,一个一开始就故意违约的债务人,相较于原本因过失而违约、但在知晓违约事实后因为畏惧沉没成本而有意识地选择将错就错的债务人,虽然都能构成故意违约,但后者的可责性相对较低。③ 特别是还有部分观点根本不认可债权人可能有令债务人实际履行合同的"合法利益"的说法,认为如果违约对债务人有利,那么只要债务人能够补偿债权人的履行利益损失,选择"效率违约"是债务人的自由。④

不同于埃德尔曼等人的学说,罗瑟汉姆认为,剥夺责任难以用简单的规则判定,而应当综合考量一系列因素。除了侵害人的主观心态,其他应予考虑的因素还包括以下几种。

其一,被侵害权益的类型与性质。与达甘的观点一致,罗瑟汉姆认为,法律对特定资源保护方式和力度与社会对该种资源重要程度的通常认识有关。媒体侵害名誉权、隐私权等涉及人格尊严这样重要利益的案件,法院倾向于认可适用剥夺;而由于合同成立的个案背景极为复杂多样,个案中的违约行为是否确实值得预防要看个案情形而定,不能说只要被告故意背弃了承诺,其获益就可以被剥夺。

其二,义务违反的情节。罗瑟汉姆认为,如果义务违反程度不严重,一般就没有必要适用剥夺。⑤ 这解释了为什么一些涉及未经许可

---

① Jacque v. Steenberg Homes, Inc., 563 N. W. 2d 154, Supreme Court of Wisconsin (1997).

② Rotherham C. Deterrence as a justification for awarding accounts of profits. Oxford Journal of Legal Studies, 2012(3): 537-562.

③ Rotherham C. Deterrence as a justification for awarding accounts of profits. Oxford Journal of Legal Studies, 2012(3): 537-562.

④ Katz A. Virtue ethics and efficient breach. Suffolk University Law Review, 2012(3): 777-799.

⑤ Rotherham C. Deterrence as a justification for awarding accounts of profits. Oxford Journal of Legal Studies, 2012(3): 537-562.

通行的案件,被告虽然故意使用了他人土地运输煤炭,法院还是只判决了合理的通行许可费。①

其三,不法行为被发现与追究的可能性(即利益的易受侵害性)。认为"经算计的不法行为"值得预防的观点建立在理性人会根据成本收益分析行事的基础上,但针对刑事犯罪的实证研究表明,相较于责任的强度,犯罪行为被发现和制裁的风险对犯罪决策影响更大。由此罗瑟汉姆认为,不法行为的隐蔽程度和预防必要性也呈正相关,不法行为越是不容易被发现(如知识产权侵权),预先预防侵权行为发生的意义往往越值得肯定。② 同时,按照罗瑟汉姆的理解,"爱德华诉李之管理人案"的被告刻意保守秘密导致原告不容易发现侵害行为也是法院准予剥夺的重要原因之一。③

其四,剥夺责任是否能起到良好预防效果。对于不能产生不法获益的行为或者预期收益与成本差距不大的不法行为,剥夺责任往往难以发挥预防作用。此外,剥夺责任的预防效用还和行为人的决策模式有关:现实中的故意加害行为并不都是英国法院所说的"经过计算的不法行为",不少故意行为(尤其是人身侵害行为)是临时起意的产物。④ 尽管在刑事审判方面的研究表明,行为人的决策更容易受责任成立的预期风险而非具体责任程度影响,在商业环境下,企业等主体确实更可能有能力去相对精密地进行预期的损益分析,英国司法实践上所说的"经过算计的不法行为"⑤对专利侵权等商业环境下的违法行

---

① Phillips v. Homfray (1871) LR 6 Ch App 770.

② Rotherham C. Deterrence as a justification for awarding accounts of profits. Oxford Journal of Legal Studies,2012(3):537-562.

③ Rotherham C. Deterrence as a justification for awarding accounts of profits. Oxford Journal of Legal Studies,2012(3):537-562.

④ Rotherham C. Deterrence as a justification for awarding accounts of profits. Oxford Journal of Legal Studies,2012(3):537-562. 相较于主观恶性这种不易考察、不易操作的因素,罗瑟汉姆认为,不妨更加关注行为人的客观过错程度,以期起到引导符合客观行为标准的效果。

⑤ Rookes v Barnard [1964] AC 1129, 1226-1227 (per Lord Devlin).

为而言更可能是个现实问题。[①]

其五，有无损害难以量化的情况。罗瑟汉姆认为，如果存在损失计算困难或难以量化（如精神损害）而造成赔偿不足的风险，则剥夺责任一方面可以起到一定补偿效果，另一方面可直接遏制可能引起难以量化之损失的行为，从而在一开始就尽可能杜绝难以量化损害的发生。[②]另外，罗瑟汉姆主张，即便某个财产有客观市场价值，但对权利人而言因有特殊意义而在主观上有特别高的价值，也可以通过剥夺责任来起到充分补偿的效果。[③]

其六，基于社会公共利益的利弊分析。在权利边界清晰、交易成本合理的情况下，通过剥夺责任预防不法行为通常具有激励自主市场交易、优化资源配置的作用：如果仅按本应支付的费用确定赔偿责任，有意利用他人资源者可能采取"先利用后付费"策略。[④]但同时剥夺责任也会产生社会成本。一是过度预防的风险。行为人能够合理预测其行为的合法性是剥夺责任发挥适度预防功能的关键：如果相关规范是明确的"明线规则"（bright-line rules）[⑤]，潜在侵权人能够较容易地预见侵权风险，预防一般收效良好，但如果有关相关规范涉及基于合理性标准的模糊行为规范，行为人会更难确认其行为的合法性，不仅令剥夺责任预防效果不佳，且容易打击面过宽，在预防不法行为的同时导致相当一部分合法行为被阻却。此时，即便是一般的补偿性责任也有过度预防的风险，再认可剥夺就更容易加剧问题。二是剥夺责任

---

① Rotherham C. Deterrence as a justification for awarding accounts of profits. Oxford Journal of Legal Studies，2012(3)：537-562.

② Rotherham C. Deterrence as a justification for awarding accounts of profits. Oxford Journal of Legal Studies，2012(3)：537-562.

③ Rotherham C. Deterrence as a justification for awarding accounts of profits. Oxford Journal of Legal Studies，2012(3)：537-562.

④ Rotherham C. Deterrence as a justification for awarding accounts of profits. Oxford Journal of Legal Studies，2012(3)：537-562. 不过在某些情况下，剥夺责任不仅不能促进反而还会扼杀交易，参见 Calabresi G, Melamed A D. Property rules, liability rules, and inalienability：One view of the cathedral. Harvard Law Review，1972(6)：1089-1128.

⑤ 比如"禁止未经允许进入他人的不动产"就是典型的明线规则。

诱发的一些策略性行为,如有的权利人可能刻意推迟主张权利,拖延至被告已经取得利润、投入成本后再提起诉讼请求利润剥夺,从而获取更高的和解费。

其七,其他制度是否已经发挥了充分的预防效应。即便有预防的必要,还应讨论是否需要通过剥夺来起到预防效果。如果其他救济如补偿性赔偿、停止侵害(禁令)救济足以预防,再判决剥夺就弊大于利。譬如,如果某种不法行为很容易发生沉没成本,那么禁令救济的存在已经可以起到预防效果。①

5. 小结

杰克曼、达甘、埃德尔曼等学者力图形成简洁明了的剥夺规则,但均面临过度简化的问题:杰克曼的学说令剥夺责任的适用与否僵硬地取决于被告所违反的制度类型,难以应对复杂的现实情境;达甘认为,被侵害利益与权利人人格的关联越紧密,法律就会越倾向于通过剥夺责任保障权利人对该种利益的支配,其学说虽然揭示了法律区别对待不同利益的一种原因,但也存在以偏概全的局限;埃德尔曼认为,总是有必要透过剥夺责任预防故意不法行为,没有考虑个案中故意不法行为人是否在可责性、预防必要性上有所差异。罗瑟汉姆以一系列复杂的考量因素来判定通过剥夺责任预防不法行为的必要性和妥当性,更为契合英美司法实践的现实图景。杰克曼、达甘、埃德尔曼等人的学说在解释力上的局限性暗示着,或许判例法迄今没有形成统一剥夺责任规则并不全是制度发展不成熟的产物,放诸四海皆准的剥夺责任规则也许在一开始就无处可寻。

(二)适用效果之争:剥夺责任能否胜任预防任务?

引入剥夺责任来实现预防功能的做法,首先面临剥夺责任是否令权利人取得意外之财的疑问。在原告主张按照被告获益确定责任的

---

① Rotherham C. Deterrence as a justification for awarding accounts of profits. Oxford Journal of Legal Studies, 2012(3): 537-562.

案件中，被告获益往往大于原告的损害，此时若支持剥夺责任会导致权利人因为获得侵权救济而得利，与传统损害赔偿法秉持的"断臂非中彩"理念发生抵牾。我国有学者曾提出，当非法获益超过原告的损失时，按照获益确定责任会导致原告反而又成为不当得利人，"在解决一个不当得利之后又产生新的不当得利问题"。① 在英美法系国家，尽管不法获益责任已经被司法实践有限地接纳，但原告不应当通过赔偿取得"意外之财"的观念也依然深入人心。正如有判决已提出的："不允许行为人从不法行为中获益的观点具有明显的吸引力，但若要进一步主张受害人即便未受损害也有权取得被告所取得的利益，那就显得不那么有说服力了。"②

此外，被告获益大于原告损害的可能性还促使学说将剥夺责任和惩罚性赔偿相提并论③，使排斥民事惩罚性赔偿的观念一并成为质疑剥夺责任制度的理由。惩罚性赔偿与民事诉讼程序之间确实存在着一定的冲突。④ 对一般的损失补偿请求而言，"偏向原告的错误裁判对被告利益的影响"以及"偏向被告的错误裁判对原告利益的影响"二者通常具有可比性，民事诉讼程序和证据规定令当事人双方"武器平等"，并不区别对待双方当事人。惩罚性赔偿的严苛程度有时甚至接近刑事罚金，此时错误惩罚对被告造成的不正义将大于错误不予惩罚给原告造成的不正义，这种不对称性意味有必要采取更有利于被告的程序和证明标准。相较民事诉讼，刑事诉讼的程序规则以及所提出的证明标准更有利于避免被告受制于错误制裁。另外，如果被告同一行为可能导致没收财产等刑事责任，惩罚性赔偿的适用还可能导致双重

---

① 和育东：《非法获利赔偿制度的正当性及适用范围》，载《法学》2018 年第 8 期。

② Halifax Building Society v. Thomas，［1996］2 WLR 63.

③ Birks P. An Introduction to the Law of Restitution. Oxford：Clarendon Press，1989：323-333；Jaffey P. The Nature and Scope of Restitution. Oxford：Hart Publishing，2000：277-379.贾菲认为，剥夺责任属于一种与刑事没收目的一致的"准惩罚性"责任，其之所以为民事诉讼所接受是一种偶然。

④ Jaffey P. The Nature and Scope of Restitution. Oxford：Hart Publishing，2000：377-379.

惩罚。^① 基于上述原因,惩罚性赔偿不仅在大陆法系国家很少被民事法律体系接纳^②,在英美法系国家也居于例外地位^③。美国《第三次返还法与不当得利法重述》为了避免令剥夺责任显现惩罚性,明确规定剥夺责任仅限于将不法行为人的利益状况恢复原状,将剥夺范围限于行为人所实际取得的不法获益。^④ 但是前已述及,由于单纯剥夺实际不法获益的预防效果未必充分,司法实践实际认可的剥夺责任常常延伸至与不法行为并无因果关系的利益,从而使剥夺责任呈现出惩罚性色彩。

不过,民事诉讼与惩罚性赔偿间的矛盾并非不可调和。若对责任成立要件提出较高的证明标准(如要求提供清楚且令人确信的证据,而不止步于一般民事诉讼中要求的盖然性权衡标准),被告在程序上的权利应当基本可以得到保障。此外,法院在适用惩罚性赔偿时可以有意识地考虑公法上的责任,从而避免双重惩罚。目前我国知识产权法已经认可了惩罚性赔偿责任制度,《最高人民法院关于审理侵害知识产权民事案件适用惩罚性赔偿的解释》第六条第二款规定:"因同一侵权行为已经被处以行政罚款或者刑事罚金且执行完毕,被告主张减免惩罚性赔偿责任的,人民法院不予支持,但在确定前款所称倍数时可以综合考虑。"鉴于剥夺责任的严苛程度相较惩罚性赔偿整体较低,其与民事诉讼的不适应性问题应当更容易得到缓和。

至于剥夺责任背离传统"禁止原告得利"原则的问题,考虑到公共资源有限性、公权力机关的动力缺乏性以及公法惩罚的不效益性,允许私人提起民事诉讼剥夺不法获益从而维护公共利益可能是正当的。^⑤ 为激励原告提起诉讼,或许确有必要允许原告取得超过一定的

---

① Jaffey P. The Nature and Scope of Restitution. Oxford：Hart Publishing, 2000：377-379.

② 王泽鉴:《损害赔偿》,北京大学出版社 2017 年版,第 35 页,

③ Jaffey P. The Nature and Scope of Restitution. Oxford：Hart Publishing, 2000：136.

④ The Restatement (Third) of Restitution and Unjust Enrichment, § 3 comment a.

⑤ 徐银波:《论侵权行为形态的嬗变与赔偿理念的现代化——兼论〈侵权责任法〉第 20 条的适用》,载《私法研究》2015 年第 1 期。

"意外之财"。[①]《最高人民法院关于贯彻执行〈中华人民共和国民法通则〉若干问题的意见（试行）》（法办发〔1988〕6号，已失效）第一百三十一条规定，"利用不当得利所取得的其他利益，扣除劳务管理费用后，应当予以收缴"，虽然坚持了"禁止原告得利"，但不利于激发原告的维权动力。

对于工具主义的预防功能论而言，其所面临的最大挑战并非前述因素，而恰恰来自工具主义的诘问：剥夺责任究竟能否如预防功能论者所期待的那样起到妥适的预防效果？

理论上，一旦潜在不法行为人的违法成本大于不法行为可产生的收益，激励不法行为的经济上诱因即可被除去。在此基础上，布莱尔和科特提出了一种计算公式，用于确定足以起到预防效果的赔偿责任：假设当事人实施侵权行为被发现的概率为 p、不被发现的概率为 $1-p$，侵权被发现时预期要承担的赔偿责任为 F，预期可以通过侵权取得的利润是 n，那么其期望收益 E 就相当于 $p(n-f)+(1-p)n$，整理公式后可得 $E=n-pF$。理论上，当回报 E 小于或等于 0 时，不法行为无法产生预期收益，将会被有力地阻遏。据此，能够达到预防效果的责任数额 F 应当不小于 n/p。[②]

根据上述 $F\geqslant n/p$ 公式，能够起到预防效果的责任数额不仅取决于不法行为可能产生的预期收益，还与不法行为被发现的概率直接相关。当不法行为很容易被发现（p 接近于 1），除去全部实际不法获益 n（加之停止侵害带来的成本以及诉讼费等成本），通常能够起到较好的预防效果；但如果不法行为被发现的概率很低，仅仅剥夺实际不法获益的预防效果就存在较大疑问。正是基于此，"布鲁姆诉卡塞尔案"判

---

① 朱广新：《惩罚性赔偿制度的演进与适用》，载《中国社会科学》2014 年第 3 期；张玉东：《"获益剥夺"规范意义的再审视——以〈民法典〉第 1182 条前半段规定为分析对象》，载《现代法学》2022 年第 5 期；Jaffey P. The Nature and Scope of Restitution. Oxford：Hart Publishing，2000：38。

② Blair R D, Cotter T F. Intellectual Property：Economic and Legal Dimensions of Rights and Remedies. Cambridge：Cambridge University Press，2005：47-49.

决曾经提出,如果剥夺责任仅能令被告的利益状况恢复原状,那么意欲从事不法行为者考虑到原告可能并不会起诉或者即使起诉也可能失败等情况,就很可能会认为选择实施不法行为是稳赚不赔的。[①]

布莱尔和科特的计算公式还只是一个经过简化的模型。能够发挥预防作用的机制不仅限于金钱赔偿责任,实际的情况复杂得多。现实中,能够实现最佳预防效果的责任数额不仅与个案中不法行为被发现的概率有关,还与停止侵害等其他机制的预防效果有关:如果实施某种不法行为需要投入大量成本,停止侵害责任可能导致的沉没成本也能发挥相当的预防效果;发生法律纠纷时要付出的诉讼成本也可能影响行为决策。

即便理论上可以通过经济分析计算出个案中最适的责任水平,囿于诉讼成本,法院不太可能根据个案情况精准分析足以起到适当预防效果的责任水平。更何况,即使是采取前述的简化模型,要准确估计"不法行为被发现的概率"也是相当困难的:如果部分侵权根本难以发现,说明侵权发生的总数是很难获知的,此时如何计算"被发现的概率"?[②] 如果要再进一步将停止侵害义务的预防功能也纳入考量,问题的复杂性还将显著增加。

对于经济分析方法面临的困难,罗瑟汉姆另辟蹊径,从非经济分析的角度解读剥夺责任的预防功能,认为剥夺责任的预防功能源于其对外传达的一个明确信号即"不法行为并不能带来利益"。按照罗瑟汉姆的解读,剥夺责任所体现的是所谓"规则上的实用主义"而非"具体行为上的实用主义",也就是说,其预防功能抽象地体现为制度实施的长期影响,个案中的剥夺责任是否发挥了最佳预防效果并非关键。[③]

---

① Broome v. Cassel, [1972] AC 1027 (HL) 1129.

② Blair R D, Cotter T F. Intellectual Property: Economic and Legal Dimensions of Rights and Remedies. Cambridge: Cambridge University Press, 2005: 47-49.

③ Rotherham C. Deterrence as a justification for awarding accounts of profits. Oxford Journal of Legal Studies, 2012(3): 537-562.

惩罚性赔偿制度的实践经验能够对罗瑟汉姆的"信号论"提供一定的印证作用。著名的法经济学家波林斯基（Polinsky）和萨维尔（Shavell）曾提出应当根据"1/p"（行为被发现的概率）确定惩罚性赔偿适用中责任加重的倍数。① 这一见解假想了一种能够认定行为被发现概率的理想状态，在实务中可操作性不强，未被践行：认定"不法行为被发现的概率"事实上难度很大，实践中更常见的做法是综合考虑侵权行为的情节、行为人的主观恶性、行为导致的负面后果等因素，在法定范围内基于法官裁量酌定加重责任的倍数。如此看来，法院在适用惩罚性赔偿时也并非在个案中基于经济分析力求实现"最佳预防"的目标，而更多是在发出责难不法行为、"实施不法行为得不偿失"的信号。

罗瑟汉姆的矛盾之处在于，其一方面假定潜在行为人对于"不法行为是否有利可图"是敏感的，另一方面又乐观地假定他们通常并不会预先展开精细的成本收益分析，会对法律传达的"信号"照单全收。但是可以想见，个案中的行为人对"是否有利可图"的信号越是敏感，其越是倾向于如英国法院所说的那样实施"经计算的不法行为"，并在侵权行为不容易被发现的情况下经过成本收益分析决定实施侵权行为，使罗瑟汉姆所说的"信号"功能失去效用。尽管如罗瑟汉姆所言，剥夺责任的预防功能是制度长期运作的效果，无需强求个案中的剥夺责任能够起到最佳预防效果，但一项制度的长期影响毕竟是个案累积而成的，剥夺责任是否能在多数案件中发挥良好的预防作用是持"信号论"者也无法绕过的疑问。

总的来说，与补偿性赔偿责任相比，剥夺责任确实更能传达"任何人不被允许从不法行为中获益"的信号，在不法行为容易被发现和追究的场合对不法行为发挥一定的抑制作用。就此而言，预防功能论者

---

① Polinsky A M, Shavell S. Punitive damages: An economic analysis. Harvard Law Review, 1998(4): 869-962.

的理念是有其理论依据的。但问题在于,埃德尔曼、贾菲等学者认为,剥夺责任可以成为预防不法行为的精准"锐器",这着实是过于乐观了。现实是,剥夺责任能否实现妥适预防效果有很大的个案差异性,如果特定的不法行为容易被发现和追究,且潜在的不法行为人对其能否取得收益比较敏感,此时实际不法获益剥夺叠加停止侵害责任的组合往往已经能够实现较好的预防目的。相反,不法行为不那么容易被发现和追究(专利侵权便是一个例子)或者相关行为特别值得被预防、务必要遏制该行为发生时,仅剥夺实际不法获益很可能不足以达到预期的预防效果。从英美司法实践看,法院会根据个案中的行为是否应被预防、应该以何种力度预防、单纯剥夺实际不法获益能否起到适当预防效果等因素,通过"补偿性赔偿是否已充分"的门槛以及"是否准予衡平扣除""是否准予考虑非侵权替代方案"等裁量机制个案调试剥夺范围①,使实践中的剥夺责任变幻莫测。因此,认为剥夺责任相较于惩罚性赔偿在可预见性方面占优的学说也面临挑战。②

第三节　专利法中的剥夺责任:理论检验和实然图景

一、理论检验:一般性强化专利侵权预防力度之不当

　　如前所述,认可剥夺责任正当性的学说大多立足于预防功能论。对于何时有必要通过剥夺责任强化预防效果,罗瑟汉姆提出的综合考

---

　　① "合法替代方案"的认定也有引入政策判断的余地。比如"鸡蛋清洗机案",法院虽然认定"如果被告不擅自使用原告的鸡蛋清洗机,就会聘请他人手洗鸡蛋",但这无疑已是一种偏向权利人的假定。事实上对被告而言,最有利的合法替代方案是在市场上租用他人的机器而不是选择手洗。参见 Gergen M P. Causation in disgorgement. Boston University Law Review, 2012(3): 827-857。

　　② Edelman J. Gain-based Damages: Contract, Tort, Equity and Intellectual Property. Oxford: Hart Publishing, 2002: 17.

量方案具有较好的参考价值。罗瑟汉姆本人基于其理论框架得出了知识产权侵权通常适宜适用剥夺责任的结论①，其判断与侵权利润赔偿（即侵权利润剥夺责任）普遍地流行于专利法实定法体系的现状是相符的——当前专利法立法例大都允许按照侵权人所得利润确定赔偿责任，且没有将侵权人的主观故意作为剥夺责任的适用前提②。这是否意味着，相较动产、不动产等有形财产权，专利侵权是一种特别值得被预防的行为，以至于即便是过失专利侵权也应当被预防？

罗瑟汉姆在以其理论框架检验预防知识产权侵权的必要性和可行性时，并没有充分考虑知识产权法特殊的立法目的以及无形财产权的特性。因此以下仅借鉴罗瑟汉姆提出的考量因素，但对各项因素的影响重新展开分析，最终得出了与罗瑟汉姆不同的结论。

其一，关于专利权是否因其性质而特别值得被保护。

不同于生命权、人格权等权利，从权利性质看，专利权不属于一种需要被特别维护的权利。相反，在发明创造的动力已经得到妥当激励的前提下，允许他人享受发明活动的外溢效果、允许他人"搭便车"，反而与专利法社会本位的立法目的相符。发明方案可以被多方同时使用而不明显减损其价值的特点，以及公众获取新技术的必要性，均表明专利权保护是会产生社会成本的。若是专利制度在维护发明人创新动力方面所产生的社会利益无法抵消限制他人获取技术的社会成本，就说明已经出现过度保护问题。③ 弗里施曼（Frischmann）和莱姆利就认为，现实中的专利权人原本就无法由市场交易取得发明的全部社会价值，剥夺责任会过度保护发明人，扭曲资源配置，不利于他人的

---

① Rotherham C. Deterrence as a justification for awarding accounts of profits. Oxford Journal of Legal Studies, 2012(3)：537-562.

② 例如，德国专利法第139条第(2)款、日本专利法第102条。参见中国人民大学知识产权教学与研究中心，中国人民大学知识产权学院：《十二国专利法》，《十二国专利法》翻译组译，清华大学出版社2013年版，第166-167页，第261-262页。

③ Frischmann B M, Lemley M A. Spillovers. Columbia Law Review, 2007(1)：257-301.

再创新。① 如果参照达甘的思路、以新黑格尔主义"财产作为人格"理论检验,也会得出专利权与人格关联在当前社会观念中并不密切,不应属于重点保护对象的结论。②

其二,关于专利权侵权是否不容易被发现和追究。

当权利侵害难以被发现和追究,单纯的补偿性责任既不足以填补权利人的实际损失,也不足以令侵权人付出足够的违法成本,指向通过加重责任预防侵权行为的积极意义。③ 专利的非竞争性意味着专利侵权不受地点、时间限制,从而使专利侵权行为更容易被隐匿④,这是支持以剥夺责任强化专利侵权预防力度的一个重要因素。

其三,关于补偿性赔偿是否不足以充分救济专利侵权。

英美司法实践将补偿性赔偿不充分作为剥夺责任的适用前提,罗瑟汉姆和埃德尔曼等学者也赞同这种做法。补偿和剥夺的根本目标是不同的,如果某类行为特别值得被预防,即便原告没有受到任何损害或者损害已经得到了完全的赔偿,也都不足以否定剥夺的必要性。例如,英美法司法实践在信义义务违反案件适用剥夺责任时就不考虑"补偿性赔偿是否充分"。不过补偿是否充分与剥夺责任的必要与否也非毫无关联:如果某项权利被侵害时的损害特别难以被量化,且损害量化困难问题导致了系统性的补偿不足问题,可以考虑的一种应对方案是从源头上预防难以量化损害的发生。专利侵权所致损害十分难以量化的问题是支持以剥夺责任强化预防效果的另一个理由。

---

① Frischmann B M, Lemley M A. Spillovers. Columbia Law Review, 2007(1): 257-301; Lemley M A, Shapiro C. Patent holdup and royalty stacking. Texas Law Review, 2006(7): 1991-2049.

② Dagan H. Unjust Enrichment: A Study of Private Law and Public Values. Cambridge: Cambridge University Press, 1997: 36-40.

③ Rotherham C. Deterrence as a justification for awarding accounts of profits. Oxford Journal of Legal Studies, 2012(3): 537-562.

④ Denicolò V, Geradin D, Layne-Farrar A, et al. Revisiting injunctive relief: Interpreting eBay in high-tech industries with non-practicing patent holders. Journal of Competition Law and Economics, 2008(3): 571-608.

其四，关于强化预防力度对社会公共利益的影响。

这一因素对于社会本位的专利法而言特别值得关注。一般来说，加大对财产权侵害行为的预防力度可以引导市场主体的合法交易行为，优化稀缺资源的配置，不过其前提是相关权利界限清晰，相关资源所涉权利人数量较少①，而专利权往往难以满足这些要求。专利权边界的确定涉及权利要求解释这一相当不确定的法律问题，使专利权的边界常常十分模糊。当技术利用人难以确定其行为是否已经落入他人专利权保护范围时，潜在的剥夺责任未必能促进自主交易，而可能倾向于令技术利用人直接放弃交易。过度预防专利侵权的危害性就此凸显。此外还有必要考虑专利许可费堆叠（royalty stacking）效应。一件产品对应一件专利的时代早已过去，目前许多产品都集合了多个专利技术，此时任何一个专利权人不同意授权都可能妨碍产品面世，因此每一个相关权利人都有一定动力待价而沽，最终导致许可费数额明显高于技术本身的客观价值。部分权利人甚至可能因为剥夺制度而策略性地等待被告已经投入成本并取得利润后再以禁令救济与剥夺责任相威胁，取得高于专利许可市场价值的和解许可费。这种"总许可费数额因为存在多个专利权人而过度溢价"的现象被称为"许可费堆叠"。② 潜在的剥夺责任将增加权利人的谈判筹码，从而使堆叠效应更为明显，增加专利技术的交易成本，妨碍技术利用。

强化预防专利侵权的政策还将伴随着对合法行为的抑制作用。以剥夺责任加大预防力度会导致行为人更不愿意从事可能存在侵权风险的行为，进而导致一部分原本合法的行为也被一并抑制，与专利法鼓励技术利用、技术进步的初衷相违背。更为关键的是，现行的专利法不认可独立开发抗辩，只要特定技术已经被他人的专利权垄断，

---

① Rotherham C. Deterrence as a justification for awarding accounts of profits. Oxford Journal of Legal Studies, 2012(3): 537-562.

② Lemley M A, Shapiro C. Patent holdup and royalty stacking. Texas Law Review, 2006 (7): 1991-2049.

哪怕是独立开发得到相同技术的不知情侵权人也不能免责：不仅在采取严格责任原则的美国专利法中是如此，即便在采取过错归责原则的立法例下，由于专利登记"公示失败"问题并未反映在过错认定中，未经允许利用他人专利技术者通常也会被认为因"未尽合理调查义务"而负有"应知他人享有专利权但不知"的过失。

在上述背景下，美国学者莱姆利认为，针对非故意侵权人的专利侵权剥夺是一种倒退：实践中，大量的侵权人不是故意抄袭专利者而是技术的独立开发者，其侵权行为不仅缺乏道德上的可谴责性，而且在专利权人本人不实施其发明的情况下反倒有推进技术利用的积极价值。尽管重复开发行为的确会造成资源浪费因此不值得被鼓励，但如果不知他人已取得专利权而独立开发使用技术者也会受制于剥夺责任，真正会被抑制行为的就不单纯是重复开发行为而是整个创新活动本身。[1] 弗蒙特（Vermont）还提出，现实中，某个专利权人得到发明成果的同一时期常常会有多个发明人也在短期内分别独立得到近似的智力成果，这说明专利权人的社会贡献只是加速了发明产生，允许专利权人一个人"赢者通吃"而垄断该发明所生的全部市场回报会使专利权人的所得大于其实际的社会贡献。[2] 虽说弗蒙特的这种观点低估了赋予专利权人以较高市场回报有激励"专利竞赛"从而加速创新的意义，但警惕创新开发活动是否会因为侵权责任过重而被抑制的问题确有必要。[3]

其五，关于其他制度是否已发挥充分预防效应。

如果其他制度已经发挥了充分的预防效应，再引入剥夺责任加强

---

① Cotropia C A, Lemley M A. Copying in patent law. North Carolina Law Review, 2009(5)：1421-1466.

② Vermont S. Independent invention as a defense to patent infringement. Michigan Law Review, 2006(3)：475-504.

③ 其他关于剥夺专利侵权获益容易导致过度预防问题的见解，还可参见 Cotter T F. Comparative Patent Remedies：A Legal and Economic Analysis. New York：Oxford University Press, 2013：69。

预防效果就不再必要。在专利侵权纠纷中，停止侵害救济产生的沉没成本可能对侵权行为具有相当的抑制作用。技术利用人为了实施某项技术可能要投入大量的配套资源和成本，一旦法院判决侵权成立，随之而来的停止侵害救济可能令侵权人的既有投资成为沉没成本，或者令侵权人面临改采合法技术的转换成本，因而禁令制度的存在可能对潜在专利侵权起到威慑效果。① 例如，在"珠海市晶艺玻璃工程有限公司诉广州白云国际机场股份有限公司、广东省机场管理集团公司、深圳市三鑫特种玻璃技术股份有限公司专利权侵权纠纷案"中，被告已经在机场航站楼的玻璃幕墙中使用了原告的专利产品，拆除产品成本很高且会导致机场正常使用受阻，法院最终以停止侵害救济在本案中不符合公共利益为依据未予支持，仅判令被告支付使用专利的合理费用。② 在此类案件中，剥夺责任搭配禁令（停止侵害）救济制度之后造成过度预防风险的可能性更不容低估。

综上，专利侵权是不是一种特别值得被预防的侵权行为这一问题并不容易回答，不同考量因素指向不同的结论（见表 6-1）。尽管专利侵权不容易被发现和追究、专利侵权所致损害难以量化等因素确实指向了强化预防力度的积极意义，强化专利侵权预防力度所产生的社会成本也不容忽视。故科特强调，在确定专利侵权责任时，有必要考察因加大侵权预防力度而产生的社会利益是否超过其社会成本③，莱姆利更是主张"现代专利法中不应再有剥夺责任的位置"④。由于如何具体地实现专利法的公法目的仍然是一个巨大的谜团，且鉴于专利法的

---

① Cotter T F. Comparative Patent Remedies: A Legal and Economic Analysis. New York: Oxford University Press, 2013: 69.

② 参见珠海市晶艺玻璃工程有限公司诉广州白云国际机场股份有限公司、广东省机场管理集团公司、深圳市三鑫特种玻璃技术股份有限公司专利权侵权纠纷案，广州市中级人民法院（2004）穗中法民三初字第 581 号民事判决书。

③ Cotter T F. Comparative Patent Remedies: A Legal and Economic Analysis. New York: Oxford University Press, 2013: 197.

④ Lemley M A. Taking the regulatory nature of IP seriously. Texas Law Review, 2014(92): 107-119.

根本目的并不在于保障权利人对其发明技术的支配,在现阶段,除非有足够有力的实证数据支持更大保护力度的正当性,应当谨慎采取一般性强化预防力度的策略,仅将故意实施、情节严重的专利侵权行为作为重点预防对象。

表 6-1　强化专利侵权责任预防功能的必要性分析

考量因素		是否支持强化预防	理由
专利权性质	"财产作为人格"理论	倾向于不支持	专利人身属性较弱
	专利权作为激励创新的工具属性	中立	需比较维护发明创新动力的社会利益与限制他人获取技术的社会成本
专利侵权行为是否不容易被发现和追究		倾向于支持	专利侵权不易被发现和追究
补偿性赔偿的充分性		中立	损害证明困难导致补偿性赔偿不充分是支持预防必要性的因素之一,但并非决定性因素
对社会公益的利弊分析	预防不法能否促进自主交易	倾向于不支持	侵权风险查证困难与"许可费堆叠"现象排斥过度预防
	是否引起道德风险	倾向于不支持	可能助长策略性主张专利权的现象
	计算获益的司法成本如何	中立	既有各种赔偿方式计算难度基本相当
	过度预防的风险程度	倾向于不支持	技术利用行为的合法性因专利权边界模糊而更难判断,导致预防不法行为对合法行为的抑制作用比较明显
其他制度的预防功能		倾向于不支持	停止侵害责任引起的沉没成本具有一定的预防功能

二、实然图景:比较法中的专利侵权利润赔偿实践

除了美国专利法仅不允许将剥夺责任适用于发明专利权(utility patent)侵害案件,大部分国家的专利法都一般性地认可按照侵权所生利益确定专利侵权赔偿责任,且允许将侵权利润赔偿适用于过失(甚至实质上无过失)的专利侵权行为。相较于前文提到的一般性的剥夺

责任，比较法上有关专利侵权不法获益剥夺责任实践有其特色，应予单独考察。

在专利侵权案件中，加拿大法院认可剥夺责任可以适用于专利侵权，但只允许剥夺与侵权行为存在因果关系的那部分利润。[①] 关于对专利侵权所生实际不法获益的认定，加拿大联邦最高法院在里程碑式的"加拿大孟山都公司诉施迈泽案"（Monsanto Canada Inc. v. Schmeiser，"抗药油菜案"）中明确采用了"增量法"，将侵权人运用非侵权替代技术时本应处的利益状况纳入考量。[②]

"加拿大孟山都公司诉施迈泽案"的原告作为一家农业生物技术公司取得了一种关于转基因抗药植物的专利，其实用价值是令生成的作物不会被除草剂杀死，从而使农民可以在喷洒农药除草的同时不用担心庄稼受到伤害。该案被告是 72 岁的农人施迈泽，他偶然发现自己种植的部分油菜显示出了抗药性，于是留下了这部分抗药油菜的菜籽，继续培育了一批抗药油菜。到诉讼发生时，证据表明被告种植的绝大部分油菜都已带有受专利保护的抗药基因，被告的行为因此被认为构成侵权。被告主张，其一开始取得抗药植株是因为附近种植的、带专利抗药基因的油菜花粉偶然地飘落到了自己的土地上，自己不过是按照传统的方式择优培育。但即便被告所说的这一情况属实，该事实也不足以排除侵权行为的成立，相反，被告后期主动筛选、培育抗药油菜的行为可能已经指向侵权的故意。于是，争议焦点便落在了专利侵权赔偿额的确定上。

在确定赔偿额时，地区法院没有考虑被告若不侵权则本会通过替代方案取得何种利益，直接按照被告销售油菜籽的收益总额认定了 2 万加元的赔偿责任。加拿大最高法院则采取了"增量法"的思路，允许被告提出合法替代方案抗辩：法院认为，由于携带抗药基因的优势仅

---

① Siebrasse N V, Stack A J. Damages calculations in intellectual property cases in Canada. Canadian Intellectual Property Review, 2009(24): 153-168.

② Monsanto Canada Inc. v. Schmeiser [2004] SCC 34.

在喷洒除草剂时才能得到体现,而本案被告销售的产品为油菜籽,其市场价格和是否携带抗药基因没有关联,故即便被告不侵权而销售普通的油菜籽,其所处的利益状况也不会发生任何变化。据此,加拿大最高法院最终认定被告因侵权行为所取得的利润数额为零,根本没有不法获益可供剥夺。[①] 如此一来,法院在并未否定侵权成立的前提下,使判决结果发生了戏剧化的逆转。

一旦认可了"增量法","假如被告不侵权则其本应处于何种利益状态"就成为关键,而被告利益的"应有状况"取决于合法替代方案的选择。如果严格遵循事实上因果关系规则,"被告原本很可能采取的非侵权替代方案"不一定是市面上客观认为的次好替代方案,而是一种"根据被告资源、文化、能力、策略判断,其所知的、可能选择的、对其最有利的技术"[②]。

由于被告在侵权当时的主观认知着实难以追溯,法院在合法替代方案的认定上有相当的裁量空间。加拿大联邦上诉法院曾提出,只要侵权人能够证明若其不采取侵权行为则"本可且本会"采取某种非侵权替代产品,该种非侵权替代方案即是可以考虑的因素,并认为侵权人"本可"采取替代方案应以该替代方案"于侵权当时在市场上可即时获取"为前提。[③] 但在此前的另一则判决中,同一法院采取了更有利于侵权人的立场,不要求替代方案"即时可获取":在诉讼中,原告已经证明被告在侵权发生时期无法在本地市场上购买到被告所主张的替代产品,法院却认为,为了认定被告实际不法获益而考虑非侵权替代方案时没有必要"拘泥于变幻莫测的本地市场",否则就不利于分离出

---

① Monsanto Canada Inc. v. Schmeiser [2004] SCC 34.

② Siebrasse N V, Stack A J. Damages calculations in intellectual property cases in Canada. Canadian Intellectual Property Review, 2009(24): 153-168.

③ Apotex Inc v Merck & Co, Inc, 2015 FCA 171. 该案中,侵权人原先以合法替代方案生产相关产品,后来开始使用原告专利,并以此提高了利润水平。证据表明,如果侵权人原本采取非侵权替代方案,需要花费三周来进行相关生产线配置;鉴于侵权持续时间是两年,似乎可以认为,除三周准备时间外,侵权人本可使用合法替代方案获益。不过根据"于侵权当时在市场上可即时获取"的标准,法院并未支持侵权人提出的替代方案抗辩。

与侵权行为欠缺因果关系的利润。① 这一判决没有贯彻将被告利益恢复原状的立场，着力令责任数额反映专利技术相较于现有技术的客观进步性，使最终的剥夺范围事实上小于个案被告所取得的实际不法获益。2022 年的"诺瓦化学公司诉陶氏化学公司案"（Nova Chemicals Corp. v. Dow Chemical Co.），侵权人主张将"能够产生最多利润的非侵权替代方案"作为应予考虑的替代方案，但是加拿大最高法院认为，剥夺责任的功能应当在于预防侵权行为，认定剥夺责任时可考虑的非侵权替代方案不能等同于"能够产生最大利润的方案"，而应当根据个案事实情况认定。②

加拿大最高法院在"加拿大孟山都公司诉施迈泽案"倡导"增量法"，仅允许剥夺与侵权行为存在事实上因果关系的利益，可能与政策考量不无关系：该案当事人一方是巨型跨国公司，而另一方是以传统方式培育农作物的年迈农人，双方力量的悬殊使该案一时间受到全国性的关注，法院通过运用"增量法"得出的判决结果既符合因果关系规则的法理，也符合公众感情。

"加拿大孟山都公司诉施迈泽案"的判决没有直接废弃不考虑合法替代方案的其他认定方法。加拿大法院也曾通过"总利润×专利利润贡献率"的方法评价剥夺范围。比如"惠康基金会有限公司等诉奥贝泰克制药公司案"（Wellcome Foundation Ltd. et al. v. Apotex），被告奥贝泰克制药公司为了生产一种药物而进口并使用了一种侵权化合物甲氧苄啶（TMP），被告认为，甲氧苄啶只是药物中两种有效物质之一，且该药物之所以能有市场，与被告自己在利用专利物质开发稳定、安全药物等方面的贡献有巨大关联，因此主张归因于侵权行为的利润应该小于被告所得总利润的 50%。在此基础上，被告提出了三种计算专利侵权利润贡献率的方案供法院参考：一是按侵权原材料成本

---

① Monsanto Canada Inc. et al. v. Rivett，2009 FC 317.
② Nova Chemicals Corp. v. Dow Chemical Co. 2022 SCC 43.

与最后整个药片成本之比(6.70％);二是按侵权有效成分的成本与其他非侵权有效成分的成本之比(28.57％);三是按整个药片中侵权物质和非侵权的有效物质的质量比(16.67％)。面对这三种计算方案,该案的法官认可被告在开发药品、建立市场方面的努力可以扣除,但认为被告提出的方法都低估了专利发明的贡献,最终将侵权物质的利润贡献率认定为总利润的60％。[①]

　　在英国,尽管法院有时会准予剥夺与不法行为不存在事实上因果关系的利益,不扣除侵权人因实施侵权行为而付出的成本,但在专利侵权案件中,法院却明确提出可予剥夺的利益应当与侵权行为存在因果关系[②]。不过在实际不法获益的认定上,英国法院没有采取"增量法",一般以"总利润×专利利润贡献率"的思路进行。例如,在"塞拉尼斯国际公司诉英国石油化工有限公司案"中,被告在两个独立的生产线上以原告专利技术生产醋酸,其中一条生产线盈利,另一条则发生了亏损。法院认为,专利技术在盈利生产线的利润贡献率为0.6％,而侵权人在亏损的生产线上未取得任何利益。法院没有考虑被告若采取非侵权替代方案时是否可能有更大幅度的亏损,直接得出了被告在该生产线上没有取得任何利益的结论。最终,本案被告被判赔的数额仅为原告主张赔偿数额的0.3％。[③] 整体来看,英国的专利权人很少主张通过账目之诉对不法获益进行剥夺。除了举证困难的因素,还有一重要原因是实践中实际认定的剥夺责任的数额较低:一方面,被告作为侵权人往往通过低价策略与权利人竞争,导致账簿显示的利润数额较小;另一方面,在被告并无不诚实行为的场合,法院对基于被告自身劳务、技术的衡平扣除以及其他成本扣除的态度都是比较慷慨和

---

① Wellcome Foundation Ltd. et al. v. Apotex (1999) 82 C. P. R.
② Celanese International Corp v. BP Chemicals Ltd [1999] RPC 203, [37].
③ Celanese International Corp v. BP Chemicals Ltd [1999] RPC 203, [37].

随意的。[①]

德国的情况与英国类似。尽管成文法和司法实务都允许按照被告的侵权利润计算赔偿额，但现实中权利人更多地主张合理许可费赔偿，很少诉诸剥夺责任。[②] 在确实适用了剥夺责任即侵权利润赔偿的案件中，德国司法实践主要是通过"总利润－成本扣除"的方式来确定责任范围。[③] 在可扣除的成本方面，德国法院原本不仅允许扣除全部可变成本（随侵权产品的产量变化而变化的成本），还允许扣除固定成本（不会随侵权产品产量变化而变化的成本，如企业雇佣管理人员、建造厂房等的成本），导致算得的净利润常常非常低。[④] 这使德国学者瓦格纳认为，知识产权法下的剥夺责任实际上仅仅具有补偿性，本来就不起到什么预防效果，故而可以"在过失侵权中放心地适用"，而学说上基于不法管理原理主张剥夺应被限制在故意侵权案件反而"与现实脱节"。[⑤] 后来德国联邦最高法院提出，由于固定成本并非因为侵权行为才产生，与侵权行为并无因果关系，因此不应将固定成本列入扣除范围。[⑥] 这在一定程度上提高了剥夺责任的数额，加强了权利人主张不法获益的动力，但举证困难仍是一大障碍：在德国司法实践中，专利权人有权要求被告交出关于侵权活动相关收益的证据，不过专利权人很少被允许检查侵权产品的具体交付情况以及成本细目。而从被告提供的账目看，专利侵权人似乎经常处于亏损或仅得到微不足道的利

---

① Heath C, Petit L. Patent Enforcement Worldwide: A Survey of 15 Countries, Writings in Honour Dieter Stauder. Oxford: Hart Publishing, 2005: 55.

② Cotter T F. Comparative Patent Remedies: A Legal and Economic Analysis. New York: Oxford University Press, 2013: 271.

③ Cotter T F. Comparative Patent Remedies: A Legal and Economic Analysis. New York: Oxford University Press, 2013: 273.

④ Cotter T F. Comparative Patent Remedies: A Legal and Economic Analysis. New York: Oxford University Press, 2013: 273.

⑤ 瓦格纳：《损害赔偿法的未来——商业化、惩罚性赔偿法、集体性损害》，王程芳译，中国法制出版社 2012 年版，第 146 页。

⑥ Meier-Beck P. Damages for patent infringement according to German law-Basic principles, assessment and enforcement. International Review of Intellectual Property and Competition Law, 2004(2): 113-124.

润,以至迈尔-贝克(Meier-Beck)法官不无讽刺地说,从其审判经验看,"任何人都不应被允许从侵权行为中获益"这一理想在专利侵权案件仿佛不经审判就已自然达成。[①]

在美国,剥夺责任原则上可以应用于知识产权侵权,但专利法领域是个例外。现行专利法仅允许对外观设计专利权(design patent)被侵害的情形适用剥夺责任。美国《专利法》第 289 条第 1 款前段规定:"任何人在外观设计专利有效期内,未经所有者许可,将专利设计或其任何近似设计应用于任何制品以用于销售目的,或销售、展示任何采用此类设计或近似设计的制品,应向所有者承担相当于其所获利润总额的责任,且数额不少于 250 美元。"该款中所称的"制品"(article of manufacture)存有解释余地。美国法院一度认为,其应解释为权利人可以要求侵权人交出整件侵权产品的利润。例如"道布森诉哈特福德地毯公司案"(Dobson v. Hartford Carpet Co),当被告生产销售的地毯侵害了原告的外观设计专利,初审法院的法官曾将整件地毯的全部利润作为确定责任的基础。[②] 美国司法实务的立场在后来发生了变化,开始认可"利润分摊"的重要性。在"苹果诉三星案"(Apple Inc v. Samsung Elecs. Co.)中,尽管联邦巡回上诉法院判决应根据整件侵权产品的利润额确定剥夺责任的金额,美国联邦最高法院认为,"制品"的文义不仅包括销售给消费者的整件产品,也可以仅包括产品的一部分[③],由此可以限定利润剥夺的范围,避免将与外观设计专利的利用缺乏因果关系的利益也纳入剥夺范围。

综合加拿大、英国、德国、美国的司法实践情况,可以发现一个不

---

① Meier-Beck P. Damages for patent infringement according to German law-Basic principles, assessment and enforcement. International Review of Intellectual Property and Competition Law, 2004(2):113-124

② Dobson v. Hartford Carpet Co., 114 U. S. 439 (1885). 类似的,在另一则案件中,法院根据整件产品而非外观设计专利所涉的部分确定了剥夺责任数额,参见 Bergstrom v. Sears, Roebuck & Co., 496 F. Supp. 476, 495 (D. Minn. 1980)。

③ Apple Inc. v. Samsung Electronics Co. 580 US 53 (2016).

同于预防功能论者预期的现实图景：尽管学说上大多通过预防功能证成剥夺责任，但法院在专利侵权诉讼中并不总是表达出对预防功能的执着，反而常常表达了节制剥夺范围、避免专利权垄断范围扩张的立场。

不法获益数额的认定存在很大的裁量空间，裁判者对剥夺责任的定位将显著影响责任的强度。即便在字面上同样采取"按照侵权人因侵权所取得的利润确定责任数额"这一规则，认定方法的不同（"增量法"抑或"利润贡献率法"）、成本扣除项目的不同（是否扣除固定成本）会得出截然不同的认定结果。即使同样采取"利润贡献率法"，从"惠康基金会有限公司等诉奥贝泰克制药公司案"可以看出，根据成本、质量比重等不同方式来估算利润贡献率的认定结果差异依然巨大。

如果裁判者期待剥夺责任实现预防、威慑的效果，站在更偏向权利人的立场上，其可以选择有利于权利人的认定方案。这在美国的商标侵权诉讼中也有直观体现。在美国，法院适用《兰哈姆法》（Lanham Act）第 1117 条剥夺商标侵权人取得的利润时[①]，更倾向于维护权利人的利益：在侵权所生利润的认定上，尽管法院允许扣除"与产生毛利润直接相关的费用"，但认为可扣除的成本既不包括"被告自己个人劳动的价值"，也不包括"直接实施侵权行为者的工资和报酬"。[②] 如果商标侵权行为是消费者对被告产品需求的"实质性因素"，美国法院将直接根据商标侵权产品的总利润额来确定剥夺责任，并不进一步考虑非侵权因素的贡献。尽管如此认定的剥夺责任数额将高于侵权人的实际不法获益，美国联邦最高法院在"汉密尔顿-布朗鞋履公司诉伍尔夫兄弟公司案"（Hamilton-Brown Shoe Co. v. Wolf Bros. & Co）判决中

---

　　① 对于商标侵权利润剥夺责任的成立要件，美国法院有不同理解，部分法院要求侵权人的故意，另一部分法院仅将侵权人的故意作为决定是否准予剥夺利润的考量因素之一。2020 年，美国联邦最高法院认为，《兰哈姆法》文义并未将故意作为剥夺责任的要件，但也肯定衡平法传统上将侵权人的故意作为决定是否予以剥夺的重要考量因素，参见 Romag Fasteners, Inc. v. Fossil, Inc 590 U. S.（2020）。

　　② The Restatement（Third）of Unfair Competition. § 37 comment g.

为前述规则辩护，提出："根据本案的性质，要明确被告在不侵害商标权的情况下本可有多少销量、以何种价格销售，根本是不可能的。没有人会否认，根据理性和正义原则，商标的持有人应当有权取得由商标使用利益所生的利润，难点在于如何区分哪些是商标所贡献的利润，哪些是商品固有的价值。鉴于以合理确定的方式区分是不可能的，更符合理性与正义的方式是让商标权人取得商品全部的利润，而不是让被告基于其欺诈性的行为取得一部分收益。"[①]显然，当法院考虑到了制裁、威慑故意侵害行为的需要，就会倾向以更有利于权利人的方式认定实际不法获益的数额。

从专利侵权纠纷看，如一些域外学者也注意到的，法院对于专利侵权利润赔偿的功能定位常常并非预防，而更倾向于试图补偿损失或令侵权人返还专利使用利益的客观价值。[②] 加拿大法院在部分判决中适用"增量法"时，甚至允许被告基于侵权当时难以在市场上获取的替代产品提起非侵权替代方案抗辩。这明显不同于在其他类型的案件中，法院有时会为了追求充分预防效果而准予剥夺与不法行为并无因果关系的利润。若在认定侵权人的实际不法获益时采取更有利于侵权人的立场，侵权利润赔偿责任的严苛程度就与返还性赔偿差距缩小：由"合理许可费＝（利用专利技术可取得的利润－利用次好替代技术可取得的利润）×合理的提成比例"的公式可知，如果在认定侵权人的实际不法获益时不考虑侵权人主观认知的局限，而直接将市场上客

---

① Hamilton-Brown Shoe Co. v. Wolf Bros. & Co, 240 U.S. 251 (1916).

② 关于德国情况的评论，参见瓦格纳：《损害赔偿法的未来——商业化、惩罚性赔偿法、集体性损害》，王程芳译，中国法制出版社 2012 年版，第 146 页。关于英国的情况，参见 Watterson S. Gain-based remedies for civil wrongs in England and Wales//Hondius E, Janssen A. Disgorgement of Profits：Gain-based Remedies throughout the World. Switzerland：Springer, 2015：29-69。类似的，尽管澳大利亚实务中的账目之诉被认为具有很强的预防、威慑色彩，但有法院在专利侵权案件中明确主张按照侵权所生利润计算的责任只是为防止不当得利，参见 Barnet K. Disgorgement of profits in Australian private law//Hondius E, Janssen A. Disgorgement of Profits：Gain-based Remedies throughout the World. Switzerland：Springer, 2015：13-28；Dart Industries Inc v Decor Corporation Pty Ltd (1993) 179 CLR 101, 111。

观存在的次好替代方案推定为侵权人本会采取的替代方案，所认定的数额已经相当于合理许可费数额的上限。这可以解释为什么理论上具有威慑力、旨在预防不法行为的剥夺性责任可能被用于过失专利侵权甚至无过失专利侵权，与实际损失补偿规则、合理许可费赔偿处于并列地位。

在专利侵权损害难以量化的情况下，侵权利润赔偿确实能够给予受害人一定的救济，然而以剥夺责任实现补偿功能的做法仍然欠妥当：尽管法院可以借助因果关系规则限制剥夺范围，但剥夺责任蕴含的过度预防风险仍然存在，而专利法的立法目的决定了过度预防所产生的社会成本不容忽视。相比之下，在损害难以确定时，以返还性的合理许可费赔偿向权利人提供一定补偿较为妥当，不至于引起过度预防的问题。如果为了避免责任过苛而在非侵权替代方案认定方面采取对侵权人有利、但并不符合因果关系规则的做法（如将市场上客观存在的次好替代技术推定为侵权人会采取的替代方案），会使侵权利润赔偿的责任范围小于"侵权人因侵权所获得的利益"，不仅与规范文义不符，且会使侵权利润赔偿的标准变得更加模糊不清。

第四节　我国专利侵权利润剥夺规则的适用以及改进

一、制度沿革与司法实践

我国最早引入侵权利润赔偿的知识产权法律是 1982 年出台的《商标法》。该法第三十九条规定："赔偿被侵权人的损失，赔偿额为侵权人在侵权期间因侵权所获得的利润或者被侵权人在被侵权期间因被侵权所受到的损失。"1985 年，《最高人民法院关于侵犯商标专用权如何计算损失赔偿额和侵权期间问题的批复》（现已失效）第一条规定:"在侵犯商标权案件中,被侵权人可以按其所受的实际损失额请求赔偿。也可以请求将侵权人在侵权期间因侵权所获的利润(指除成本和税金外的所有利润)作为赔偿额。对于以上两种计算方法,被侵权人有选择权。"

1984 年出台《中华人民共和国专利法》至今,我国的专利侵权赔偿责任制度已经过多次修改,1984 年出台及 1992 年修正的《中华人民共和国专利法》第六十条仅规定,"专利管理机关处理的时候,有权责令侵权人停止侵权行为,并赔偿损失",没有认可多元赔偿方式。但在 1992 年发布的《关于审理专利纠纷案件若干问题的解答》(法发〔1992〕3 号,现已失效)中,最高人民法院认可了"专利侵权的损失赔偿额可按照侵权人因侵权行为获得的全部利润作为损失赔偿额"。

2000 年修正的《中华人民共和国专利法》对赔偿规则作出大幅修改并首次在法律层面引入专利侵权利润赔偿,与实际损失补偿、合理许可费赔偿同样可以适用于过失专利侵权。此后的修正中,《专利法》均保留了侵权利润赔偿规则,区别仅在于赔偿规则的适用顺位。2000 年修正的《中华人民共和国专利法》将侵权利润赔偿与实际损失补偿规则置于同一顺位,规定"侵犯专利权的赔偿数额,按照权利人因被侵权所受到的损失或者侵权人因侵权所获得的利益确定;被侵权人的损失或者侵权人获得的利益难以确定的,参照该专利许可使用费的倍数合理确定"。2008 年修正的《中华人民共和国专利法》第六十五条采取了实际损失补偿、侵权利润赔偿、合理许可费赔偿的适用顺位,仅在实际损失难以确定的情况下方可按照侵权人因侵权所获的利益赔偿。2020 年修正的《专利法》第七十一条在赔偿规则适用顺位方面又重拾了 2008 年的做法,不再将实际损失难以确定作为侵权利润赔偿的条件。

赔偿规则适用顺位的变化能够反映起草者对专利侵权赔偿责任的定位。不再将实际损失难以确定作为侵权利润赔偿的适用前提,意味着即便证据表明损失可得确定且小于侵权人取得的利益,侵权人也不得据此抗辩。此种规定事实上突破了"完全赔偿原则"，接纳了不以损害为中心的获益剥夺责任。不过在实践中，适用顺位的变化对裁判结果影响不大，因为即便在实施2008年修正的《中华人民共和国专利法》期间，法院也并不严格审查损害是否难以确定，实质上允许权利人直接跳过实际损失补偿规则而选择适用侵权利润赔偿。

《民法典》生效实施后，专利权应当可以主张故意专利侵权人构成明知为他人事务而当作自己事务进行管理的"不法管理"行为，从而基于《民法典》第九百八十条的规定请求管理人移交管理利益。但是鉴于专利法中的侵权利润赔偿可以适用于过失专利侵权行为，专利权人缺乏适用不法管理制度的动力。

关于专利侵权人实际不法获益的认定，《最高人民法院关于审理专利纠纷案件适用法律问题的若干规定》第十四条第二款保留了法释〔2015〕4号第二十条第二款的内容，规定"侵权人因侵权所获得的利益可以根据该侵权产品在市场上销售的总数乘以每件侵权产品的合理利润所得之积计算。侵权人因侵权所获得的利益一般按照侵权人的营业利润计算，对于完全以侵权为业的侵权人，可以按照销售利润计算"。按照最高人民法院的解读，销售利润相当于"销售收入－销售成本"，而营业利润则是在销售利润的基础上进一步扣除"销售费用、管理费用和财务费用"（以下简称"三费"）所得的数额。最高人民法院还认为，在单一类别产品的销售收入、营业利润率确定时，也可以直接以销售收入乘以营业利润率确定营业利润。[①]至于司法解释为何把是否完全以侵权为业作为标准在成本扣除方面采取了不同的规则，一种可能的理解是，其试图通过扣除标准调节责任范围，令以侵权为业的故意侵权人承担更重的责任。[②]

---

① 参见深圳光峰科技股份有限公司与创造者社区（广州）有限公司等侵害发明专利权纠纷案，最高人民法院（2019）最高法知民终830、831、832、833、834、851、881、886、888号民事判决书。

② 另一种可能的解释是，对于并非以侵权为业的侵权人而言，"三费"等间接成本原本可能投入其他合法生产行为，从而构成可扣除与专利侵权行为存在因果关系的机会成本。

　　为了缓和举证困难问题,《最高人民法院关于审理侵犯专利权纠纷案件应用法律若干问题的解释(二)(2020 年修正)》第二十七条规定,"在权利人已经提供侵权人所获利益的初步证据,而与专利侵权行为相关的账簿、资料主要由侵权人掌握的情况下,人民法院可以责令侵权人提供该账簿、资料;侵权人无正当理由拒不提供或者提供虚假的账簿、资料的,人民法院可以根据权利人的主张和提供的证据认定侵权人因侵权所获得的利益"。最高人民法院认为,在营业利润率、"三费"费率认定上,除了可以参考被诉侵权人的账簿、资料,还可参考专利权人或者以同类产品为主营业务的同行业企业的主营业务利润率和"三费"费率。[①]

　　在知识产权侵权纠纷中,我国法院一度不关注"利润分摊"。1992 年发布的《最高人民法院关于审理专利纠纷案件若干问题的解答》(法发〔1992〕3 号,现已失效)规定,侵权人所得利润的计算方法是"侵权人从每件侵权产品(包括使用他人专利方法生产的产品)获得的利润乘以在市场上销售的总数所得之积"。在"艾格福公司诉南京第一农药厂商标侵权纠纷案"中,被告在外包装上使用了侵害原告商标权的标识,法院将被告生产、销售侵权产品的全部所得利润都计入了赔偿额[②],未考虑被告究竟因使用原告商标而多赚取多少利润。

　　目前,情况已经发生了明显的变化。尽管《最高人民法院关于审理侵犯专利权纠纷案件应用法律若干问题的解释(二)(2020 年修正)》第十四条第二款并未突出"分摊原则",但 2009 年发布的《最高人民法院关于审理侵犯专利权纠纷案件应用法律若干问题的解释》(法释〔2009〕21 号)第十六条已经强调:"确定侵权人因侵权所获得的利益,应当限于侵权人因侵犯专利权行为所获得的利益;因其他权利所

　　[①]　参见深圳光峰科技股份有限公司与创造者社区(广州)有限公司等侵害发明专利权纠纷案,最高人民法院(2019)最高法知民终 830、831、832、833、834、851、881、886、888 号民事判决书。

　　[②]　参见艾格福公司诉南京第一农药厂商标侵权纠纷案,江苏省南京市中级人民法院,载《最高人民法院公报》2001 年第 2 期。

产生的利益，应当合理扣除。"

我国法院近年来多强调在侵权利润赔偿规则的适用中应当考虑专利对侵权产品所生利润的贡献率，避免计入与侵权行为并无因果关系的利益。例如，"深圳光峰科技股份有限公司与创造者社区（广州）有限公司等侵害发明专利权纠纷案"①"无锡国威陶瓷电器有限公司、蒋国屏与常熟市林芝电热器件有限公司、苏宁易购集团股份有限公司侵害实用新型专利权纠纷案"②"MCi 荷兰公司与宁波精成车业有限公司等侵害发明专利权纠纷案"③"广州华欣电子科技有限公司、广州诚科商贸有限公司等侵害发明专利权纠纷案"④"北京丹立森宏商贸有限公司等侵害发明专利权纠纷案"⑤等，法院均以"总销售额×产品利润率×侵权行为对产品利润贡献率"的方式认定侵权人的实际不法获益。在利润贡献率的估算上，法院主要参酌案涉专利对侵权产品市场吸引力、竞争力的重要性⑥，以及侵权部分是否属于产品的核心部件⑦，但也有考虑专利部件占被诉侵权产品成本比重的判决⑧。在"兰

---

①　参见深圳光峰科技股份有限公司与创造者社区（广州）有限公司等侵害发明专利权纠纷案，最高人民法院(2019)最高法知民终 830、831、832、833、834、851、881、886、888 号民事判决书。

②　参见无锡国威陶瓷电器有限公司、蒋国屏与常熟市林芝电热器件有限公司、苏宁易购集团股份有限公司侵害实用新型专利权纠纷案，最高人民法院(2018)最高法民再 111 号民事判决书。

③　参见 MCi 荷兰公司与宁波精成车业有限公司等侵害发明专利权案，上海知识产权法院(2021)沪 73 知民初 612 号民事判决书。

④　参见广州华欣电子科技有限公司、广州诚科商贸有限公司等侵害发明专利权纠纷案，最高人民法院(2020)最高法知民终 580 号民事判决书。

⑤　参见北京丹立森宏商贸有限公司等侵害发明专利权纠纷，北京知识产权法院(2019)京 73 民初 1774 号民事判决书。

⑥　参见无锡国威陶瓷电器有限公司、蒋国屏与常熟市林芝电热器件有限公司、苏宁易购集团股份有限公司侵害实用新型专利权纠纷案，最高人民法院(2018)最高法民再 111 号民事判决书；敏华家具制造（惠州）有限公司等与万家沙发贸易（北京）有限公司等侵害外观设计专利权案，北京知识产权法院(2020)京 73 民初 98 号民事判决书；江苏省润生光伏科技有限公司、无锡斯达新能源科技股份有限公司发明专利临时保护期使用费、侵害发明和实用新型专利权纠纷案，最高人民法院(2021)最高法知民终 711 号民事判决书。

⑦　参见深圳光峰科技股份有限公司与创造者社区（广州）有限公司等侵害发明专利权纠纷案，最高人民法院(2019)最高法知民终 830、831、832、833、834、851、881、886、888 号民事判决书。

⑧　参见 MCi 荷兰公司与宁波精成车业有限公司等侵害发明专利权案，上海知识产权法院(2021)沪 73 知民初 612 号民事判决书。

州汶河医疗器械研制开发有限公司、余姚市吉康医疗器械厂侵害发明专利权纠纷案"中,最高人民法院肯定被告实施了故意侵权行为,但仍然认为侵权人的管理成本、税费等可以从侵权利润赔偿额中扣除,主张"侵权人因侵权所获得的利益,可以按照产品销售后的利润进行计算,但在生产经营中,企业的管理成本、税费等属于企业必然产生的成本支出,计算侵权人因侵权所获的利润时应相应减掉"①。

从专利侵权司法实践强调"利润分摊原则"的做法来看,与前文提到的域外情形类似,我国法院适用侵权利润赔偿的主要目的并非为了通过增加侵权成本加大对专利侵权的预防力度,而是为了在专利侵权所致实际损失天然难以量化的背景下给权利人提供一定的补偿。因此,认为知识产权法下的利润剥夺规则主要旨在实现补偿功能的见解是契合现实的。② 但同时,侵权利润赔偿也确实在部分情况下承担了一定的预防功能:在侵权人完全以侵权为业的情况下,法院按照销售利润计算赔偿额,不予扣除"三费",以此增加违法的成本。如此杂糅着两项功能的侵权利润赔偿很容易引起法律适用中的困惑。

二、立法论上的应然选择:侵权利润赔偿的废除

在我国专利侵权救济制度体系中,剥夺责任已经面临着一种角色定位上的尴尬。一方面,对于确有必要预防的故意侵权行为,考虑到专利侵权行为容易被隐匿的特点,剥夺责任往往难以起到充分的预防效果。认为剥夺责任相较惩罚性赔偿较为节制、有利于避免过度威慑的见解③,面对专利侵权"发现不足"问题的现实缺乏说服力。如果认

---

① 参见兰州汶河医疗器械研制开发有限公司、余姚市吉康医疗器械厂侵害发明专利权纠纷案,最高人民法院(2020)最高法知民终 778 号民事判决书。

② 持该种见解者,如杨鸿雁:《论我国民法典无因管理的规范模式》,载《法商研究》2023 年第 4 期。

③ Samuelson P, Golden J M, Gergen M P. Recalibrating the disgorgement remedy in intellectual property cases. Boston University Law Review, 2020(6): 1999-2083.

为剥夺责任的功能在于预防专利侵权行为，借鉴英美司法实践的做法不予进行"衡平扣除"或索性诉诸更严苛的惩罚性赔偿应是更妥当的选择。[①] 另一方面，对于一般的过失专利权侵害行为，有必要着力避免过度预防而导致合法行为受抑制的风险，仍有必要慎用剥夺责任，不宜通过剥夺责任来实现损失补偿的目的。如果为了避免责任过苛而超越因果关系规则分离出了纯粹由专利所贡献的价值（加拿大法院判决允许被告基于其在侵权当时实际上还无法获取的"非侵权替代方案"提出抗辩就有此倾向），所得数额已经接近专利使用利益的客观价值即合理许可费，又使剥夺责任被合理许可费赔偿吞噬。

为了实现适度预防的目标，可以考虑对专利侵权赔偿责任分层：对确有必要预防的故意专利侵权行为，充分考虑专利权易受侵害、专利侵权较为隐蔽的特点，摈弃民事法律体系排斥加重责任的传统，引入更具威慑力的惩罚性赔偿；对一般的专利侵权行为，应当为了避免抑制创新活动、挤压合法行为空间而限制责任严苛程度，不再将侵权人的不法获益作为确定专利侵权赔偿责任的一种方式，而仅允许将侵权人获益作为认定合理许可费数额或法定赔偿额时的考量因素。[②]

在故意专利侵权行为的认定上，应当考虑专利权"公示失败"的问题，避免简单推定"知道专利权存在＝明知侵权风险"或"接到侵权警告函＝明知侵权风险"。[③] 从美国司法实践情况看，从 1983 年的"水下设备公司诉莫里森努森公司案"（Underwater Devices, Inc. v.

---

① 论证《专利法》引入惩罚性赔偿具有必要性的观点，参见徐楠轩：《我国电子商务知识产权保护的挑战与对策研究——以专利侵权责任为视角》，中国政法大学出版社 2016 年版，第 88-93 页。

② 关于合理许可费赔偿数额与侵权人所获利润数额的关系，详见本书第六章。

③ 认为"接到侵权警告函＝明知侵权风险"者，参见徐楠轩：《恶性专利侵权行为的法律规制——兼评〈专利法〉第四次修改》，载《知识产权》2015 年第 1 期。在美国早期实践中，也存在仅因被告收到警告即认定恣意侵权成立的情况，例如 Aro Mfg. Co. v. Convertible Top Replacement Co., 377 U.S. 476, 488-490(1964)。

Morrison-Knudsen Co)起步①,以 2007 年"希捷科技有限责任公司案"（In re Seagate Tech.，LLC)为转折②,再到 2016 年的"光环电子有限公司诉脉冲电子有限公司案"(Halo Elecs.，Inc. v. Pulse Elecs.)③,相关的重要判决均未仅因被告知道专利存在就认定被告故意。由于个案评价专利权公示程度的成本很高,在故意专利侵权的认定方面可参考美国学者的建议,将重点放在侵权人是否抄袭他人专利上。④ 相比较主观上的恶性,抄袭这一事实相对易于认定:与著作权侵权案件中根据"原被告作品实质性相似＋被告接触原告作品的可能性"认定抄袭的原理一致,当双方产品相似度很高,且原告能证明被告有抄袭机会时,应推定故意抄袭他人技术方案成立,转而由被告证明其产品系独立开发成果。以美国司法实践为例,基于原告曾向作为前客户的被告披露技术,或被告曾于展销会观摩原告产品等事实,法院均支持

---

① Underwater Devices, Inc. v. Morrison-Knudsen Co., 717 F. 2d 1380,1390 (Fed. Cir. 1983). 根据该案提出的规则,知道他人专利存在的技术利用人负有合理调查侵权风险的义务,包括在"采取任何可能的侵权活动前,取得适格法律意见"。"合理调查义务"标准看似灵活,但其在实务中被实质上限缩为"咨询外部律师义务":由于企业内部形成的法律意见常被评价为不适格,如果侵权人未能提供外部师事先出具的有利法律意见,即便其曾独立调查侵权,也很难证明其未预见侵权风险是善意合理的。该案认定规则所创设的实质性律师咨询义务产生了诸多负面影响。第一,企业开始要求技术人员避免阅读专利,以免招致调查义务。第二,根据该案提出的标准,专利权人发送警告函通知专利存在就可引起被警告者的合理调查义务,警告与律师咨询成本的巨大落差激励了滥发警告函现象。第三,律师及客户对咨询目的心照不宣,法律咨询功能遭扭曲,律师倾向表达不侵权或专利无效的结论,而客户则有动力向律师隐瞒实情,参见 Lemley M A, Tangri R K. Ending patent law's willfulness game. Berkeley Technology Law Journal, 2003(4): 1085-1125。

② In re Seagate Tech., LLC, 497 F. 3d 1360 (2007). 该案提出,故意专利侵权的构成以侵权人的"客观轻率"为前提,并提出一种分步检验测试。第一步为客观测试,由专利权人证明被告行为"客观上存在侵害有效专利的高度可能性"。满足客观测试的前提下才进入第二步,即主观测试,由权利人进一步证明"前述客观风险为侵权人所明知,或因其显而易见而应为侵权人所知"。这一标准特别突出侵权客观高度风险,弱化对权利人主观心态及行为合理程度的考察,不利于激励技术利用人提高认识能力或借助外部意见预防侵权。

③ Halo Elecs., Inc. v. Pulse Elecs., Inc., 136 S. Ct. 1923 (2016). 该案中,美国联邦最高法院废除此前的分步测试标准,允许法院对应予惩罚的各种过错进行裁量,前提是遵循惩罚性的专利侵权责任"只能适用于恶劣(egregious)案件"。但该案本身也并未提出何谓值得惩罚的"恶劣"行为。

④ Lemley M A, Tangri R K. Ending patent law's willfulness game. Berkeley Technology Law Journal, 2003(4): 1085-1125.

抄袭认定。① "故意抄袭"范围的确比一般故意侵权行为狭窄，但已可以涵盖我国市场上常见的故意仿制他人专利产品的现象，足以威慑故意抄袭他人发明的行为，且不太会引起过度预防的问题：一方面，明知他人专利效力无疑问而仍原样抄袭者，主观恶性明显；另一方面，不同于围绕设计行为(design around，即明知他人发明受专利保护，但试图通过修改技术方案绕过他人专利保护范围)，抄袭行为并无促进新技术产生的积极面向。

在我国知识产权法体系中，2013 年修正的《商标法》最先建立了针对恶意侵权行为的惩罚性赔偿制度。2019 年修正的《商标法》进一步规定了最高五倍的惩罚性赔偿。2020 年第四次修正的《专利法》也已经明文引入惩罚性赔偿制度，于第七十一条第一款后段规定"故意侵犯专利权，情节严重的"，可以按照一般赔偿数额的"一倍以上五倍以下"确定赔偿数额。《民法典》第一千一百八十五条亦规定："故意侵害他人知识产权，情节严重的，被侵权人有权请求相应的惩罚性赔偿。"根据国家知识产权局的调查，2022 年，我国专利侵权诉讼法院判定赔偿(或调解、和解金额)超过 500 万元的比例已上升到 7.0％。② 这为上述的分层规范设计提供了基础。

三、解释论上的权宜之计：侵权利润赔偿的"补偿功能论"

尽管主流学说多从"预防功能论"的角度理解侵权利润赔偿，如前所述，实际上，单纯剥夺实际不法获益的预防力度薄弱，因此英美司法实践上常常为了追求威慑效果而不予扣除违法行为人付出的成本。在专利侵权纠纷中，国内外司法实践常常并不强调预防功能，而更多

---

① Imperium IP Holdings (Cayman), Ltd. v. Samsung Elecs. Co., 2015 U. S. Dist. 77346; Dominion Res. Inc. v. Alstom Grid, Inc., 2016 U. S. Dist. 136728. 另外，隐匿侵权等其他反映主观恶性的证据在故意认定中也可被考虑。

② 参见国家知识产权局：《2022 年中国专利调查报告》，https://www.cnipa.gov.cn/module/download/down.jsp? i_ID=181043&colID=88，最后访问于 2023 年 12 月 1 日。

地将侵权利润赔偿看成是在实际损失难以确定的情况下补偿损失的一种方式,并因此强调要扣除侵权人付出的成本,同时通过"利润分摊原则"来限制剥夺范围。

在不修改现行法的情况下,在适用《专利法》第七十一条的侵权利润赔偿时,应当明确地摈弃"预防功能论",强调仅能按照实际不法获益确定赔偿责任,避免将与侵权并无因果关系的利益纳入剥夺范围。在认定实际不法获益时,应当优先采用"增量法",既允许侵权人提起非侵权替代方案抗辩,也允许权利人主张侵权行为,使侵权人受有减少亏损、节省费用的利益,侵权人、权利人分别承担相应的举证义务。当然,尽管"增量法"在理论上最符合因果关系规则,但要在个案中举证证明侵权人在使用非侵权方案时本可取得何种利益也并非易事,在"增量法"不易操作的场合,延续我国当前司法实践的做法,通过"利润贡献率法"粗略估计实际不法获益的方法作为退而求其次的办法也尚可接受。

在专利侵权纠纷中适用剥夺责任时,侵权法上的减损义务亦应严格适用。根据《民法典》第一千一百七十三条,侵权人对同一损害的发生或者扩大有过错的,可以减轻侵权人的责任。在专利侵权诉讼中,如果侵权人能够举证证明侵权人故意拖延行使权利的,损害扩大部分应从责任数额中扣除。对此,可以以"罗马格紧固件公司诉化石公司案"(Romag Fasteners,Inc. v. Fossil,Inc.)为例。该案中,法院发现权利人早已有合理理由相信并知悉化石公司生产销售的包袋中包含了侵权部件,但是其在之后的几个月都未采取行动,直到"黑色星期五"(类似于我国流行的"双十一"促销日)前一天才向法院申请临时禁令,要求被告下架所有涉嫌侵权的产品,导致化石公司价值400万美元的产品在促销活动期间下架。受理该案的地区法院考虑到权利人故意拖延行使权利,将本应作为紧急措施的临时禁令用于其刻意选择的时点，最终否定了陪审团所认定的侵权利润赔偿数额。[①]

本章小结

违法行为人所取得的利润通常包含了被告自身人力、物力投入所生的利益，因此按照违法行为所生利润确定的责任属于剥夺责任，其功能不仅限于维护权益归属秩序。从英美实践经验和相关学说看，剥夺性的责任主要分为两类：一类适用于被告因对原告负有信义义务、忠诚义务而本身即负有"禁止得利义务"的场合；另一类则适用于为了遏制违法行为，有必要令行为人"得不偿失"的场合。这两类责任在我国民商事法律制度中均有体现，前者如《中华人民共和国公司法》《中华人民共和国信托法》等法律承认的"归入权"，后者如可以从《民法典》无因管理制度中解释出的不法管理规则。

目前，我国学说上大多通过"预防功能论"论证剥夺责任的正当性。但若真的要立足于预防功能论，理想中的剥夺责任制度应当具有高度的裁量性：理论分析表明，何时有必要引入剥夺责任以强化侵权责任的预防功能，取决于侵权人是否具有主观故意、剥夺责任能否起到良好预防效果、剥夺责任预防侵权行为的收益和成本比较等因素。而在何种范围剥夺不法获益才能够起到预期的预防效果，则与相关违法行为是否容易被隐匿、加大预防力度的成本和收益大小等因素相关。因此，剥夺责任在英美司法实践中迄今并未形成统一规则的现状也许是一种必然。

在我国专利法领域，剥夺责任同时负载了侵权预防功能和损失补偿功能。目前看来，将剥夺责任适用于过失专利侵权行为缺乏正当性。对于确有必要着重预防的故意专利侵权行为，《专利法》已经引入

---

① Romag Fasteners, Inc. v. Fossil, Inc. , 29 F. Supp. 3d 107-111 (D. Conn. 2014).

惩罚性赔偿制度予以应对。对于过失专利侵权行为,试图以剥夺责任来替代损失补偿规则的做法虽然能够给予权利人一定的救济,但存在因责任偏于严苛而遏制合法技术利用活动的风险。在《专利法》的未来修正中,建议删去侵权利润赔偿规则,仅将侵权人因侵权行为而取得的利润作为评价侵害人所得使用利益(即合理许可费赔偿数额)的考量因素之一。

第八章　结论:专利侵权不法获益责任的
当下与未来

当专利权的正当性被立基于其积极的社会效果,缺乏充分证据证明专利权确能"通过激励创新促进公共利益"的焦虑成为笼罩专利法学的阴影。专利制度对社会是否利大于弊尚属未知,专利权被侵害时应当如何救济更是众说纷纭。在此背景下,现代专利法的策略是通过私法手段接近公法目的,大体上承袭私法保护有形物权的经验,同时考虑专利权和专利侵权的自身特点,在必要时突破传统。

在建构专利侵权责任制度时,政策制定者面临着一组尖锐的矛盾:一方面,专利侵权不易被发现和被追究的现象客观上为专利侵权人提供了庇护,指向了专利权的易受侵害性以及特别保护专利权的必要性;另一方面,专利权边界"公示失败"、专利侵权责任构成严格化的特殊现象,以及扩大专利垄断的社会成本,又指向限制责任严苛程度以避免抑制合法技术利用行为的需要。故此,不同于传统财产法更多地着眼于权利人对其所有物的支配,专利侵权责任制度不得不特别强调"适度保护权利"和"适度预防侵权"的原则,以免在"维持创新动力"与"保障合法技术获取"的价值间顾此失彼。

此外,专利侵权责任制度的构建还必须直面专利侵权所致实际损害难以量化的现实。当传统损害补偿规则"填平损失"的理想化为泡影,各专利法立法例不得不寻求替代性的赔偿方案,普遍采纳了实际损失补偿、合理许可费赔偿与侵权利润赔偿"三足鼎立"的制度设计。虽然新型赔偿责任规则在专利法的兴起与实际损失补偿规则的适用困境直接相关,却不应因此理所当然地将它们定位为"损害的特别计算方法"。如今实有必要跳脱出认为赔偿责任必以"损害"为中心的定式,重新检视专利侵权赔偿责任的理论基础和法律性质,进而探索更好实现"适度预防"政策目标的救济方案。

　　按照被告不法获益确定责任的做法并非新鲜事物。两大法系中,英美法系对不法获益责任的探索较为丰富。尽管英美法也视"完全赔偿原则"为侵权损害赔偿责任认定的正统,但由于不当得利返还制度发展较晚、主流学说支持"不法获益"和"不当得利"区分论等原因,以被告所获利益为基础确定的"不法获益责任"在英美法国家的司法实践中并不少见,其经验对专利侵权多元赔偿规则具有镜鉴价值。梳理英美不法获益责任的发展脉络可以发现,"任何人不得从不法行为中获益"这一法谚从来没有成为具有拘束力的判例规则,而只是裁判者装饰判决书的一种修辞性表达。究竟怎样的利益才是"因不法行为而取得的利益",怎样的不法获益才能触发责任?

　　虽然英美法也未对上述问题形成共识,我们仍然能够从相关司法实践和学说中找到一些线索,得出一些基本结论。

　　首先,"实际不法获益"最适宜被界定为"实际损失"的对应概念,其数额可以通过与"差额说"呈镜像关系的"增量法"来确定,相当于"被告实施不法行为后所处的利益状况"相较于"被告不实施不法行为时本应所处的利益状况"之增量。为确定"不法行为不发生时的应有利益状况",应当允许被告主张其本会采取的"次好替代方案",将该替代方案所能产生的利益从利益总额中扣除。

　　其次,不法获益责任大致可以区分为"返还性赔偿"和"剥夺性赔偿"两大类。其中,返还性赔偿责任的要义在于"归还",其关注原被告之间不正当的利益流动,旨在令被告将本应归属于原告、但为被告所不当获取的利益"物归原主";剥夺性赔偿责任的核心在于"放弃",旨在令被告向原告交出其通过违法行为取得、但原本未必归属于原告的利益。

返还性赔偿旨在维护权益归属秩序、实现矫正正义，其在英美法中得到认可与不当得利制度在英美法中发展较晚而造成的"留白"密切相关。英美法中的返还性赔偿规则与大陆法系民法中的不当得利制度在许多方面存在相似性，内容也相对明晰、可预测。

剥夺责任可适用于多种案件类型，在侵权案件中主要起到加大违法成本、预防侵权行为的效果。英美法院通常仅对故意违法行为适用剥夺责任，且常常会为了确保预防力度而拒绝考虑侵权人付出的成本以及侵权人人力、物力投入对其所得利益的贡献。与返还性赔偿相比，剥夺责任在英美司法实践中的适用范围、责任标准相当模糊，呈现出高度的裁量性。这不完全是制度发展不成熟的结果：在应然适用范围方面，引入剥夺责任以强化侵权预防效果是否必要和可行取决于多方因素，如权利人是否容易自行采取措施预防侵害风险、侵权人主观上是否存在侵害故意、侵权动机是不是为取得经济利益、加大侵权预防力度的成本收益之比较、停止侵害等其他救济是否足以发挥预防效果等，难以一概而论；在适当的责任范围方面，剥夺责任的预防效果个案差异显著，与侵权行为是否容易被发现和追究、侵权人实施侵害行为的动机、停止侵害等其他法律责任的预防效果等因素均相关，适宜逐案判定。

聚焦专利法领域，专利侵权合理许可费赔偿、侵权利润赔偿均属于不法获益责任，但二者在理论基础、功能定位、责任标准等方面存在差异，应当分别予以检视。

关于专利侵权合理许可费赔偿，有下述各项基本结论。

其一，责任性质方面，专利侵权合理许可费赔偿与一般的许可费赔偿一样属于返还性赔偿责任。未经允许实施他人专利的行为，令侵害人取得在法秩序中本应归属于专利权人的智力成果使用利益，可以构成权益侵害型不当得利，侵害人负有返还使用利益价额的义务。在专利法引入关于参照合理许可费确定赔偿责任的规定，在效果上无异于确认专利侵权人原本就应当负担的不当得利返还义务。《专利法》

第七十一条规定的"倍数许可费赔偿"虽然存在解释空间,但应当认为其等价于比较法上的合理许可费赔偿,即认为"倍数"规定并非旨在制裁侵权人,而仅意在赋予裁判者以裁量余地,令裁判者得以在现实许可交易价格未能体现专利使用利益的客观价值时进行必要的系数调整。

其二,体系定位方面,尽管专利侵权合理许可费赔偿与不当得利返还同样具有返还性,但前者并非独立的请求权基础,而属于侵权赔偿责任制度的一部分,其构成要件亦应按照侵权责任的构成要件确定。因此,尽管不当得利的构成仅要求被告得利"损及原告",主张合理许可费赔偿的专利权人应当证明其受有实际损害;就主观要件而言,若采取当前的主流见解,认为《专利法》对专利侵权责任采取了过错归责原则,则主张合理许可费赔偿的权利人还应证明侵权人具有过错。

从专利侵权诉讼情况看,各国法院对损害和过错的认定采取比较宽松的审查标准,因而合理许可费赔偿相较于不当得利返还义务成立门槛更高这一点并未导致其被架空。这种做法符合专利侵权诉讼的自身规律。就损害要件而言,专利侵权行为会破坏权利人对其智力成果的垄断,势必会对专利权本身的市场价值造成负面影响,确实可以认为专利侵权总会给专利权人带来一定的实际损害,实际损失数额不易确切证明仅应影响实际损失补偿规则的适用。就过错要件而言,个案分析专利权的公示程度进而细致判定侵权风险的可预见性欠缺可操作性。只要能够避免令过失或实质上无过失的侵权人承担过苛的责任,继续以专利登记推定技术利用人应知他人专利权存在的做法当属可行。

其三,功能定位方面,专利侵权合理许可费赔偿的返还性本质决定了其功能以矫正不当得利为主、以补偿损失为辅。尽管合理许可费赔偿的数额可能与权利人所受损害数额相去甚远,但其至少提供了一个相对明晰的救济标准,能够在维护权益归属秩序的同时附带起到一定的损失补救功能,避免专利侵权损害赔偿请求权因为实际损失举证困难而"空洞化"。为了避免"过度预防"效应,也为了防止赔偿标准模糊,应当认为侵权预防功能只是合理许可费赔偿的附带效果,不应为了有力遏制专利侵权行为而刻意提高合理许可费数额。

其四,制度存废方面,在已有不当得利制度的情况下,引入返还性赔偿一般来说并无必要,但是保留专利侵权合理许可费赔偿在现阶段有其实益。当专利权被侵害,无论是原告的所失还是侵权人的所得都不容易举证,将不当得利返还制度变形为"返还性赔偿"作为侵权损害赔偿请求权的内容,能够使权利人得以在不来回变更诉讼请求的情况下尝试按照多种赔偿标准求偿。因此,虽然合理许可费赔偿和不当得利返还并存的做法削弱了私法体系形式上的简洁美感,但其并非一种"谬误"。除非专利侵权损害认定摆脱了严重的适用困境,否则仍然应当例外地保留合理许可费赔偿的规定。

其五,适用关系方面,应当允许权利人在实际损失补偿和合理许可费赔偿之间自由选择。作为将不当得利返还变形为"返还性赔偿"的产物,合理许可费赔偿的适用不应以权利人的实际损失难以确定为前提,《专利法》第七十一条规定权利人仅能在"实际损失难以确定"的情况下主张参照许可使用费确定赔偿责任并不妥当。在未来的《专利法》修正中,应当将合理许可费赔偿规则与实际损失补偿规则置于同一适用顺位,且在不引起重复赔偿的前提下应允许二者的并用。

其六,责任认定方面,尽管合理许可费赔偿和不当得利返还的构成要件、体系位置有别,但在认定专利侵权合理许可费数额时可以类推适用不当得利法的理念和规则。专利侵权合理许可费应当反映侵权人所取得的专利使用利益的客观价值,其数额并非相当于"原告的缔约机会损失",不以"若被告不侵权则原被告本会达成的许可费合意"为标准。为认定专利侵权合理许可费而应用"假设缔约法""市场比较法"等方法时,不应生搬硬套实际损失补偿的逻辑。

适用"假设缔约法"时,可以适用"合理许可费(R)=[利用专利技术时可取得的利润(P)－利用次好替代技术时可取得的利润(P')]×权利人应分享的合理比例(a％)"的公式。在应用该公式时,为了降低举证难度,可以将侵权人的实际获利情况推定为技术利用人使用该专利时的通常获利水平。权利人如认为侵权人所取得的利润过低不能反映专利技术的使用利益客观价值的,应当进一步举证证明。市场上是否已经存在能够起到相同效果的替代技术、利用次好替代技术时可取得怎样的收益,通常应由侵权人举证。例外地,如果权利人认为侵权人的获益表现为"亏损数额的减少",应当举证证明"技术利用人若利用替代技术,亏损数额将会更大"。

适用"市场比较法"时则应注意到,受专利权效力不稳定、边界模糊的特性以及专利许可交易的"诉讼驱动性"影响,现实许可交易中的价格合意常常未能全面体现专利使用利益的客观价值。在参照现实许可交易情况认定合理许可费时,可以对现实许可费进行必要的系数处理,使最终得出的认定结果一方面不具惩罚性,另一方面足以反映专利使用利益的客观价值。这也是本书主张《专利法》第七十一条下的"倍数许可费赔偿"可以仅具有返还性的理论基础。

关于专利侵权利润赔偿,则有下述的基本结论。

其一,在责任性质方面,专利侵权利润赔偿应属于剥夺性赔偿责任,其内容是令侵权人向权利人交出原本并不归属于权利人的利益。

其二,在功能定位方面,更适当的做法是删去侵权利润赔偿,仅将侵权人的不法获益作为认定合理许可费的考量因素。首先,"预防功能论"不足以证成引入独立侵权利润赔偿规则的必要。虽然专利侵权不容易被发现和追究、专利侵权所致损害难以量化等因素确实指向了强化预防力度的积极意义,但强化专利侵权预防力度所产生的诸多社会成本也不容忽视,将预防、威慑对象限于故意专利侵权更契合"适度预防"的政策。尽管着力预防故意专利侵权确有必要,但由于专利侵权行为具有隐蔽性,单纯剥夺不法获益往往不足以预防、威慑故意侵害行为。惩罚性赔偿制度威慑力更强,且允许法院根据个案侵权行为的情节严重程度倍数调整责任数额,更适宜担当预防故意专利侵权行为的功能。在《专利法》第七十一条已引入惩罚性赔偿制度的背景下,没有必要再赋予剥夺责任以侵权预防功能。其次,"补偿功能论"同样不足以支持规定侵权利润赔偿的必要性。当前,各专利法立法例和相关司法实践普遍允许将侵权利润赔偿适用于过失侵权,但同时多强调"利润分摊"原则,主张侵权人自身人力、物力投入所贡献的利益不应计入责任范围。与一般的剥夺责任相比,专利法中的侵权利润赔偿在实践中的"预防功能"属性偏弱,"补偿功能"属性明显。如果严格贯彻"利润分摊"原则,并在认定实际不法获益时采取倾向侵权人的政策立场,侵权利润赔偿和合理许可费返还的落差将减小,这可以解释当前各专利法立法例普遍未区分专利侵权利润赔偿、合理许可费赔偿构成要件的原因。但是以剥夺责任补偿损失的做法仍然容易引起令侵权责任过苛的风险,为了更好落实"适度预防"的政策,更稳妥的办法仍是删去专利侵权利润赔偿规则,仅将侵权行为所生的利润作为评估合理许可费的考量因素。

其三,在责任认定方面,在不修改现行法的背景下,在适用《专利法》第七十一条的侵权利润赔偿时应当认为该规则的功能应在于补偿损失而非预防专利侵权,强调严格贯彻"利润分摊原则"的必要性,使责任范围限于专利侵权所生实际不法获益。

综合上述基本结论,本书建议对《专利法》第七十一条作出下述方面的修改。一是保留参照许可费确定赔偿额的规则,但删去"倍数"的规定,正式采纳"合理许可费"的术语。二是调整多元赔偿规则的适用顺位,允许专利权人在实际损失补偿规则和合理许可费赔偿规则中择一适用,并允许在不引起重复赔偿的前提下一并适用。三是去除侵权利润赔偿规则,仅将侵权人所得利润作为认定合理许可费的考量因素,同时保留惩罚性赔偿规则,由惩罚性赔偿而非侵权利润赔偿承担预防、威慑故意专利侵权行为的功能。相应的法条表述可以是:"侵犯专利权的赔偿数额按照权利人因被侵权所受到的实际损失或者参照该专利的合理许可费确定,以不构成重复赔偿为限,受害人可以同时主张合理许可费返还与实际损失补偿。赔偿数额还应当包括权利人为制止侵权行为所支付的合理开支。对故意侵犯专利权,情节严重的,可以在按照上述方法确定数额的一倍以上五倍以下确定赔偿数额。"

在权利人实际损失不容易确切证明的背景下,由于合理许可费的数额可能小于实际损失,上述规则确实在一定程度上容忍了补偿不完全的问题。但整体来看,在"完全赔偿"的目标客观上难以贯彻的当下,依托上述规定,专利侵权赔偿责任制度体系有望达成一种动态的利益平衡以实现"适度预防"的目标:在侵权人仅具有过失(甚至因专利权"公示失败"而过失轻微甚至实质上无过失)的案件中,应在确保权利人至少可以主张合理许可费的基础上,着力避免责任过苛,强调保障技术获取自由;在故意侵权案件中,则突破民事责任通常不具惩罚性的传统,令侵权人承担加重侵权责任,从而不仅着力预防、威慑故意侵害行为,还在一定程度上缓解专利权人在非故意侵权案件中可能未被充分赔偿的问题。

本书建构的上述专利侵权救济制度仍然采用了私法中长期存在的"补偿""返还"等元素,认为在现阶段试图将传统私法的影响从专利制度中清除是不明智的。但是借鉴私法的经验只是手段不是目的,传统做法也不应当成为束缚专利侵权救济制度发展的枷锁。未来如有充分证据表明其他形态的专利侵权责任制度更适宜达成激励创新、促进公益的效果,即便这样的制度违背不符合直觉(例如,假设证据表明,在特定社会经济背景下,专利侵权纠纷更适宜采用"损害不完全补偿"或"不当得利不完全返还"制度),仍有采用该制度的必要。

面对各种可能相互冲突、令人眼花缭乱的立法建议,学说上已经提出了一些针对专利侵权责任制度建构的基本原则,无论专利侵权不法获益责任制度往何处去,下述基本原则都可以为制度的进一步演进提供一些指引。

其一,"非绝对原则"。专利制度效用具有技术偶然性和经济偶然性,一项规范在某一领域、某一时期行之有效,在另一领域、另一时期却可能化橘为枳。① 因此,虽然本书在一般意义上探讨专利侵权救济方案,但也不排斥针对特定语境作出特别处理。例如,假如某类产品涉及的专利技术数量相当多、权属复杂,导致技术利用人需以明显高于平均水平的成本查找权利人并寻求许可,此时可以倾向于限制侵权责任,从而更契合"适度预防"的原则。又如,如果某类技术尤为难以通过权利要求书上的文字表达,不排除适当减轻不知情侵权者的责任以激励权利人加强公示。相反,如果特定专利技术的性质(如技术利用方式特别隐蔽)、相关产品市场特点(如市场中存在大量分散潜在侵权人)导致权利人更难发现并追究侵权,可以通过适当加重侵权责任以激励潜在侵权人寻求许可。② 当前专利侵权停止侵害救济的裁量化趋势就是"非绝对原则"的一个体现。

其二,"非歧视原则"。根据"非绝对原则"视个案情况进行差异化处理,不等于要系统性地歧视特定类型的当事人。为了更好实现专利法激励创新、促进社会发展的立法目的,专利侵权责任制度原则上应当保持商业模式中立,避免受特定私益或社会成见的影响。例如,虽然不少"非实施主体"(non-practicing entities)通过滥发侵权警告函、恶意诉讼等方式获取利益,但若在规范层面预先限制"非实施主体"取得禁令救济的权利则属于一种欠缺根据的歧视性制度,未必有利于公共利益。③ 又如,在美国司法实践中,法院在倾向于限制"非实施主体"获取禁令救济的背景下,例外地优待科研机构,预设科研机构会将通过禁令救济"撬动"的高额和解金用于有益社会的创新活动④,然而这

---

① Golden J M. Principles for patent remedies. Texas Law Review, 2009(3): 505-592.

② Golden J M. Principles for patent remedies. Texas Law Review, 2009(3): 505-592.

③ Golden J M. Principles for patent remedies. Texas Law Review, 2009(3): 505-592.

④ 参见 Commonwealth Scientific & Indus. Research Org. v. Buffalo Tech. Inc., 492 F. Supp. 2d 600, 607 (E.D. Tex. 2007)。

种对科研机构的信任可能是受社会成见影响而非理性分析的结果。不过,"非歧视原则"并不绝对禁止区别对待,如果有充分实证证据支持区别对待的必要性,本着专利法社会本位的立法目的,非中立的制度仍然可以被允许。此外还须明确的是,考察一项制度是否具有歧视性应着眼于规范内容本身而非适用效果。① 例如,根据美国衡平法上有关禁令救济的判例规则,法院是否准予禁令救济的主要考量因素之一是"拒绝禁令救济是否会给权利人造成不可挽回的损失"。鉴于"非实施主体"主要依靠许可费收入取得回报,其会因未取得禁令救济而遭受"不可挽回损失"的情况客观上更少,此时不能说"不可挽回的损失"规则构成对"非实施主体"的歧视。

其三,"实验原则"。受私法传统的影响,知识产权法注重权利保障,通过拓展既有权利应对技术变革,欠缺体系层面的反思与突破。稳定、简洁、易懂的专利法立法与司法对创新行业的风险控制与行为决策无疑非常重要,但鉴于不同地域、环境、技术对于专利政策可能有不同需求,教条地强调统一性与安定性也并不可取。实验性实践是应对不确定性所致治理困境的一种手段,就专利制度而言,也有学者主张,当前着力讨论专利制度在整体上是否利大于弊是提出了一个错误的问题②,可以采取实验主义的立场,尝试对特定地域、环境或技术采取更具针对性的方案,根据局部试点的反馈情况逐步调整制度全局③。

其四,"学习原则"。政策实验的成效如何需要以实证数据检验,而目前阻碍专利侵权责任制度改进的一大因素是缺乏实证数据。因此,有学者倡导"学习原则",主张专利侵权责任的制度设计本身要蕴含促进信息披露的机制,以便为其后续的制度改进提供基础的实证数

① Golden J M. Principles for patent remedies. Texas Law Review, 2009(3): 505-592.
② Ouellette L L. Patent experimentalism. Virginia Law Review, 2015(1):65-128.
③ Ouellette L L. Patent experimentalism. Virginia Law Review, 2015(1):65-128; Wu T. Intellectual property experimentalism by way of competition law. Competition Policy International, 2013(2): 30-40.

据支撑。① 例如,在其他条件相当时,专利侵权纠纷中的举证义务分配应该鼓励有用信息的制作与披露,负担举证义务的当事人通常就应当是掌握了相关信息的那一方当事人,即所谓"最佳信息提供者"。② "非绝对原则"与"非歧视原则"均和"学习原则"相辅相成:"非绝对原则"意味着当事人需提供更多证据来证明其所主张,当例外被大量地证明,既有规则最终将被渐进地修正;"非歧视原则"则会鼓励新的商业模式,从而激发新的实证信息。③

其五,"可操作原则"。考虑到技术市场的复杂性,专利侵权救济制度的设计和适用应当注重精确性与效率性的平衡,为精确认定责任数额而付出的成本不应大于其社会利益。④ 可操作性目标可能有多种实现途径。一是调节规范粗细程度。在现实市场中,技术利用人不可能在作出每一个行为决策前展开精密的成本收益分析,试图以法律责任引导当事人行为时,没有必要追求比私人主体决策还更为精确的结论;即便能够精确地认定赔偿额,其益处也会因为私人主体在市场上必须基于模糊预期而行为的现实情况被抵消。⑤ 二是调节规范复杂程度。专利侵权责任制度应当具有透明度,从而确保适用结果对当事人的可预见性。过于复杂的制度可预见性差,对于一般的市场参与者难以起到指引作用。

---

① Golden J M. Principles for patent remedies. Texas Law Review, 2009(3): 505-592.

② 如果法律允许已尽合理调查义务的侵权人减轻责任,则应由侵权人承担曾进行合理调查的举证义务,如此才能促使技术利用人制作、保存并披露在先权利检索的记录,为立法者了解专利权"公示失败"的真实情况提供实证依据。

③ Ouellette L L. Patent experimentalism. Virginia Law Review, 2015(1): 65-128; Golden J M. Principles for patent remedies. Texas Law Review, 2009(3): 505-592.

④ Cotter T F. Comparative Patent Remedies: A Legal and Economic Analysis. New York: Oxford University Press, 2013: 65-66.

⑤ Golden J M. Principles for patent remedies. Texas Law Review, 2009(3): 505-592. 要在何种程度上根据不同技术种类、技术利用环境的特点细化专利侵权责任制度,仍有重大的争议,但可以肯定,过于精细的专利侵权责任规范并不必要。

参考文献

阿蒂亚:《"中彩"的损害赔偿》,李利敏,李昊译,北京大学出版社 2012 年版。

陈凌云:《论英美合同法之违约获益赔偿责任》,载《环球法律评论》2010 年第 3 期。

陈现杰:《〈民法典〉第 1182 条(侵害他人人身权益造成财产损失的赔偿)评注》,载《中国应用法学》2023 年第 3 期。

陈自强:《民法典不当得利返还责任体系之展开》,载《法学研究》2021 年第 4 期。

程啸,王丹:《损害赔偿的方法》,载《法学研究》2013 年第 3 期。

程啸:《侵权责任法》,法律出版社 2015 年版。

崔国斌:《专利法:原理与案例》,北京大学出版社 2016 年版。

崔建远,陈进:《债法总论》,法律出版社 2021 年版。

党晓林:《我国专利侵权损害赔偿数额计算方式之探讨》,载《知识产权》2017 年第 10 期。

德霍斯:《知识财产法哲学》,周林译,商务印书馆 2008 年版。

邓志红,余翔:《再论知识产权的性质——一种权利结构的视角》,载《知识产权》2018 年第 2 期。

杜景林,卢谌:《德国民法典评注:总则·债法·物权》,法律出版社 2011 年版。

范晓波:《知识产权的价值与侵权损害赔偿》,知识产权出版社 2016 年版。

冯德淦:《获利返还制度的法理研究》,载《法制与社会发展》2023 年第 1 期。

冯晓青,刘淑华:《试论知识产权的私权属性及其公权化趋向》,载《中国法学》2004 年第 1 期。

国家知识产权局:《2022 年度专利实施许可统计数据》,https://www. gov. cn/
　　zhengce/zhengceku/202309/P020230925431015628793. pdf,最后访问于 2023 年
　　12 月 1 日。

国家知识产权局条法司:《新专利法详解》,知识产权出版社 2001 年版。

和育东:《非法获利赔偿制度的正当性及适用范围》,载《法学》2018 年
　　第 8 期。

和育东:《美国专利侵权救济》,法律出版社 2009 年版。

洪国盛:《论〈个人信息保护法〉第 69 条的适用——以所获利益的损害赔偿与
　　事实因果关系证明为核心》,载《法律适用》2023 年第 9 期。

胡朝阳:《知识产权的正当性分析——法理和人权法的视角》,人民出版社
　　2007 年版。

胡晶晶:《知识产权"利润剥夺"损害赔偿请求权基础研究》,载《法律科学(西
　　北政法大学学报)》2014 年第 6 期。

黄赤橙:《得利丧失抗辩研究——以〈民法典〉第 986 条为中心》,载《华东政法
　　大学学报》2022 年第 6 期。

黄芬:《人格权侵权中的许可使用费赔偿研究》,载《社会科学》2020 年
　　第 1 期。

黄茂荣:《债法通则之四:无因管理与不当得利》,厦门大学出版社 2014 年版。

黄薇主编:《中华人民共和国民法典释义》,法律出版社 2020 年版。

黄武双,黄骥:《以美国规则为借鉴计算商标权人的实际损失》,载《人民司法
　　(应用)》2015 年第 15 期。

蒋舸:《论知识产权许可费损失的计算》,载《东南法学》2020 年第 1 期。

蒋舸:《著作权法与专利法中"惩罚性赔偿"之非惩罚性》,载《法学研究》2015
　　年第 6 期。

蒋华胜:《知识产权损害赔偿的市场价值与司法裁判规则的法律构造》,载
　　《知识产权》2017 年第 7 期。

金可可:《〈民法典〉无因管理规定的解释论方案》,载《法学》2020 年第 8 期。

考茨欧,威尔科克斯:《惩罚性赔偿金:普通法与大陆法的视角》,窦海阳译,
　　中国法制出版社 2012 年版。

李承亮:《多元赔偿责任论》,载《法学评论》2020 年第 5 期。

李承亮:《侵权赔偿体现知识产权价值的民法原理》,载《法学研究》2022 年第 3 期。

李昊:《损害概念的变迁及类型建构——以民法典侵权责任编的编纂为视角》,载《法学》2019 年第 2 期。

李明德主编:《知识产权法》,北京师范大学出版社 2011 年版。

李扬:《知识产权法总论》,中国人民大学出版社 2008 年版。

李语湘:《比较法视角下英美返还法的结构与功能研究》,中国政法大学出版社 2015 年版。

梁志文:《知识产权侵权损害赔偿计算方法的制度重构》,载《法治研究》2023 年第 2 期。

刘春田主编:《知识产权法》,中国人民大学出版社 2014 年版。

刘言浩:《不当得利法的形成与展开》,法律出版社 2013 年版。

缪宇:《获利返还论——以〈侵权责任法〉第 20 条为中心》,载《法商研究》2017 年第 4 期。

缪宇:《作为损害赔偿计算方式的合理许可使用费标准》,载《武汉大学学报(哲学社会科学版)》2019 年第 6 期。

欧洲民法典研究组,欧盟现行私法研究组编著:《欧洲私法的原则、定义与示范规则:欧洲示范民法典草案(全译本:第 5 卷、第 6 卷、第 7 卷)》,王文胜等译,法律出版社 2014 年版。

齐爱民:《知识产权法总则》,武汉大学出版社 2011 年版。

阮开欣:《解读美国专利侵权损害赔偿计算中的合理许可费方法》,载《中国发明与专利》2012 年第 7 期。

舍尔迈尔:《德国不当得利法当前存在的问题》,朱晓峰译,载《财经法学》2015 年第 2 期。

石佳友,郑衍基:《侵权法上的获利返还制度——以〈民法典〉第 1182 条为中心》,载《甘肃政法大学学报》2020 年第 6 期。

孙良国:《论人身权侵权获益赔偿的性质、功能与适用》,载《法律科学(西北政法大学学报)》2011 年第 4 期。

孙远钊:《〈著作权法(修订草案送审稿)〉修改与完善建议》,载《交大法学》2015 年第 1 期。

塔玛纳哈:《法律工具主义:对法治的危害》,陈虎,杨洁译,北京大学出版社2016 年版。

瓦格纳:《损害赔偿法的未来——商业化、惩罚性赔偿法、集体性损害》,王程芳译,中国法制出版社 2012 年版。

王景,高燕梅:《知识产权损害赔偿评估》,知识产权出版社 2016 年版。

王利明:《侵权获利返还若干问题探讨——兼评民法典分编草案二审稿第959 条》,载《广东社会科学》2019 年第 4 期。

王利明:《侵权责任法研究》,中国人民大学出版社 2016 年版。

王迁,谈天,朱翔:《知识产权侵权损害赔偿:问题与反思》,载《知识产权》2016 年第 5 期。

王若冰:《论获利返还请求权中的法官酌定——以〈侵权责任法〉第 20 条为中心》,载《当代法学》2017 年第 4 期。

王怡苹:《著作权损害赔偿之再建构:以德国法为镜鉴》,载《台大法学论丛》2015 年第 3 期。

王泽鉴:《不当得利》,北京大学出版社 2015 年版。

王泽鉴:《不当得利类型论与不当得利法的发展——建构一个可操作的规范模式(下)》,载《甘肃政法学院学报》2015 年第 6 期。

王泽鉴:《民法物权》,北京大学出版社 2010 年版。

王泽鉴:《损害赔偿》,北京大学出版社 2017 年版。

吴国喆:《〈民法典〉不当得利制度的返还规则续造》,载《法律科学(西北政法大学学报)》2023 年第 2 期。

吴汉东:《知识产权侵权诉讼中的过错责任推定与赔偿数额认定——以举证责任规则为视角》,载《法学评论》2014 年第 5 期。

吴汉东:《知识产权损害赔偿的市场价值基础与司法裁判规则》,载《中外法学》2016 年第 6 期。

吴汉东主编:《知识产权法》,法律出版社 2009 年版。

谢科特,托马斯:《专利法原理》,余仲儒编译,知识产权出版社 2016 年版。

谢在全:《民法物权论》,中国政法大学出版社 1999 年版。

徐建刚:《论使用可能性丧失的损害赔偿》,载《法商研究》2018 年第 2 期。

徐楠轩:《恶性专利侵权行为的法律规制——兼评〈专利法〉第四次修改》,载《知识产权》2015 年第 1 期。

徐楠轩:《我国电子商务知识产权保护的挑战与对策研究——以专利侵权责任为视角》,中国政法大学出版社 2016 年版。

徐小奔:《论专利侵权合理许可费赔偿条款的适用》,载《法商研究》2016 年第 5 期。

徐小奔:《知识产权损害赔偿计算中的法律解释问题》,湖北人民出版社 2019 年版。

徐银波:《论侵权损害完全赔偿原则之缓和》,载《法商研究》2013 年第 3 期。

徐银波:《论侵权行为形态的嬗变与赔偿理念的现代化——兼论〈侵权责任法〉第 20 条的适用》,载《私法研究》2015 年第 1 期。

杨鸿雁:《论我国民法典无因管理的规范模式》,载《法商研究》2023 年第 4 期。

杨立新:《侵权损害赔偿》,法律出版社 2016 年版。

杨明:《知识产权制度与知识财产创造者的行为选择》,载《中外法学》2012 年第 4 期。

杨耀天:《论不适法无因管理的适用——以〈民法典〉第 980 条为中心》,载《法律适用》2022 年第 8 期。

叶金强:《论侵权损害赔偿范围的确定》,载《中外法学》2012 年第 1 期。

叶名怡:《不当得利法的希尔伯特问题》,载《中外法学》2022 年第 4 期。

尹新天:《中国专利法详解》,知识产权出版社 2011 年版。

岳业鹏:《论人格权财产利益的法律保护——以〈侵权责任法〉第 20 条为中心》,载《法学家》2018 年第 3 期。

曾世雄:《损害赔偿法原理》,中国政法大学出版社 2001 年版。

詹映:《我国知识产权侵权损害赔偿司法现状再调查与再思考——基于我国 11984 件知识产权侵权司法判例的深度分析》,载《法律科学(西北政法大学学报)》2020 年第 1 期。

张谷:《论〈侵权责任法〉上的非真正侵权责任》,载《暨南学报(哲学社会科学版)》2010 年第 3 期。

张家勇:《基于得利的侵权损害赔偿之规范再造》,载《法学》2019 年第 2 期。

张玲:《论专利侵权赔偿损失的归责原则》,载《中国法学》2012 年第 2 期。

张鹏:《日本专利侵权损害赔偿数额计算的理念与制度》,载《知识产权》2017 年第 6 期。

张鹏:《专利侵权损害赔偿制度研究——基本原理与法律适用》,知识产权出版社 2017 年版。

张玉东:《"获益剥夺"规范意义的再审视——以〈民法典〉第 1182 条前半段规定为分析对象》,载《现代法学》2022 年第 5 期。

张玉敏,杨晓玲:《美国专利侵权诉讼中损害赔偿金计算及对我国的借鉴意义》,载《法律适用》2014 年第 8 期。

张玉敏主编:《知识产权法学》,法律出版社 2011 年版。

赵锐:《开放许可:制度优势与法律构造》,载《知识产权》2017 年第 6 期。

郑成思:《知识产权论》,法律出版社 2003 年版。

郑成思:《中国侵权法理论的误区与进步——写在〈专利法〉再次修订与〈著作权法〉颁布十周年之际》,载《中国工商管理研究》2001 年第 2 期。

郑晓剑:《侵权损害完全赔偿原则之检讨》,载《法学》2017 年第 12 期。

郑玉波:《民法总则》,中国政法大学出版社 2003 年版。

中国人民大学知识产权教学与研究中心,中国人民大学知识产权学院:《十二国专利法》,《十二国专利法》翻译组译,清华大学出版社 2013 年版。

朱冬:《创新政策视野下的知识产权侵权损害赔偿——功能定位与规则调试》,载《网络法律评论》2020 年辑刊。

朱广新:《惩罚性赔偿制度的演进与适用》,载《中国社会科学》2014 年第 3 期。

朱理:《专利侵权损害赔偿计算分摊原则的经济分析》,载《现代法学》2017 年第 5 期。

朱庆育:《民法总论》,北京大学出版社 2016 年版。

朱岩:《利润剥夺的请求权基础——兼评〈中华人民共和国侵权责任法〉第 20

条》，载《法商研究》2011 年第 3 期。

Ayres I, Klemperer P. Limiting patentee's market power without reducing innovation incentives: The perverse benefits of uncertainty and non-injunctive remedies. Michigan Law Review, 1999(4): 986-1033.

Balganesh S. Intellectual Property and the Common Law. Cambridge: Cambridge University Press, 2013.

Balganesh S. Quasi-property: Like, but not quite property. University of Pennsylvania Law Review, 2011(7): 1889-1925.

Barnett K. Accounting for Profit for Breach of Contract: Theory and Practice. Oxford: Bloomsbury Publishing, 2012.

Beatson J. The Use and Abuse of Unjust Enrichment. Oxford: Clarendon Press, 1991.

Bensen E E, White D M. Using apportionment to rein in the georgia-pacific factors. Science and Technology Law Review, 2008(9): 1-46.

Berry C, Arad R. Patent litigation study: Change on the horizon? https://www. pwc. com/us/en/forensic-services/publications/assets/2017-patent-litigation-study. pdf,最后访问于 2023 年 12 月 1 日。

Bessen J, Meurer M J. Patent Failure: How Judges, Bureaucrats, and Lawyers Put Innovators at Risk. Princeton: Princeton University Press, 2008.

Birks P. An Introduction to the Law of Restitution. Oxford: Clarendon Press, 1989.

Birks P. The Foundations of Unjust Enrichment: Six Centennial Lectures. Wellington: Victoria University Press, 2012.

Birks P. Unjust enrichment and wrongful enrichment. Texas Law Review, 2001(7): 1767-1794.

Birks P. Unjust Enrichment. 2nd ed. Oxford: Clarendon Press, 2005.

Birks P. Wrongs and Remedies in the Twenty-first Century. Oxford: Oxford University Press, 1996.

Blair R D, Cotter T F. Intellectual Property: Economic and Legal

Dimensions of Rights and Remedies. Cambridge: Cambridge University Press, 2005.

Bornkamm J. Intellectual property litigation under the civil law legal system: Experience in Germany. WIPO Advisory Comittee on Enforcement, 2004.

Burk D L, Lemley M A. Policy levers in patent law. Virginia Law Review, 2003(7): 1575-1696.

Burk D L, Lemley M A. Quantum patent mechanics. Lewis and Clark Law Review, 2005(1): 29-56.

Burrows A, Rodger A. Mapping the Law: Essays in Memory of Peter Birks. Oxford: Oxford University Press, 2006.

Burrows A. Quadrating restitution and unjust enrichment: A matter of principle. Restitution Law Review, 2000(3): 257-269.

Burrows A. The Law of Restitution. 3rd ed. Oxford: Oxford University Press, 2011.

Calabresi G, Melamed A D. Property rules, liability rules, and inalienability: One view of the cathedral. Harvard Law Review, 1972 (6): 1089-1128.

Campbell D, Wylie P. Ain't no telling (which circumstances are exceptional). The Cambridge Law Journal, 2003(3): 605-630.

Carroll M W. One of all: The problem of uniformity cost in intellectual property law. American University Law Review, 2008(4): 848-900.

Chu C A. Empirical analysis of the federal circuit's claim construction trends. Berkeley Technology Law Journal, 2001(3): 1075-1164.

Claeys E R. Property 101: Is property a thing or a bundle? Seattle University Law Review, 2009(3): 617-648.

Coleman J L, Kraus J. Rethinking the theory of legal rights. The Yale Law Journal, 1986(7): 1335-1371.

Contreras J L, Eixenberger M A. Model jury instructions for reasonable royalty patent damages. Jurimetrics, 2016(1): 1-24.

Cotropia C A, Lemley M A. Copying in patent law. North Carolina Law Review, 2009(5): 1421-1466.

Cotter T F. Comparative Patent Remedies: A Legal and Economic Analysis. New York: Oxford University Press, 2013.

Cotter T F. Patent damages heuristics. Texas Intellectual Property Law Journal, 2018(2): 16-21.

Dagan H. The public dimension of private property. King's Law Journal, 2013(2):260-288.

Dagan H. Unjust Enrichment: A Study of Private Law and Public Values. Cambridge: Cambridge University Press, 1997.

Dannemann G. The German Law of Unjustified Enrichment and Restitution. Oxford: Oxford University Press, 2009.

Denicolò V, Geradin D, Layne-Farrar A, et al. Revisiting injunctive relief: Interpreting eBay in high-tech industries with non-practicing patent holders. Journal of Competition Law and Economics, 2008(3): 571-608.

Devlin A J. The misunderstood function of disclosure in patent law. Harvard Journal of Law and Technology, 2010(2): 401-446.

Durie D J, Lemley M A. A structured approach to calculating reasonable royalties. Lewis and Clark Law Review, 2010(2): 627-651.

Edelman J. Gain-based Damages: Contract, Tort, Equity and Intellectual Property. Oxford: Hart Publishing, 2002.

Edelman J. The measure of restitution and the future of restitutionary damages. Restitution Law Review, 2010(18): 1-13.

Edelman J. Unjust enrichment, restitution, and wrongs. Texas Law Review, 2001(7): 1869-1878.

Efroni Z. Access-right. Oxford: Oxford University Press, 2010.

Eisenberg M A. The disgorgement interest in contract law. Michigan Law Review, 2006(3): 559-602.

Epstein R A. Liberty versus property? Cracks in the foundations of copyright law. San Diego Law Review, 2005(1): 1-28.

Epstein R A. Private and Common Property. New York: Routledge, 2013.

Farnsworth E A. Your loss or my gain? The dilemma of the disgorgement principle in breach of contract. The Yale Law Journal, 1985 (6): 1339-1393.

Frischmann B M, Lemley M A. Spillovers. Columbia Law Review, 2007 (1): 257-301.

Gajarsa A J, Lee W F, Melamed A D. Breaking the georgia-pacific habit: A practical proposal to bring simplicity and structure to reasonable royalty damages determinations. Texas Intellectual Property Law Journal, 2018(2): 51-111.

Gallini N, Scotchmer S. Intellectual property: When is it the best incentive system? Innovation Policy and the Economy, 2002(2): 51-77.

Gergen M P. Causation in disgorgement. Boston University Law Review, 2012(3): 827-857.

Giglio F. Restitution for wrongs: A structural analysis. Canadian Journal of Law & Jurisprudence, 2007(1): 5-34.

Giglio F. The Foundations of Restitution for Wrongs. Oxford: Hart Publishing, 2007.

Gilboa M. Linking gains to wrongs. Canadian Journal of Law & Jurisprudence, 2022(2): 365-383.

Glick M A, Mangum D G. The economics of reasonable royalty damages: The limited, proper role of the so-called analytical method. The John Marshall Law Review, 2015(1): 1-38.

Goff R, Jones G. The Law of Restitution. 5th ed. London: Sweet & Maxwell, 1998.

Golden J M, Sandrik K E. A restitution perspective on reasonable royalties. The Review of Litigation, 2017(2): 335-377.

Golden J M. Principles for patent remedies. Texas Law Review, 2009(3): 505-592.

Gordon W J. Of harms and benefits: Torts, restitution, and intellectual property. The Journal of Legal Studies, 1992(2): 449-482.

Grey T C. The disintegration of property. Nomos, 1980(22): 69-85.

Hasbrouck M J. Protecting the gates of reasonable royalty: A damages framework for patent infringement cases. John Marshall Review of Intellectual Property Law, 2011(1): 192-216.

Heath C, Petit L. Patent Enforcement Worldwide: A Survey of 15 Countries, Writings in Honour Dieter Stauder. Oxford: Hart Publishing, 2005.

Hohfeld W N. Fundamental legal conceptions as applied in judicial reasoning. The Yale Law Journal, 1917(8): 710-770.

Holbrook T R. Patents, presumptions, and public notice. Indiana Law Journal, 2011(3): 779-826.

Hondius E, Janssen A. Disgorgement of Profits: Gain-based Remedies throughout the World. Switzerland: Springer, 2015.

Howe H R, Griffiths J. Concepts of Property in Intellectual Property Law. Cambridge: Cambridge University Press, 2013.

Jackman I M. Restitution for wrongs. The Cambridge Law Journal, 1989(2): 302-321.

Jaffey P. Duties and liabilities in private law. Legal Theory, 2006(2): 137-156.

Jaffey P. Licence fee damages. Restitution Law Review, 2011(21): 95-111.

Jaffey P. The Nature and Scope of Restitution. Oxford: Hart Publishing, 2000.

Jarosz J C, Chapman M J. The hypothetical negotiation and reasonable royalty damages: The tail wagging the dog. Stanford Technology Law Review, 2012(3): 769-819.

Katz A. Virtue ethics and efficient breach. Suffolk University Law Review, 2012(3): 777-799.

Landes W M, Posner R A. The Economic Structure of Intellectual Property Law. Cambridge: Harvard University Press, 2003.

Laycock D. Scope and significance of restitution. Texas Law Review, 1988 (5): 1277-1293.

Laycock D. The Death of the Irreparable Injury Rule. Oxford: Oxford University Press, 1991.

Lee W F, Melamed A D. Breaking the vicious cycle of patent damages. Cornell Law Review, 2015(2): 385-466.

Lemley M A, Shapiro C. Patent holdup and royalty stacking. Texas Law Review, 2006(7): 1991-2049.

Lemley M A, Shapiro C. Probabilistic patents. The Journal of Economic Perspectives, 2005(2): 75-98.

Lemley M A, Tangri R K. Ending patent law's willfulness game. Berkeley Technology Law Journal, 2003(4):1085-1125.

Lemley M A. Distinguishing lost profits from reasonable royalties. William and Mary Law Review, 2009(2): 655-675.

Lemley M A. Ready for patenting. Boston University Law Review, 2016 (3): 1171-1195.

Lemley M A. Taking the regulatory nature of IP seriously. Texas Law Review, 2014(92): 107-119.

Love B J. The Misuse of reasonable royalty damages as a patent infringement deterrent. Missouri Law Review, 2009(4): 909-910.

Machlup F. An Economic Review of the Patent System. Washington: United States Government Printing Office, 1958.

McInnes M. Gain, loss and the user principle. Restitution Law Review,

2006(14): 76-92.

Meier-Beck P. Damages for patent infringement according to German law: Basic principles, assessment and enforcement. International Review of Intellectual Property and Competition Law, 2004(2):113-124.

Merges R P, Duffy J F. Patent Law and Policy: Case and Materials. 8th ed. Durham: Carolina Academic Press, 2021.

Merges R P, Nelson R R. On the omplexdconomics of patent scope. Columbia Law Review, 1990(4): 839-916.

Merges R P. One hundred years of solicitude: Intellectual property law, 1900-2000. California Law Review, 2000(6): 2187-2240.

Merrill T W, Smith H E. Property. New York: Foundation Press, 2007.

Merrill T W, Smith H E. What happened to property in law and economics? The Yale Law Journal, 2001(2): 357-398.

Merrill T W. Property and the right to exclude. Nebraska Law Review, 1998(4): 730-755.

Monsen E. DCFR and restitution for wrongs. European Review of Private Law, 2010(4): 813-822.

Mossoff A. Exclusion and exclusive use in patent law. Harvard Journal of Law and Technology, 2009(2): 321-379.

Newman P. The federal circuit: Judicial stability or judicial activism. American University Law Review, 1992(3): 683-689.

Ouellette L L. Patent experimentalism. Virginia Law Review, 2015(1): 65-128.

Penner J E. The Idea of Property in Law. Oxford: Oxford University Press, 1997.

Polinsky A M, Shavell S. Punitive damages: An economic analysis. Harvard Law Review, 1998(4): 869-962.

Rickett C E. Justifying Private Law Remedies. Oxford: Hart Publishing, 2008.

Robertson A, Tang H W. The Goals of Private Law. Oxford: Hart Publishing, 2009: 389-419.

Roin B N. The disclosure function of the patent system (or lack thereof). Harvard Law Review, 2005(6):2007-2028.

Rotherham C. Deterrence as a justification for awarding accounts of profits. Oxford Journal of Legal Studies, 2012(3): 537-562.

Rotherham C. The conceptual structure of restitution for wrongs. The Cambridge Law Journal, 2007(1): 172-199.

Rotherham C. Unjust enrichment and the autonomy of law: Private law as public morality. The Modern Law Review 1998(4): 580-588.

Saidov D, Cunnington R. Contract Damages: Domestic and International Perspectives. Oxford: Hart Publishing, 2008.

Samuelson P, Golden J M, Gergen M P. Recalibrating the disgorgement remedy in intellectual property cases. Boston University Law Review, 2020(6): 1999-2083.

Schwartz D L, Kesan J P. Analyzing the role of non-practicing entities in the patent system. Cornell Law Review, 2014(2): 425-456.

Schönknecht M. Determination of patent damages in Germany. International Review of Intellectual Property and Competition Law, 2012 (3): 309-332.

Seaman C B. Reconsidering the georgia-pacific standard for reasonable royalty patent damages. Brigham Young University Law Review, 2010 (5): 1661-1728.

Senu J. Negotiating damages and the compensatory principle. Oxford Journal of Legal Studies, 2020(1): 110-131.

Shapiro C. Patent remedies. The American Economic Review, 2016(5): 198-202.

Sharpe R J, Waddams S M. Damages for lost opportunity to bargain. Oxford Journal of Legal Studies, 1982(2): 290-297.

Shavell S, van Ypersele T. Rewards versus intellectual property rights. The Journal of Law and Economics, 2001(2): 525-547.

Sichelman T. Purging patent law of private law remedies. Texas Law Review, 2014(3): 517-571.

Sidak J G. Bargaining power and patent damages. Stanford Technology Law Review, 2015(1): 1-31.

Sidak J G. How relevant is Justice Cardozo's "book of wisdom" to patent damages? Science and Technology Law Review, 2016(2): 246-291.

Siebrasse N V, Cotter T F. A new framework for determining reasonable royalties in patent litigation. Florida Law Review, 2016(4): 929-999.

Siebrasse N V, Stack A J. Damages calculations in intellectual property cases in Canada. Canadian Intellectual Property Review, 2009(24): 153-168.

Smith H E. Institutions and indirectness in intellectual property. University of Pennsylvania Law Review, 2009(6): 2083-2133.

Smith H E. Intellectual property as property: Delineating entitlements in information. Yale Law Journal, 2007(8):1742-1822.

Smith L D. The province of the law of restitution. Canadian Bar Review, 1992(4): 672-700.

Smith L. Restitution: The heart of corrective justice. Texas Law Review, 2001(7): 215-215.

Stevens R. Torts and Rights. Oxford: Oxford University Press, 2007.

Sunder M. From Goods to the Good Life: Intellectual Property and Global Justice. New Haven: Yale University Press, 2012.

The Sedona Conference. The Sedona principles, third edition: Best practices, recommendations & principles for addressing electronic document production, https://thesedonaconference. org/sites/default/files/publications/The％20Sedona％20Principles％20Third％20Edition. 19TSCJ1. pdf,最后访问于 2023 年 12 月 1 日。

und Pyrmont W P W, Adelman M J, Brauneis R, et al. Patents and Technological Progress in a Globalized World: Liber Amicorum Joseph Straus. Berlin: Springer, 2009.

Vermont S. Independent invention as a defense to patent infringement. Michigan Law Review, 2006(3):475-504.

Virgo G. Principles of the Law of Restitution. Oxford: Oxford University Press, 2015.

Weinrib E J. Corrective Justice. Oxford: Oxford University Press, 2012.

Weinrib E J. Restitutionary damages as corrective justice. Theoretical Inquiries in Law, 2000(1): 1-27.

Weinrib E J. The Idea of Private Law. Oxford: Oxford University Press, 2012.

Wu T. Intellectual property experimentalism by way of competition law. Competition Policy International, 2013(2): 30-40.

图书在版编目(CIP)数据

专利侵权获益责任论 / 王好著. —杭州:浙江大
学出版社,2024.6
ISBN 978-7-308-25006-1

Ⅰ.①专… Ⅱ.①王… Ⅲ.①专利侵权—研究 Ⅳ.
①D913.404

中国国家版本馆 CIP 数据核字(2024)第 104187 号

专利侵权获益责任论
ZHUANLI QINQUAN HUOYI ZEREN LUN
王　好　著

策划编辑	吴伟伟
责任编辑	陈逸行
文字编辑	梅　雪
责任校对	马一萍
封面设计	雷建军
出版发行	浙江大学出版社
	(杭州市天目山路 148 号　邮政编码 310007)
	(网址:http://www.zjupress.com)
排　　版	浙江大千时代文化传媒有限公司
印　　刷	浙江新华数码印务有限公司
开　　本	710mm×1000mm　1/16
印　　张	17.25
字　　数	240 千
版 印 次	2024 年 6 月第 1 版　2024 年 6 月第 1 次印刷
书　　号	ISBN 978-7-308-25006-1
定　　价	88.00 元

浙江大学出版社市场运营中心联系方式　(0571)88925591;http://zjdxcbs.tmall.com